俄罗斯基础教育数学课程改革研究

徐乃楠　著

清华大学出版社

北　京

内 容 简 介

　　本书主要针对俄罗斯第二代数学教育标准、示范性教学大纲和教科书开展研究。全书共四章，第一章绪论，主要介绍研究背景与研究意义，文献综述与研究问题，研究思路与研究方法；第二章俄罗斯小学数学课程与教科书研究，主要介绍俄罗斯第二代小学数学教育标准、示范性教学大纲，中俄小学数学课程难度比较，俄罗斯小学数学课程的特点及启示，俄罗斯小学数学教科书简介；第三章俄罗斯初中数学课程与教科书研究，主要介绍俄罗斯第二代初中数学教育标准、示范性教学大纲，中俄初中数学课程难度比较，俄罗斯初中数学课程的特点及启示，俄罗斯初中数学教科书简介；第四章俄罗斯高中数学课程与教科书研究，主要介绍俄罗斯第二代高中数学教育标准、示范性教学大纲，中美俄高中数学课程难度比较，俄罗斯高中数学课程的特点及启示，俄罗斯高中数学教科书简介，俄罗斯全国统一高考简介。

　　本书可作为数学课程与教学论、学科教学(数学)专业学生的学习参考书，也可作为大学、中小学开展数学教育相关研究教师的参考书。

图书在版编目(CIP)数据

　　俄罗斯基础教育数学课程改革研究 / 徐乃楠著. —北京：清华大学出版社，2023.4
　　ISBN 978-7-302-62300-7

　　I. ①俄⋯　II. ①徐⋯　III. ①基础教育－课程改革－研究－俄罗斯　IV. ①G639.512.1

　　中国国家版本馆 CIP 数据核字(2023)第 007078 号

责任编辑：王　定
封面设计：周晓亮
版式设计：思创景点
责任校对：马遥遥
责任印制：朱雨萌

出版发行：清华大学出版社
　　　网　　　址：http://www.tup.com.cn，http://www.wqbook.com
　　　地　　　址：北京清华大学学研大厦 A 座　　　　　邮　　编：100084
　　　社 总 机：010-83470000　　　　　　　　　　　邮　　购：010-62786544
　　　投稿与读者服务：010-62776969，c-service@tup.tsinghua.edu.cn
　　　质 量 反 馈：010-62772015，zhiliang@tup.tsinghua.edu.cn
印 装 者：三河市东方印刷有限公司
经　　销：全国新华书店
开　　本：185mm×260mm　　　印　　张：16.25　　　字　　数：386 千字
版　　次：2023 年 4 月第 1 版　　　印　　次：2023 年 4 月第 1 次印刷
定　　价：98.00 元

产品编号：065766-01

教育部人文社会科学研究青年基金项目"俄罗斯中小学

数学课程标准、示范性大纲和教科书研究"

(项目编号 18YJC880098)

从沙皇俄国开始，经历苏联解体，直至现在的俄罗斯，俄国人对数学学科发展的贡献是重大的。俄国数学家灿若星辰，取得的数学成就举世瞩目，沃尔夫奖、菲尔兹奖名录上的俄罗斯数学家不在少数，莫斯科学派、圣彼得堡学派等传统数学学派仍是现今数学界不可忽视的存在。与此同时，许多俄罗斯数学家编撰的大中小学数学教材也成为世界经典。中华人民共和国成立初期甚至直接翻译使用苏联时期的大中小学数学教材，可以说俄罗斯的数学教育传统对我国影响深远。

21 世纪初，世界各国都开启了面向新世纪、未来教育发展的新一轮基础教育数学课程改革，获得了一些成绩，也汲取了一些教训，俄罗斯和中国也不例外。例如，俄罗斯于 1998 年编订的国家教育标准甚至未能付诸实施，2004 年的国家第一代教育标准也备受诟病，2006 年开始修订的国家第二代教育标准做出了积极的调整，与此关联的国家数学教育标准、示范性大纲、教科书值得我们深入研究和借鉴经验。

2005 年，教育部委托我牵头修订义务教育数学课程标准，并为普通高中数学课程标准的修订做前期研究准备。教育部基础教育司、全国教育科学规划办委托东北师范大学开展了世界主要国家数学课程标准、教材的国际比较研究工作，现在已经完成项目研究、提交研究报告、出版学术著作、发表相关论文。在这个过程中，适逢吉林师范大学的徐乃楠老师于 2009 年起在东北师范大学攻读数学教育博士学位，她因为懂俄语就参加了这个课题的研究工作，负责关于俄罗斯数学课程标准、教材的比较研究，这也成为她博士论文的一部分内容。

作为青年学者，徐乃楠博士在前辈学者关于俄罗斯第一代课程标准研究的基础上，全面系统地研究了俄罗斯第二代数学课程标准、示范性大纲、教科书，实属难能可贵。尽管其中有一些研究结论尚待商榷，有一些研究方法还需要不断改进，但她的研究成果为我们已经颁布的以及正在进行的课程标准修订和教材编写提供了有益的借鉴。

是为序。

史宁中
东北师范大学

目录

绪　论

俄罗斯有着优秀的数学传统，历史已证明，在众多的人类知识领域中，俄罗斯(苏联、俄国)做出最大贡献的就是数学[①]，在 19 世纪和 20 世纪初诞生过罗巴切夫斯基、车比雪夫、鲁金、康托洛维奇、亚历山大洛夫、柯尔莫戈罗夫、辛钦、马尔科夫、盖尔范德、索伯列夫、阿诺尔德等一大批世界顶级数学家。进入 21 世纪，俄罗斯仍然是世界数学强国，数学家佩雷尔曼对"庞加莱猜想"的证明令世人瞩目，成为美国《科学》(*Science*)杂志 2006 年度十大科学进展之一。沃尔夫奖、菲尔兹奖历史上也不乏俄罗斯数学家的身影，俄罗斯数学家编写的教材成为世界数学教科书经典，因此，俄罗斯数学教育的改革与发展经验值得我们学习和借鉴。

第一节　研究背景与研究意义

俄罗斯的数学教育对其他国家，尤其是对社会主义国家影响深远。[②]学习苏联曾是我国教育发展史上一个非常重要的阶段，从 20 世纪 50 年代初开始，苏联的教育对我国的影响就是全面而深入的。其教育模式包括教育理论与实践、教育管理、课程结构、教材等被全盘移植到我国并得到进一步发展。虽然 20 世纪 60 年代中苏关系恶化后中国教育界开始批判苏联教育，但从历史的角度来看，不可否认的是苏联教育思想和教育模式在当时，甚至在当下对我国都有着深刻的影响。正如顾明远教授指出的，"中国现在的教育传统，除了继承了中国传统的内核外，还融入了苏联教育的因素"。[③]

数学教育改革很难割断历史，继承性很强，在课程内容、方法及结构方面具有很大的

---

① 洛伦•R. 格雷厄姆. 俄罗斯和苏联科学简史[M]. 叶式辉，黄一勤，译. 上海：复旦大学出版社，2000：239.

② Alexander K，Vogeli B. Russian mathematics education: history and world significance[M]. New York: World Scientific Publishing，2010: 325-326.

③ 顾明远.论苏联教育理论对中国教育的影响[J]. 北京师范大学学报(社会科学版)，2004(7)：5-13.

历史稳定性。研究、总结中国数学课程改革的优势和不足，深化当前的数学教育改革，我们有必要密切关注和深入研究曾对我们产生过重大影响的俄罗斯数学教育改革和进展。深入研究俄罗斯基础教育数学课程标准、教学大纲、教科书及教育评价等问题，对我们的基础教育数学课程、教学与教科书改革有着重要的借鉴价值。

俄罗斯的中小学学制历经多次改革，目前总体上是 11 年制，中小学教育被统称为普通教育，包括 1～11 年级的全部教育阶段。其中，前 9 年为普及义务教育阶段，儿童 6 岁入学后 1～4 年级是小学阶段，也称为初等普通教育；5～9 年级是不完全中等教育阶段，也称为基础普通教育；10～11 年级是中等普通教育，相当于我国的高中阶段。

世界上各个国家一般都把普通学校分为小学、初级中学和高级中学三级，也有的国家分为基础学校、中等学校两级，而中等学校又分为初级中学和高级中学。尽管各种学段划分方法不尽相同，但总是把普通教育分成几个阶段，这些阶段是相对独立的，后一个阶段是建立在前一个阶段的基础之上的，因而小学、中学也是独立设置的。但俄罗斯不同，它的普通教育实施一贯制，普通学校的设置则根据地区的不同分为初等学校、不完全中学和完全中学。一般来说，设有 1～9 年级的学校称为不完全中学，设有 1～11 年级的学校称为完全中学。

俄罗斯 20 世纪的数学教育标准改革引发了一场激烈的讨论，形成了数学教育的改革派和保守派。改革派在政府官员的支持下，研制完成了比较激进的、更倾向于美国数学教育观念的数学课程标准。1993 年莫斯科数学会中学组研制完成"国家数学教育标准"(讨论稿)，刊登在俄罗斯《学校数学》杂志 1993 年第 4 期。

1998 年 5 月 19 日，时任俄罗斯教育部部长 A.H.吉洪诺夫代表教育部发布了一个关于批准《对基础教育最低限必修内容的暂行要求》的专令，责成教育部普教司在此基础上于 1998 年 10 月 1 日前制定出基础普通教育的示范性大纲。[①]1998 年俄罗斯教育科学院研制完成了联邦(国家)各科普通教育标准，但这些标准并没有真正在俄罗斯付诸实施。

2002 年下半年，由俄罗斯的数学教育家(如沙日金等)、数学家(如阿纳索夫院士、阿诺尔德院士、莫斯科大学校长萨朵乌尼奇院士等)、中学数学教师参加的国家教育标准数学研制组进行了紧张的工作，于 2003 年 1 月完成了教育标准的初稿。

2004 年，俄罗斯教育部颁布了第一代国家教育标准(1089 号文件)，小学、初中和高中的都在一起。其中，高中数学教育标准还分为基础水平(базовый уровень)和专业水平(профильный уровень)。[②]

2006 年开始，俄罗斯启动第二代国家教育标准的研制工作，希望从第一代国家教育标准出现的种种失误中解脱出来。第一代国家教育标准出现的失误可以概括为如下五条：

(1) 没有考虑到普通中等教育的科学教学法、法律规范、财政保证等重要因素的发展变化。

(2) 没有规定标准在普通中等教育中的地位、功能、作用，由于人们对普通中等教育的目标、价值等观点的变化，问题显得尤为突出。

---

① 肖甦，王一高. 俄罗斯教育变革探讨[M]. 广州：广东教育出版社，2008:66.

② Государственные образовательные стандарты общего образования. http://www.edu.ru/db/portal/obschee/index.htm.

(3) 标准结构的设定，没有把基础教学计划作为其体系的组成部分，由此而来的是标准和基础教学计划没有充分协调一致。例如，这种情况已导致基础学校教育内容可变部分的缺失。

(4) 对普通义务教育(普通基础教育)期限的结构变化没有给予充分注意，结果未能考虑到许多学生在这个阶段有权利修完他们本来可以修完的基础教育。

(5) 没有将毕业生培养水平要求的内容确定为标准的最重要组成部分，其结果是这些要求不具有可操作性，而标准本身只针对"最终结果"。①

经过修订的俄罗斯各学段第二代国家教育标准相继完成，②小学国家教育标准于 2009 年修订完成，初中国家教育标准于 2010 年修订完成，高中国家教育标准于 2012 年修订完成。2011 年，新的联邦教育标准在小学(1～4 年级)全面推行，2012 年中等教育(5～9 年级)推行新的教育标准，2013 年起高中(10～11 年级)推行新的教育标准，俄罗斯的小学、初中、高中开始全面实行第二代国家教育标准。

在不断深化基础教育数学课程改革的过程中，对俄罗斯基础教育数学课程改革最新进展，尤其是最新的第二代数学教育标准、示范性大纲和教材开展研究，具有深刻的现实意义和理论、实践的双重价值。一方面，开展俄罗斯最新的第二代数学教育标准、示范性大纲和教材的研究，可以及时了解俄罗斯数学教育改革的最新进展，为我国基础教育数学课程标准的进一步完善提供借鉴和参考。另一方面，开展俄罗斯数学教材的研究，可以洞察俄罗斯数学课程教材最新成果，将其优秀经验及时地融入我国数学课程实验教科书的编写改革。俄罗斯数学教科书在世界范围内影响较大，一些经典数学教材的特色和长处对我国数学教材编写的参考价值是不容忽视的。

第二节 文献综述与研究问题

俄罗斯的教育问题一直是各国学者非常关注的，国外关于俄罗斯数学教育的研究成果最近当属 2010 年美国哥伦比亚大学教师学院的埃里克森德·卡普(Alexander Karp)教授等人主编的论文集《俄罗斯的数学教育：历史与世界意义》(*Russian Mathematics Education: History and World Significance*)，它较为系统地介绍了俄罗斯数学教育的传统、发展和改革的历史，对社会主义国家的影响、后苏维埃时期的困境与挑战等内容。③2011 年埃里克森德·卡普等人出版了文集《俄罗斯的数学教育：项目与实践》(*Russian Mathematics Education: Programs and Practice*)，详细介绍俄罗斯数学课程内容的教学实践，如代数、几何、数学分析、组合数学、概率、统计等内容的教学及改革情况，以及数学课程教学评价、课后作

---

① 朱小蔓，Н·Е·鲍列夫斯卡娅，В·П·鲍列辛柯夫. 20—21 世纪之交中俄教育改革比较[M]. 北京：教育科学出版社，2006:205.

② 徐乃楠，孔凡哲. 俄罗斯高中数学教育标准最新进展及启示[J]. 数学通报，2013，52(4):5-8+16.

③ ALEXANDER K，VOGELI B. Russian mathematics education: history and world significance[M]. New York: World Scientific Publishing，2010.

业和数学教育研究等在俄罗斯的发展状况。[①]但这些论述主要是向以英语文化为主导的学界总结和介绍俄罗斯数学教育的全景及细节，其中所涉及的数学教育标准、示范性教学大纲和教科书都是第一代甚至更老的版本。

我国与俄罗斯在政治、文化、经济和基础教育之间的特殊关系，使得我国学者一直都非常关注俄罗斯的教育情况，尤其是在中国北方地区曾有一段时间俄语的学习相当广泛。我国学者一直非常重视对俄罗斯教育改革的研究，尤其是当前中国与俄罗斯同样是正处在社会转型期，俄罗斯的教育改革与反思对我们有很好的借鉴意义。

通过查询中国知网(CNKI)可以看到，我国学者中较早开展俄罗斯数学教育研究的是李强于1954年介绍了俄罗斯苏维埃社会主义共和国教育部批准的中学5～10年级学生数学成绩评分标准。[②]之后国内关于俄罗斯数学教育的研究有很多都是关于俄罗斯数学奥林匹克试题介绍和新解法方面的文章，这些研究不在本研究综述的范围之内。

在俄罗斯数学教育改革方面，尤其是本研究关注的课程标准、教学大纲和教科书、教材研究方面，1995年，郑元禄介绍了俄罗斯8～11年级应用数学课程大纲。[③]2002年，首都师范大学(以下简称"首师大")姚芳教授从俄罗斯当时的高中数学教材及大纲出发，通过与中国目前的教材及数学教育改革对比，分析俄罗斯数学教育发展和改革的现状，并进一步探讨对中国数学教育研究和实践的启发、借鉴作用。[④]李文婷综述了20世纪20年代以来俄罗斯学校数学教学质量变化的过程，指出了知识质量提高和下降的阶段，阐述了教学改革对学习过程、知识水平提高和下降的影响。[⑤]

国内较为系统研究俄罗斯数学教育的当首推北京师范大学(以下简称"北师大")朱文芳教授，她最先关注了俄罗斯新世纪转型期第一代数学课程改革进展情况[⑥]，以及俄罗斯数学教育评价改革的动态[⑦]；介绍了俄罗斯第一代数学教育标准的小学部分[⑧]、初中部分[⑨]、高中部分[⑩]，梳理了俄罗斯第一代国家教育标准的主要特征[⑪]；介绍了俄罗斯高中具有区别化特色课程[⑫]和俄罗斯国家统一考试数学科目的主要特征[⑬]，并最终形成了较为系统的研究专著《俄罗斯数学教育的最新进展》[⑭]。

---

① ALEXANDER K，VOGELI B. Russian mathematics education: programs and practices[M]. New York: World Scientific Publishing，2011.

② 李强. 中学五年级至十年级学生数学成绩评分标准：俄罗斯苏维埃联邦社会主义共和国教育部批准[J]. 人民教育，1954(3):50-52.

③ 郑元禄. 俄罗斯的8～11年级"应用数学"课程大纲介绍[J]. 数学教学，1995(6):37-38.

④ 姚芳. 从高中数学教材看俄罗斯数学教育现状[J]. 首都师范大学学报(社会科学版)，2002(S1):116-122.

⑤ 李文婷. 20世纪俄罗斯中等数学教育发展历程探析[J]. 外国中小学教育，2015(5):62-65.

⑥ 朱文芳. 俄罗斯中小学数学教育的改革[J]. 数学通报，2006(1):31-34.

⑦ 朱文芳. 俄罗斯数学教育评价改革的动态与研究[J]. 课程·教材·教法，2006(2):90-92.

⑧ 朱文芳. 俄罗斯国家数学教育标准(小学部分)简介[J]. 课程·教材·教法，2008(6):87-91.

⑨ 朱文芳. 俄罗斯国家数学教育标准(5～9年级)简介[J]. 课程·教材·教法，2008(9):86-90.

⑩ 朱文芳. 俄罗斯国家数学教育标准简介：高中部分[J]. 数学通报，2009，48(1):17-21，16.

⑪ 朱文芳. 俄罗斯《国家数学教育标准》的特征及其借鉴价值[J]. 比较教育研究，2008(9):83-86.

⑫ 朱文芳. 具有区别化的国家高中数学教育标准：俄罗斯数学教育的特色[J]. 教育理论与实践，2010，30(5):12-13.

⑬ 朱文芳. 俄罗斯国家统一考试(数学)的特征及其启示[J]. 教育理论与实践，2010，30(29):25-26，49.

⑭ 朱文芳. 俄罗斯数学教育的最新进展[M]. 北京：北京师范大学出版社，2011.

华东师范大学(以下简称"华东师大")倪明教授关注了俄罗斯数学英才教育[①]以及英才教育在高中课程改革中的体现,[②]俄罗斯数学业余教育,[③]俄罗斯中学数学课程教材[④]以及俄罗斯小学教材[⑤]。

在课程标准比较方面,史宁中教授主持的全国教科国家重大课题开展了世界上十二个国家高中数学课程标准的比较研究工作[⑥]。曹一鸣教授对十三个国家的高中数学课程标准进行了评介[⑦],开展了量化的比较研究工作[⑧]。另有一些硕士论文开展了俄罗斯数学课程标准的研究工作,华中师范大学徐汉文指导的学生王强开展了"新世纪中俄高中数学新课程的比较研究"。[⑨]扬州大学刘久成指导的学生张星婷开展了"中俄小学数学课程标准比较研究"。[⑩]

在教科书研究方面,首师大姚芳教授指导的学生杨立莹进行了"沙日金高中几何教材研究与分析"[⑪]、韩雅楠进行了"巴什玛科夫《代数与分析初步》研究"[⑫]。东北师范大学(以下简称"东北师大")孔凡哲教授指导的学生徐秀娟开展了"中俄小学数学教科书对比研究"。[⑬]东北师大李淑文教授指导的学生对阿塔那相 2006 年版几何教科书中的立体几何部分开展了研究。[⑭]内蒙古师范大学代钦教授指导的学生王帅开展了"中俄两国初中数学教科书比较研究"。[⑮]渤海大学张文宇指导的学生黄灿开展了"中俄初中数学教材几何内容呈现方式对比研究"。[⑯]武汉大学王郢、沈继侠对中俄数学教科书分数习题难度开展了比较研究工作。[⑰]

笔者在参与史宁中教授主持的全国教科国家重大课题"主要国家高中数学课程标准教科书比较研究"过程中,开始关注俄罗斯新修订的第二代高中数学教育标准[⑱]、示范性教学大纲[⑲]、最新版本的教科书[⑳]以及教科书中的数学史问题[㉑],总结了俄罗斯第二代高中数

① 倪明. 从战略上重视数学英才教育:俄罗斯数学物理学校的启示[J]. 数学教学,2006(12):1-3, 49.

② 倪明,熊斌,夏海涵. 俄罗斯高中课程改革的特色:数学课程普通教育与英才教育并举[J]. 数学教育学报,2010,19(5):12-16.

③ 倪明. 俄罗斯的数学业余教育及其思考[J]. 上海中学数学,2007(9):51, 1.

④ 倪明. 俄罗斯中学数学课程教材的概述[J]. 数学教学,2013(1):1-6, 16.

⑤ 张奠宙,倪明,唐彩斌. 面向未来大胆创新:一套俄罗斯小学数学教材引发的谈话[J]. 小学数学教师,2017(Z1):147-152.

⑥ 史宁中,孔凡哲. 十二个国家普通高中数学课程标准国际比较研究[M]. 长沙:湖南教育出版社,2013.

⑦ 曹一鸣,代钦,王光明. 十三国数学课程标准评介(高中卷)[M]. 北京:北京师范大学出版社,2013.

⑧ 曹一鸣. 高中数学课程标准的国际北京研究[M]. 北京:北京师范大学出版社,2017.

⑨ 王强. 新世纪中俄高中数学新课程的比较研究[D]. 武汉:华中师范大学,2011.

⑩ 张星婷. 中俄小学数学课程标准比较研究[D]. 扬州:扬州大学,2015.

⑪ 杨立莹. 沙日金高中几何教材研究与分析[D]. 北京:首都师范大学,2005.

⑫ 韩雅楠. 巴什玛科夫《代数与分析初步》研究[D]. 北京:首都师范大学,2006.

⑬ 徐秀娟. 中俄小学数学教科书对比研究:以小学三年级为例[D]. 长春:东北师范大学,2007.

⑭ 候瑛. 中俄教科书立体几何部分比较研究[D]. 长春:东北师范大学,2009

⑮ 王帅. 中俄两国初中数学教科书比较研究[D]. 呼和浩特:内蒙古师范大学,2014.

⑯ 黄灿. 中俄初中数学教材几何内容呈现方式对比研究[D]. 锦州:渤海大学,2017.

⑰ 王郢,沈继侠. 中俄数学教科书分数习题比较研究——以人教版和俄罗斯 ACT 版为例[J]. 现代中小学教育,2015,31(7):110-114.

⑱ 徐乃楠,孔凡哲. 俄罗斯高中数学教育标准最新进展及启示[J]. 数学通报,2013,52(4):5-8, 16.

⑲ 徐乃楠,孔凡哲,史宁中. 俄罗斯高中数学示范性大纲最新进展研究[J]. 长春师范大学学报,2014,33(6):117-124, 133.

⑳ 徐乃楠,孔凡哲,史宁中. 俄罗斯高中数学教科书研究及启示[J]. 长春师范大学学报,2014, 33(12):165-168.

㉑ 徐乃楠,孔凡哲,刘鹏飞. 俄罗斯高中数学教科书中的数学史及其启示[J]. 吉林师范大学学报(自然科学版),2013,34(4):152-156.

学教育标准、示范性大纲和教科书的特征及启示①；开展了中俄高中数学教科书中的数学史研究②，并指导研究生开展俄罗斯代数与数学分析初步教材③和几何④教材详细比较研究工作。

综上，目前国内开展的俄罗斯基础教育数学课程标准、教学大纲、教科书研究工作主要是基于 2004 年版的第一代数学教育标准和较早版本的教科书。因此，开展俄罗斯第二代基础教育数学课程标准和各学段最新版本数学教科书研究工作是非常必要的，对我国基础教育数学课程标准修订和教科书编写改革具有重要的借鉴价值。

第三节　研究思路与研究方法

本研究的基本研究思路是：首先，摸清俄罗斯基础教育数学课程改革的背景、最新进展情况；其次，搜集、整理俄罗斯第二代数学教育标准、示范性教学大纲和数学教科书等研究资料，开展俄文翻译及文本分析研究工作；最后，开展中俄基础教育数学课程改革的比较研究工作，获得一定的启示和经验借鉴。

在这个研究过程中，主要运用以下四种研究方法。

(一) 文献研究法

运用文献研究法对国内关于俄罗斯数学课程改革、教科书研究情况以及课程标准、教科书比较研究情况进行文献梳理。

(二) 文本分析法

运用文本分析法对俄罗斯第二代数学教育标准、示范性教学大纲开展俄文翻译并进行文本分析；对由哈拉马诺娃等人共同编写的 1~4 年级《数学》教科书，由穆拉维奇、穆拉维娜共同编写的 5~6 年级《数学》教科书，由阿利莫夫、科里亚金、西多罗夫、特卡切瓦、费多罗瓦、沙本宁共同编写的 7~9 年级《代数》教科书，由阿塔纳相担任主编、布图佐夫、卡多姆采夫、波兹尼亚克、尤迪纳共同编制的 7~9 年级合编本《几何》教科书，以及分别由柯尔莫戈洛夫主编、巴什玛科夫主编、科里亚金主编、莫尔特戈维奇主编、阿利莫夫主编、普拉图谢维奇主编、尼科利斯基主编的 10~11 年级《代数与数学分析初步》教科书，分别由阿塔纳相主编、巴卡列洛夫主编、卡利宁和捷列圣主编、斯米尔诺娃和斯米尔诺夫主编、米尔诺娃(人文倾向)主编的 10~11 年级《几何》教科书中的相关内容开展俄文翻译及文本分析研究。

① 徐乃楠，孔凡哲，史宁中. 俄罗斯高中数学教育标准、示范性大纲和教科书的最新变化特征及启示[J]. 全球教育展望，2015，44(1):100-109.
② 徐乃楠. 中俄高中数学教科书中的数学史研究[M]. 长春：东北师范大学出版社，2014.
③ 徐乃楠，王雯姣. 俄罗斯代数与数学分析教材研究及启示[J]. 白城师范学院学报，2017，31(2):31-35, 62.
④ 徐乃楠，马晓艳. 中俄高中几何教科书比较研究[J]. 长春师范大学学报，2017，36(4):112-116.

（三）案例研究法

运用案例研究法选取俄罗斯 1～4 年级《数学》教科书中的"数的认识""数的加减乘除运算""角""三角形""四角形""圆周""立体图形""方格网的运用"进行了案例研究；选取 5～6 年级《数学》教科书中的"圆""平行线""平行四边形""角""矩形面积""空间几何体""多面体""球体""圆柱体与圆锥体""负数""毕达哥拉斯定理""两集合的交集""网格的运用""习题的设计"进行了案例研究；选取 7～9 年级《代数》教科书中的"平方差公式""指数幂""多项式及其运算""不完全二次方程""数轴与网格的运用""习题的设计"进行了案例研究；选取 7～9 年级《几何》教科书中的"三角形""角平分线的作图""平行直线""梯形""海伦公式"进行了案例研究。

（四）比较研究法

运用比较研究法选取"数与量""几何图形"两个知识团，对中俄小学数学课程难度进行比较研究；选取"不等式""方程与方程组""四边形""圆"知识团对中俄初中数学课程难度进行比较研究；选取"立体几何""函数""概率统计"知识团对中美俄高中数学课程难度进行比较研究。

俄罗斯小学数学课程与教科书研究

俄罗斯教育部于 2009 年 10 月 6 日第 373 号令颁布俄罗斯《联邦国家教育标准：初等普通教育》(1～4 年级)①(见图 2-1)，2011 年开始在俄罗斯联邦全面实施。这是一个包含俄罗斯小学阶段各个学科的统领性文件，在标准统领下制定示范性的《小学普通教育教学大纲》，有资质的教育机构也可根据不同类型的学校制定不同的教学大纲，数学教科书则是基于教育标准和示范性教学大纲进行编写的。本章将介绍俄罗斯小学数学教育标准、示范性教学大纲和新版教科书的基本情况，以期对我国小学数学课程、教学与教科书改革带来有益的启示。②

图 2-1　《联邦国家教育标准：初等普通教育》(1～4 年级)

---

① Министерство просвещения Российской Федерации. Федеральный государственный образовательный стандарт начального общего образования[M]. М.: Просвещение, 2009. 电子版详见俄罗斯教育标准网站：https://fgos.ru/ LMS/ wm/wm_fgos.php?id=nach。该标准在 2009 年 10 月 6 日第 373 号令颁布后，于 2009 年 12 月 22 日在俄罗斯联邦司法部注册，注册号为 15785；后来在实施过程中由时任俄罗斯教育部部长富尔先科(А.Фурсенко)签署法令修改过两次，分别是 2010 年 11 月 26 日发布的第 1241 号令及 2011 年 9 月 22 日第 2357 号令，对第 16、17、19 条进行了局部修订，并补充了若干新条款。

② 俄罗斯学前教育(Дошкольное образование)之后的 1～11 年级统称为普通教育(общего образования)，分为 1～4 年级的初等(Начальное)教育、5～9 年级的基础(Основное)教育和 10～11 年级的中等(Среднее)教育三个学段，分别对应小学、初中和高中学段，考虑到俄语表述标准和大纲的前置固定词组重复较多，为中文读者阅读理解方便，后面我们将其简称为"教育标准"和"教学大纲"。

第一节　俄罗斯小学数学教育标准

俄罗斯《联邦国家教育标准：初等普通教育》(1～4 年级)主要包括一般规定、小学教学大纲的成就要求、小学教学大纲的结构要求、小学教学大纲的实施条件要求四大部分，总计 28 个条款。下文选取其中的主体内容进行了编译，略述对数学课程影响有限的部分内容。

一、一般规定

1. 一般规定也就是总则部分，阐述了国家小学教育标准是根据《俄罗斯联邦教育法》第 7 条第 1 款(俄罗斯联邦人民代表大会和俄罗斯联邦最高苏维埃大会公报，1992 年，第 30 号，第 1797 条；俄罗斯联邦立法会议，1996 年，第 3 号，第 150 条；2007 年，第 49 号，第 6070 条)规定的一套对于那些国家认可的教育机构在制定和实施小学教学大纲时必须遵守的基本要求。

该标准包括以下要求：小学教学大纲的结构，包括对主要教育课程各部分的比例及其数量的要求，以及该教育课程的必修部分与参与者在教育过程中的比例构成要求。实施小学教学大纲的条件包括人员、财政、物质技术等条件。掌握小学教学大纲的结果、结构和条件的要求，考虑到小学阶段学生的年龄和个人特征，小学阶段的内在价值是作为后续教育基础。

2. 该标准考虑了残疾儿童的教育需求。[①]

3. 该标准客观评估了小学阶段学生教育水平的基础。

4. 小学教学大纲的标准期限为四年。[②]

5. 该标准的制定充分考虑了俄罗斯联邦人民的区域需求、国家需要和民族文化需求。

6. 该标准旨在确保：学生有平等机会接受优质的小学教育；在小学阶段对学生的精神和道德发展进行培养，以建立公民身份作为公民的社会发展基础；学前、小学、初中、高中教育，初等、中等职业教育和高等专业教育各类教学大纲间的连续性；保护和发展俄罗斯联邦多民族的文化多样性和语言遗产，学习母语的权利，获得使用母语进行小学教育的可能性，掌握俄罗斯多民族文化精神财富；面对教育系统和机构类型的多样性，俄罗斯联邦教育空间保持统一；教育和所有教育活动的民主化，包括改革国家管理和公共管理的形式，扩大教师选择教学和培养方法的权利与机会，评估学生和学生知识的方法，利用各种形式进行教育活动的权利，以及教育机构的文化发展环境；形成对小学教学大纲、教师活动、教育机构以及整个教育系统效能进行评估的评估标准；有效实施和掌握小学教学大纲的条件，包括为所有的学生，特别是为最需要特殊学习条件的学生(资优儿童和残疾儿童)

---

① 在实施基础教育教学大纲的同时，针对残疾学生制定了联邦国家特殊教育标准《俄罗斯联邦教育法》(俄罗斯联邦人民代表大会和俄罗斯联邦最高苏维埃大会公报，1992 年，第 30 号，第 1797 条；俄罗斯联邦立法会议，1996 年，第 3 号，第 150 条；2007 年，第 49 号，第 6070 条)。

② 考虑到儿童心理生理发展的特殊性和个人能力，可以增加针对残疾儿童的小学普通教育的基础教育教学大纲的制定期(根据心理、医学和教育学委员会的建议)。

的个人发展提供条件。

7. 该标准基于系统性的原则，其中涉及：培养和发展符合信息社会、创新经济要求的个人素质，在容忍、文化对话和尊重俄罗斯社会多民族、多文化、多信仰的基础上建立民主的公民社会；在教育内容和技术发展的基础上，逐步过渡到教育系统的社会性设计和结构化策略上，这些内容和技术决定了学生实现社会所期望的个人与认知发展水平(结果)的方式和方法；作为标准体系的组成部分，教育的主要目标和成就是以结果为导向，通过普及教育行动、世界的认知和理解来发展学生的个性；重视教育内容的关键作用，为实现学生个人、社会和认知发展目标，明确组织教育活动的方式，以及参与者在教育过程中的相互作用；考虑学生的年龄、心理和生理特征、活动的作用意义以及交流形式，确定教育和培养目标以及实现这些目标的方式；确保学前、小学、初中和高中教育的连续性，组织形式的多样性，并考虑到每个学生(包括资优儿童和残疾儿童)的个人特征，确保加强创造力和认知动机培养，丰富与同龄人和成年人在认知活动中互动的形式；保证实现掌握小学教学大纲要求的成果，为学生成功掌握新知识、新技能、新能力、新活动的方式和方法奠定基础。

8. 根据小学教育标准，实施以下措施：建立公民身份和学生世界观的基础；建立学习技能的基础和组织活动的能力——接受、维持目标和在学习活动中遵循目标的能力，计划自己的活动、实施监控和评价、在学习过程中与教师和同伴互动的能力；发展和培养学生的精神与道德，规定学生接受道德标准、道德原则和民族价值观；加强学生的身心健康。

该标准侧重于毕业生个人特征的形成("小学毕业生的特征")：热爱自己的人民、国土和祖国；尊重和接受家庭及社会的价值观；充满好奇心，积极并有兴趣去了解世界；能掌握学习的基本技能，组织自己的活动；愿在家庭和社会面前独立活动并为自己的行为负责；友好并善于倾听他人对话、证明自己立场、表达自己观点；遵守自己和他人健康、安全生活方式的规则。

二、小学教学大纲的成就要求

9. 该标准规定了小学教学大纲对学生成就的要求：

(1) 个人方面，包括学生自我发展的意愿和能力，学习和认知动机的形成，学生价值意义的确立，反映出他们的个人立场、社会能力、个性品质；公民身份基础的形成。

(2) 跨学科方面，包括使学生掌握通用的学习能力(认知性的、调控性的、沟通性的)，以确保掌握构成学习技能基础的关键能力以及跨学科概念。

(3) 学科方面，包括学生在学习具体科目过程中掌握的经验，在该学科领域获取新知识、学会转化和应用，以及构成世界现代科学图景的科学知识基本要素体系。

10. 小学教学大纲的个人成就要求：①形成俄罗斯公民的认同基础，对祖国、俄罗斯民族和俄罗斯历史的自豪感，了解自己的民族和民族特性；形成俄罗斯多民族社会价值观；形成人文主义和民主的价值取向。②在自然、人民、文化和宗教的有机统一和多样性中形成一种整体的、面向社会的世界观。③对其他民族的某些观点、历史和文化形成尊重的态度。④掌握适应世界快速变化和发展的初步技能。⑤接受和理解学生的社会角色，发展学习活动的动机，建立学习的个人意义。⑥在关于道德标准、社会正义和自由思想的基础上，发展独立性并为自己的行为承担责任，包括在信息活动中的行为。⑦审美需求、价值观和情感的形成。⑧培养道德情感、善意和道德情感反应能力，理解和同情他人的情感。⑨发展与不同社交场合的成年人和同龄人合作的技能，发展不制造冲突和寻求争议问题解决方案的能力。⑩形成对安全、健康生活方式的态度，有创造性工作的动机，为结果而努力，对物质和精神价值的谨慎态度。

11. 小学教学大纲的跨学科成就要求：①掌握接受和维持学习活动目的与目标的能力，寻找实施方法。②掌握解决创造性和探索性问题的方法。③根据任务和实施条件形成计划、监控和评估学习活动的能力；确定实现结果的最有效方法。④获得理解学习活动成功与失败原因的能力，获得即使在失败的情况下也能采取建设性行动的能力。⑤掌握认知和个人反思的主要方式。⑥使用符号表示方法来表达信息，用于创建所研究对象和过程的模型，解决学习和实际问题的方案。⑦积极利用语言和信息通信技术方法解决通信和认知问题。⑧根据课程的学习交流和认知问题及技术，使用各种搜索(在参考资料和互联网的开放式教育信息空间中)、收集、处理、分析、组织、传输和解释信息的方法，包括使用键盘输入文本，用数字形式记录(录下)测量值，分析图像、声音，准备演示文稿，以及在音频、视频和图形辅助下演讲的能力；遵守信息选择、道德和伦理的规则。⑨根据目的和目标，掌握各种风格和体裁文本语义的阅读技巧；根据交流任务有意识地建立言语表达，并以口头和书面形式撰写文本。⑩掌握比较、分析、综合、概括及按种属特征分类的逻辑，建立类比和因果关系，构建推理，应用已知概念。⑪愿意听取对话者意见并进行对话；愿意接受存在不同观点的可能性和每个人都拥有的个体权利；阐述自己的意见，并论证自己的观点和对事件的评价。⑫确定共同目标和实现目标的方式；有能力就合作活动中的职能和作用分配达成共识；在合作活动中实行相互监督，充分评估自己和他人的行为。⑬愿意通过考虑各方利益与合作，以建设性方式解决冲突。⑭根据具体学习学科的内容，掌握关于现实对象、过程和现象(自然、社会、文化、技术等)本质及特征的初步信息。⑮掌握基本的学科和跨学科概念，反映对象与过程之间的本质联系和关系。⑯根据具体学习学科的内容，在小学教育的物质和信息环境(包括教学模式)中开展工作的能力。

12. 小学教学大纲的具体学科成就要求，包括语文学[俄语(母语)、文学阅读(母语文学阅读)、外语]、数学与信息学、社会学与自然科学(周围世界)、俄罗斯民族精神道德文化基础、艺术(美术、音乐)、工艺学、体育学。这里我们略去其他学科的具体要求，主要介绍一下数学与信息学学科的具体要求：①利用小学数学知识来描述和解释周围的物体、过程、现象，并评估其数量关系和空间关系。②掌握逻辑思维和算法思维、空间想象力和数学语言，学会测量、计数、近似和估算，掌握数据和程序的直观表达、算法的编写与执行。③获得应用数学知识解决学习认知和实践问题的初步经验。④具有使用数字和数值表达式进行口算和笔算的能力，解决文字应用题，根据算法描述问题并建立简单算法的能力，探索、识别和绘制几何图形，会使用表格、图形、集合来表示、分析和解释数据。⑤获得有关计算机知识的初步认识。

13. 在掌握个别学科内容的过程中和学业成就的监测框架内，对小学教学大纲要求掌握的成就质量进行最终评估，应基于以下因素考虑解决学习实践和学习认知问题：①有关自然、社会、人、技术的知识和观念体系；②通用的学习方法，学习认知和实践活动的技能；③沟通和信息交流能力；④基于健康和安全生活方式的知识体系。

小学教学大纲要求的学生成就质量最终评估由教育机构来实施。小学教学大纲要求学生成就的最终评估达到继续教育所必须掌握的学科和跨学科成就。

最终评估应区分为两部分：①学生跨学科考核的结果，反映学生个人成就的动态，促进小学教学大纲要求掌握所要达到的预定成果；②终结性成就，描述学生对下一阶段普通教育所需知识支持系统方面主要活动方法的掌握水平。

小学教学大纲学生成就的最终评估是由教育机构进行的，旨在评估学生是否达到小学教学大纲要求掌握的预期成果。小学教学大纲学生成就的最终评估结果用于决定学生是否能转入下一阶段的普通教育。

无须对小学教学大纲要求进行最终质量评估的学生个人成就包括：学生的价值取向；个人人格特征，包括爱国主义、宽容、人文主义等。

可在各种教学监控的过程中对学生这些成就以及其他个人学习成果进行全面评估。

三、小学教学大纲的结构要求

14. 小学教学大纲确定小学阶段教育过程的内容和组织，旨在形成学生的一般文化、精神道德、社会、个人和智力发展，为独立开展学习活动创造基础，以确保实现社会成功，发展创造力，促进学生自我发展和自我完善，维护和加强学生的健康。

15. 小学教学大纲包含必修部分和教育过程中作为参与者的部分。其中，小学教学大纲的必修部分占比80%，教育过程中作为参与者的组成部分占小学教学大纲总内容的20%。

16. 小学教学大纲是教育机构通过组织预期教学活动和课外活动来实施的，必须遵守卫生学和流行病学的规则和标准。

小学教学大纲包含目标、内容和组织三部分。目标部分确定小学教学大纲实施的宗旨、目的、任务和预期成果，确定达到这些目标和成果的方法。目标部分包括：解释性说明，小学教学大纲要求学生成就的预期结果，达到小学教学大纲所要求的预期成就结果的评价体系。内容部分确定小学教育的一般内容。组织部分包括：旨在实现个人、学科和跨学科结果的教学大纲，形成小学生通用学习能力的教学大纲，单独学科、课程和课外活动的教学大纲，小学生精神道德发展与培养的教学大纲，形成生态文明、健康安全生活方式的教学大纲，矫正工作的教学大纲。组织部分确定教育过程组织的总体框架，以及实施教学大纲的机制。组织部分包括：小学教育的教学计划，课外活动计划，根据标准要求保障教学大纲实施的条件体系。

小学教育的教学计划和课外活动计划是实施小学教学大纲的主要组织机制。小学教学大纲是由国家认可的教育机构在小学示范性教学大纲的基础上制定的。

17. 由教育机构制定的小学教学大纲，应确保使学生达到本标准确立的小学教学大纲要求掌握的预期结果。小学教学大纲是由教育机构本身实施的。在没机会实施课外活动时，由创办人组建的教育机构在相应的国家(市)任务框架内，利用教育机构为儿童、文化和体育组织提供额外教育的可能性。在假期，可以充分利用儿童休息日、他们的娱乐时间、野营主题的更换，在普通教育机构创建的暑期学校对儿童进行额外的教育。为确保小学教学大纲的学生个性化需求目标，规定：开设确保学生各种兴趣的学习课程，包括民族文化课程、课外活动。

18. 小学教学大纲应考虑教育机构的类型和方式，同时考虑学生和毕业生的教育需求及要求。

19. 小学教学大纲各部分的要求。

(1) 解释性说明应包括：实施小学教学大纲的目的，根据标准要求具体说明学生要掌握的结果；形成小学教学大纲的原则和方法，以及具体教育过程中教育机构参与者的构成；小学教学大纲概述；组织课外活动的一般方法。

(2) 小学教学大纲所要求掌握的预期结果应达到：保持在标准要求、教学过程和教学大纲要求掌握结果的评价体系间的联系；成为教育机构制定小学教学大纲的基础；根据标准要求，应是制定学科教学大纲、课程、教法参考书以及学生成就质量评价体系内容和标准的基础。

小学教学大纲要求学生掌握的预期结果的结构和内容，应充分反映课程标准的要求，体现教学过程的特点(特别是个别学科学习目标的特点)，以符合学生的年龄。

小学教学大纲要求学生掌握的预期结果，应从教育过程中的成就及结果评估的角度来看，明确和具体地说明对个人、跨学科和学科结果的一般性理解。在评价教育系统、教育机构和教学工作者的工作成就时，应考虑到小学教学大纲要求学生掌握的预期结果。

(3) 小学普通教育教学计划确保实施和执行标准的要求，确定学生的总负荷量和最大允许负荷量，按班级(学习年限)确定必修科目领域的构成与结构。小学教学大纲可包括一个或多个教学计划。在小学教学大纲实施的框架内，教育过程的组织形式、教学活动和课外活动的相互交替形式由教育机构确定。在俄罗斯联邦的教育领域立法中[①]，教学计划确保以俄罗斯联邦组成实体的国家语言和母语(非俄语)进行学习的机会，以及对其进行研究的机会，并确定按年级(年份)分配它们的学习课时量。

表 2-1 列出了俄罗斯小学必修课程领域和实施课程领域内容的主要任务。

表 2-1　俄罗斯小学必修课程领域和实施课程领域内容的主要任务

序号	必修课程领域	实施课程领域内容的主要任务
1	语言学	形成关于俄罗斯语言及文化空间统一性和多样性的初步思想,将语言作为民族认同的基础；发展对话、独白的口头和书面语言、沟通技巧、道德和审美感受、进行创造性活动的能力
2	数学与信息学	发展数学语言、逻辑思维和算法思维、想象力，确保计算机知识的初步运用
3	社会学和自然科学(周围世界)	对家庭、社区、区域、俄罗斯历史、文化、自然环境及其现代生活形成尊重的态度；意识到周围世界的价值、完整性和多样性及自己在周围世界中的位置；形成日常生活以及各种危险和紧急情况下的安全行为模式；形成心理方面的素质和能力，以确保在社会中进行有效和安全的互动
4	俄罗斯民族精神道德文化基础	培养精神、道德发展和自我完善的能力；形成关于世俗伦理、国内传统宗教及其在俄罗斯文化、历史和现代社会中作用的初步认识

---

① 俄罗斯联邦在教育领域的立法包括《俄罗斯联邦宪法》《俄罗斯联邦教育法》，根据该法律采用俄罗斯联邦其他法律和法规，以及俄罗斯联邦主体在教育领域的法律和其他法律法规(《俄罗斯联邦教育法》第 3 条第 1 款)。

序号	必修课程领域	实施课程领域内容的主要任务
5	艺术	发展对美术和音乐作品艺术形象及情感价值的感知能力，并在艺术创作中表达自己对周围世界的态度
6	工艺学	形成以学习和认知为基础的经验，利用在其他学科中学习的知识进行探究和分析活动，以解决实际应用问题，形成实践创造活动的初步经验
7	体育	加强身体健康，促进身体、道德和社会的和谐发展；通过体育的有效学习，形成自我调节的初步能力；确立保持和加强身体健康的目标，形成健康和安全生活方式的能力

小学 4 个学年的学习总课时数不能少于 2904 小时且不能超过 3345 小时。①

为确保学生的个人需求，教育过程参与者组成的教学计划部分规定：对单独必修学科进行深入学习的教学活动；开设激发学生各种兴趣的学习活动，包括民族文化兴趣。

为开发学生潜能，特别是资优儿童和残疾儿童的潜能，可在学生本人及其父母(法定代表人)的参与下制订个人教学计划。在实施个人教学计划时，要有教育机构导师的支持。

(4) 小学阶段为形成学生通用学习能力的教学大纲应包括：对小学阶段教育内容的价值目标的描述；通用学习能力与学科内容之间的联系；学生的个体性、调控性、认知性、沟通性学习能力的特征；形成个体性、调控性、认知性、沟通性通用学习能力的典型任务；描述从学前教育向小学教育过渡中形成通用学习能力连续性的教学大纲。小学生通用学习能力应确保在小学教育阶段完成。

(5) 具体学科和课程的教学大纲应确保达到小学教学大纲要求掌握的预期结果。具体学科和课程教学大纲的制定基于以下两点：一是小学教学大纲对成就的要求，二是形成通用学习能力的教学大纲。具体学科和课程的教学大纲应包含：①解释性说明，其中具体说明小学普通教育的总体目标，同时考虑具体学科和课程特征；②具体学科和课程的一般特征；③学科和课程在教学计划中地位的描述；④学科内容价值目标的描述；⑤具体学科和课程所要掌握的个人、跨学科和学科结果；⑥学科和课程的内容；⑦确定学生学习活动主要形式的专题规划；⑧对教学过程物质技术保障的描述。

(6) 小学阶段发展和培养学生精神道德的教学大纲旨在确保在教育机构、家庭和其他社会机构的联合教学工作中，在课堂、课外和校外的统一活动中确保学生的精神和道德发展。(具体要求从略)

(7) 形成生态文化、健康安全生活方式的教学大纲应确保：①以日常生活和自然界中相应生态行为为范例，形成对人类和周围环境无害的生态文化基础观念；②通过遵守健康生活方式的规则，组织健康保护性质的教学活动和交流活动，激起儿童关注自身健康的愿望(对自身健康形成一种关心的态度)；③形成对自然界的认知兴趣和爱护态度；④形成健康营养的目标态度；⑤考虑到儿童年龄、心理和其他特征，为儿童提供最佳运动模式，发展体育运动的活动需求；⑥遵守改善健康的日常规范；⑦对儿童健康危险因素(降低运动积

---

① 教育标准的第一版要求不超过 3210 小时，修改调整后为 3345 小时，在后面的示范性教学大纲中我们会看到三套教学计划方案的课时计划总学时均为 3362 小时。

极性,吸烟、喝酒、使用麻醉剂和其他精神亢奋性物品,传染病)形成否定态度;⑧形成抵抗吸烟、酒精、麻醉剂及烈性物质等的引诱和依赖的能力;⑨对关于成长、发展和健康状态的任何相关问题,形成儿童能无畏地去咨询医生的需求意愿,在运用个人卫生技能的基础上自觉维护自己健康的愿意;⑩形成健康保护的教学文化基础;⑪考虑到个人特点,能有效地组织教学工作,创建健康保护的条件,选择适当的手段和方法来完成任务;⑫形成周围环境安全行为能力,形成在极端(紧急)情况下最基本的安全行为能力。

形成生态文化、健康和安全生活方式的教学大纲应包括:①活动的目的、任务和结果,以确保形成生态文化的基础,维护和加强小学阶段学生的身体、心理和社会健康,并描述其基础的价值目标;②关于学生健康保护、安全保障和生态文化形成的活动方面,反映教育机构的特点,教育过程参与者的问题;③针对学生的工作组织模式、活动类型和学习活动形式,以形成生态合理、健康、安全的学校生活方式和行为方式,增强体育运动和保健活动,预防学生使用精神亢奋性物质,预防儿童道路交通伤害;④教育机构在形成学生健康、安全生活方式和生态文化方面的活动效果标准和指标;⑤关于形成学生的生态文化、健康和安全生活方式文化所要达到预期结果的监测方法和工具。

(8) 矫正工作的教学大纲旨在确保矫正残疾儿童身心发展方面的缺陷,并帮助这类儿童掌握小学教学大纲的要求。(具体要求和内容从略)

(9) 达到小学教学大纲要求掌握预期结果的评价体系应该:①确定评估活动的主要方向和目标,描述评价的对象和内容,评价工具的标准、程序和组成,结果的表现形式,评估体系使用的条件和限制;②使教育过程面向学生精神道德的发展和培养,达到小学普通教育学科内容掌握的预期结果和形成通用学习能力;③提供小学教学大纲预期成果评价的综合方法,以便评价小学普通教育的个人、跨学科和学科成就;④规定对学生成绩的评价(对小学教学大纲学生成就要求的最终评估)和教育机构活动效果的评价;⑤能评估学生的动态学习成绩。

在达到精神道德发展和小学教学大纲要求掌握预期结果的评价过程中,应使用不同的评价方法和形式,彼此互为补充(如书面和口头工作的规范化、方案设计、实践性工作、创造性工作、自我检查和自我评价、观察等)。

(10) 课外活动计划是实施小学教学大纲的组织机制。课外活动计划通过组织课外活动,确保考虑学生的个性和需求。按照个人发展方向(运动保健、精神道德、社会、一般智力和一般文化)组织课外活动,包括游览、小组、协会、"圆桌会议"、研讨会、学术辩论会、学校科学团体、竞赛、探索和科学研究、有益的社会实践等,活动要尊重教育过程参与者的选择,以自愿为基础。教育机构的课外活动计划确定小学生课外活动的组成和结构、组织形式、活动时间量(4 个学年的活动时间最多达到 1350 小时),同时考虑学生兴趣和教育机构可能性。教育机构独立制订和批准课外活动计划。

(11) 根据标准的要求,制定实施小学教学大纲的条件体系,并确保达到小学教学大纲所需掌握的预期结果。条件体系应考虑教育机构的特点以及与社会机构的相互作用(教育体系内部和机构间相互作用)。条件体系应包含:现有条件的描述(人员、心理教育、财政、物质技术以及教法和信息支持);根据教育机构的小学教学大纲优先权,论证现有条件下需要进行的必要更改;达到条件体系目标定位的机制;形成必要条件体系的网络状图表(路线图)；监督条件体系的状态。

四、小学教学大纲实施条件的要求

20. 小学教学大纲实施条件是为达预期结果对人员、财政、物质技术等条件的要求。

21. 小学教学大纲实施的教育环境条件要求。(具体要求从略)

22. 小学教学大纲实施的教育机构条件要求。(具体要求从略)

23. 小学教学大纲实施的人员条件要求。(具体要求从略)

24. 小学教学大纲实施的财政条件要求。(具体要求从略)

25. 小学教学大纲实施的物质保障条件要求。(具体要求从略)

26. 小学教学大纲实施的信息技术条件要求。(具体要求从略)

27. 小学教学大纲实施的教学法支撑条件要求。(具体要求从略)

28. 小学教学大纲实施的心理教育条件要求。(具体要求从略)

第二节　俄罗斯小学数学示范性教学大纲

俄罗斯小学示范性教学大纲由俄罗斯教育学院教育发展战略研究所制定，主管为俄罗斯教育科学院通讯院士孔达科夫(А. М. Кондаков)和克西纳(Л. П. Кезина)，由萨维诺夫(Е. С. Савинов)编译，由俄罗斯教育出版社出版。这里我们选取的是 2012 年第 4 版[①](见图 2-2)，教学大纲总计 223 页，主体包括总则、目标、内容和组织四部分，我们仅对跟"数学与信息"学科相关的内容进行了编译研究，其他内容略述或者从略。

图 2-2　联邦国家基础教育示范性教学大纲：小学

---

① Савинов Е С. Примерная основная образовательная программа образовательного учреждения. Начальная школа[M]. 4—е изд., перераб. М.: Просвещение, 2012.

一、总则部分

　　总则部分主要阐述了教学大纲是在教育标准的要求下制定的，为了反映教育标准的要求，主要包括目标、内容和组织三部分。其中，目标部分确定教学大纲的总体规定、目的、宗旨和预期结果，根据教育标准的要求更为具体化，并充分考虑到俄罗斯联邦各民族的区域需求、国家需要和民族文化特征，进而确定实现这些目标和结果的方式。目标部分包括：解释性说明，学生掌握教学大纲的预期结果，达到掌握教学大纲预期成果的评估体系。内容部分确定小学教育的一般内容，并包括旨在实现个人、学科和跨学科结果的教学大纲。内容部分包括：学生通用学习能力的教学大纲，包括学生信息和通信技术能力的培养；单独学科、课程的教学大纲；学生精神道德发展和培养的教学大纲；创建健康和安全生活方式文化的教学大纲；矫正工作的教学大纲。组织部分确定小学教育过程组织的一般框架，以及实施基础教育教学大纲组成部分的机制。组织部分包括：小学基础教学计划，课外活动，根据标准要求实施小学教学大纲的条件体系。

二、目标部分

（一）小学教学大纲需要学生掌握的预期结果

　　这是一个以个性化为导向的广泛教育目标体系，可进一步明确和具体化，从而确保对预期结果所有组成部分的确定和呈现，以便形成评价。

　　预期结果要确保在标准要求、教学过程和教学大纲结果评价体系之间的联系，明确和具体阐明每个教学大纲对个人、跨学科和学科结果的一般理解，并考虑预期结果的主要目标定位、学生年龄特点和评价体系要求。预期结果是制定学科教学大纲、课程、教法参考书以及质量评价体系内容和标准的基础。

　　遵照系统性原则，预期结果内容表述和描述要带有教学材料的通用行动方法，使学生能够成功地解决教学和实践问题，旨在研究理论模型和概念问题，以及尽可能接近现实生活问题。换句话说，预期结果体系表示学生在教育过程中将要掌握什么样的能力——认知性的、个体性的、调控性的、沟通性的，即通过一个或另一课程内容特点所折射出的通用学习能力。在预期结果体系中，要特别突出具有辅助性质的教学材料，以作为后续学习的基础。

　　预期结果的结构考虑了以下需求：在区分可达到的发展水平和最近前景规划的基础上确定学生发展动态——学生的最近发展区；在扩大和加深支撑系统的知识方面，以及为该学科准备的知识和技能方面，在符合学生最近发展区的水平上确定学生掌握通用学习能力的可能性；突出评价活动的主要方向是对各级教育系统、教师、学生活动结果的评价。

　　为此，每个(学科、跨学科)教学大纲的预期结果结构中都有以下三种描述级别：一是方向性目标，确定该教学大纲的主要目标定位和预期结果，一般在开篇的总则部分描述。二是基础性目标，描述的是支撑基本教学活动的预期目标特征，这部分课程目标的预期结果在课程每个部分的"毕业生将学习"中给出，这些预期成果是完成小学教育必不可少的，也是大部分学生能够达成的。这些结果的实现将作为评估学生的重要依据，可作为过程性评估(如成绩的组合)和终结性评估(最终结果)的依据。三是拓展性目标，描述的是对知识、技能、经验等教学活动目标的扩展和深化,是学生进一步学习课程的基础。这些预期目标结果在每个部分的"毕业生将有机会学习"中给出,并以斜体突出显示。这些预期结果相对应的成就水平只有具有较高能力的个别学生才能达到,并不是要求所有学生都达到。这些目标的达成情况可作为个性化评估参考,也可在终结性评估中考量这部分目标的达成度。这种包容性和差异化要求主要是为部分学生掌握更高水平(相对于基础水平)的课程提供机会,学生不能达到这部分目标结果并不妨碍其进入下一学段继续学习。建议对这部分结果的评估在平时或中期进行,并记录累积性评估结果(如以成就组合的形式),在确定小学毕业最终成就时作为参考。

教学大纲规定在小学阶段需要掌握的预期结果包括:跨学科的教学大纲规定,即通用学习能力的形成,阅读与文本处理能力的形成、学生信息通信技术能力的形成;所有学科单独的教学大纲包括俄语、母语、文学阅读、母语文学阅读、外语、数学与信息学、周围世界、俄罗斯民族精神道德文化基础、美术、音乐、工艺学、体育。下面我们简要介绍一下通用学习能力的预期结果和数学与信息学学科的预期结果要求。

1. 通用学习能力的形成(个人和跨学科的结果)

由于小学生毫无例外地学习了所有的学科,毕业生将形成个体性、调控性、认知性和沟通性四个方面的通用学习能力,作为学习能力的基础。

(1) 个体性通用学习能力。

毕业生将学习:

① 对学校认可的态度,对现实情况的实质性看法,以及接受"好学生"标准的内在价值。

② 对学习活动的广泛动机基础,包括社会、学习认知和外在动机。

③ 对新的学习材料和学习新方法解决问题的认知兴趣。

④ 对学习活动成功因素的理解和辨别能力,包括对结果进行自我分析和自我监控,分析结果是否符合具体问题的要求,理解对教师、同学、父母和其他人的评价。

⑤ 对自己的学习活动进行评价的能力。

⑥ 公民身份认同的基础,其民族属性的表现形式是意识到"我"作为一个家庭成员,一个民族代表,一个俄罗斯公民,对自己的祖国、民族和历史的参与感和自豪感,意识到人对公共安全应负的责任。

⑦ 在道德内容和意义上定位自身和周围他人的行为。

⑧ 了解基本道德标准及其实施方向。

⑨ 发展道德情感——羞耻、罪责、良心,并将其作为道德行为的调控;理解他人情感和共同感受。

⑩ 确定健康的生活方式。

⑪ 生态文化基础是接受自然世界的价值,愿在活动中遵守自然保护、不浪费和健康保护的行为标准。

⑫ 基于对世界和国内艺术文化的了解,感受美和审美感。

毕业生将有机会学习:

① 学生对教育机构的认可态度,对学习需求的理解,以学习认知动机为主导和对知

识评估的社会偏爱方式来表达内在立场。

② 明确持续的学习认知动机。

③ 对新的解决问题的一般方法有持续学习认知兴趣。

④ 充分了解学习活动成功或失败的原因。

⑤ 基于成功实施"好学生"的社会角色标准，积极肯定、区别化的自我评定。

⑥ 在行动和活动中践行公民认同基础的能力。

⑦ 具有常规水平的道德意识，能基于对合作伙伴行为的注意，对其动机和情感的定位，坚定遵守行为道德标准和道德要求，解决道德困境。

⑧ 建立健康的生活方式，并在实际行为和行动中实施。

⑨ 自觉的、持续的审美偏好和艺术倾向是人类生活的一个重要领域；自觉理解他人情感和共同感受，在行为中帮助他人并确保他人平安。

(2) 调控性通用学习能力。

毕业生将学习：

① 接受并维护学习任务。

② 与教师合作，考虑教师在新资料中提供的指导。

③ 根据任务和执行条件规划活动，包括内部计划。

④ 在规划和监控解决方法时考虑已建立的规则。

⑤ 对结果进行逐步和最终控制。

⑥ 在对结果是否符合任务要求进行充分回顾性评估的基础上，评估活动是否已完成。

⑦ 充分理解教师、同学、父母和其他人的建议和评价。

⑧ 能区分活动方法和结果。

⑨ 活动完成后，根据自我评估并考虑到所犯错误的性质，对行动进行必要的调整，利用评估和建议创建一个新的、更完美的结果，学会利用活动过程中记录下来的数字和问题解决之后的结果用俄语、母语和外语发表自己的演说。

毕业生将有机会学习：

① 与教师合作，确定新的学习任务。

② 将实际任务转变为认知任务。

③ 在学习合作中展现认知主动性。

④ 独立对新材料中教师指定的活动进行定位。

⑤ 根据结果和活动方式，在任意关注水平上对实际监控的确定性和预期性进行监控。

⑥ 独立评估活动完成的正确性，并在活动实施期间和活动结束时对执行做必要的调整。

(3) 认知性通用学习能力。

毕业生将学习：

① 在开放的信息空间中(包括受监控的互联网空间)利用教育文献、百科全书、参考书(包括电子、数字)来搜索完成学习任务所需的必要信息。

② 记录(确定)关于周围世界以及我们自身的选择性信息，包括使用信息通信技术工具。

③ 使用符号表征方法解决问题，包括模型(包含虚拟模型)和方案(包含概念方案)。

④ 生成口头和书面形式的信息。

⑤ 着重于解决问题采用的各种方式。

⑥ 文艺和认知文本的语义感知基础，以从不同类型的消息中挑选出必要的信息(主要是文本)。

⑦ 分析具有本质和非本质特征的对象。

⑧ 进行综合，将部分组合成整体。

⑨ 根据指定标准进行比较、排序和分类。

⑩ 在研究现象范围内建立因果关系。

⑪ 依据对象及其结构、性质和关系的简单判断关联形式进行推理。

⑫ 概括，在划分本质关系的基础上，对于整个系列或单个对象的类别进行共性综合概括和划分。

⑬ 基于对象的识别，分出本质特征及其成分，进行概念性总结。

⑭ 建立类比。

⑮ 掌握多种解决问题的方法。

毕业生将有机会学习：

① 利用图书馆和互联网资源扩展信息搜索。

② 使用信息通信技术工具记录并确定有关周围世界的信息。

③ 创建和转换解决问题的模型和方案。

④ 有意识和任意地以口头及书面形式建立信息。

⑤ 根据实际条件选择最有效的方法来解决问题。

⑥ 进行综合，将部分组合成整体，独立完成和补充缺失的组成部分。

⑦ 进行比较、排序和分类，独立选择指定的逻辑运算依据和标准。

⑧ 建立逻辑推理，包括确立因果关系。

⑨ 有意识并灵活地掌握解决问题的一般方法。

(4) 沟通性通用学习能力。

毕业生将学习：

① 充分使用沟通手段，最主要的是语言手段，来完成各种沟通任务，建立独白式表达(包括与之配套的视听支持)，掌握对话形式的沟通方式，利用信息通信技术手段和工具以及远程交流。

② 允许人们有不同的观点，包括与自己观点不一致的观点，理解合作伙伴在交流和互动中的立场。

③ 考虑不同的意见，并力图在合作中协调各种立场。

④ 提出自己的意见和立场。

⑤ 在合作活动中，包括在利益冲突的情况下，协商并达成共同决定。

⑥ 为合作伙伴建立易于理解的表达，同时要考虑合作伙伴知道的和看到的以及不知道的和没看到的。

⑦ 提出问题。

⑧ 监督合作伙伴的行为。

⑨ 通过言语来调整自己的行为。

⑩ 充分使用语言手段来解决各种沟通问题，建立独白式表达，掌握对话形式的语言能力。

毕业生将有机会学习：

① 考虑并协调合作中其他人的立场，以及与自己不同的立场。

② 考虑不同的意见和利益，并说明自己的立场。

③ 理解解决问题的观点和方法的相对性。

④ 论证自己的立场，并在合作中与合作伙伴的立场进行协调，以制订共同活动中的解决方案。

⑤ 在考虑所有参与者的利益和立场的基础上，有效地促进冲突的解决。

⑥ 考虑到沟通目标，能足够准确、合乎逻辑且充分地向合作伙伴传递必要信息，将其作为活动的建设方向。

⑦ 提出必要的问题，以组织自己的活动以及与合作伙伴的合作。

⑧ 相互控制，并在合作中给予必要的互助。

⑨ 充分利用语言手段有效解决各种交流任务，规划和调整自己的活动。

2. 数学与信息学学科领域的预期结果

通过学习数学与信息学学科，小学生将掌握基本的逻辑思维和算法思维，空间想象力和数学语言，并掌握必要的计算机技能。各学习领域详细要求如下。

(1) 数和量。

毕业生将学习：

① 读取、记录、比较、整理从零到百万的数。

② 确定数列排列规则的规律性，并根据给定或自定的规则排列数列(数量增加或减少数个单位，数量增加或减少数倍)。

③ 按给定或自定的规则对数进行分类。

④ 读取、记录、比较量(质量、时间、长度、面积、速度)，并会使用量的基本度量单位及其之间的关系(千克—克，小时—分钟，分钟—秒，千米—米，米—分米，分米—厘米，厘米—毫米)。

毕业生将有机会学习：

① 根据一种或多种理由对数进行分类，并解释其行为。

② 为给定的量选择度量单位(长度、质量、面积、时间)，并解释其行为。

(2) 算术运算。

毕业生将学习：

① 使用数的加法和乘法表、算术运算的书面算法(包括带余除法)，完成多位数的书面运算(100 以内一位数、两位数的加法、减法、乘法和除法)。

② 对 1000 以内一位数、两位数和三位数进行加、减、乘和除的口算(包括与 0 和 1)。

③ 标出算术运算的未知量，并求它的值。

④ 计算数值表达式的值(包含 2～3 个算术运算，带括号和不带括号的)。

毕业生将有机会学习：

① 对量进行运算。

② 应用算术运算性质进行简算。

③ 检验计算的正确性(利用逆运算、运算结果的近似值和估算等)。

(3) 文字应用题。

毕业生将学习：

① 确定题中所呈现的量之间的关系，设计解题过程，选择和解释其运算方法。

② 用算术方法(1～2 个运算)解决教学问题和与日常生活相关的问题。

③ 评价解题过程的正确性和问题答案的真实性。

毕业生将有机会学习：

① 解决求一个量的部分量(一半、三分之一、四分之一、五分之一、十分之一)和根据部分量求这个量的问题。

② 以 3～4 个运算解决问题。

③ 寻找解决问题的不同方法。

(4) 空间关系、几何图形。

毕业生将学习：

① 描述物体在空间和平面上的相对位置。

② 识别、表述、描绘几何图形(点、线段、折线、直角、多边形、三角形、矩形、正方形、圆周、圆)。

③ 运用直尺和圆规绘制给定测量值的几何图形(线段、正方形、矩形)。

④ 利用矩形和正方形性质来解决问题。

⑤ 识别并表述几何物体(立方体、球)。

⑥ 把实际物体与几何图形模型相对应。

毕业生将有机会学习：

识别、区分和表述几何体(平行六面体、棱锥体、圆柱体、圆锥体)。

(5) 几何量。

毕业生将学习：

① 测量线段的长度。

② 计算三角形、矩形和正方形的周长，矩形和正方形的面积。

③ 估计几何物体的大小，近似距离(目测)。

毕业生将有机会学习：

计算多边形周长，用矩形组成的图形的面积。

(6) 信息处理。

毕业生将学习：

① 读取简单现成的表格。

② 填写简单现成的表格。

③ 读取简单现成的柱形图。

毕业生将有机会学习：

① 读取简单现成的圆形图。

② 完成简单现成的柱形图。

③ 比较并总结简单图表以及表格的行与列中显示的信息。

④ 了解包含逻辑连接词和词语的最简单表达式(……且……，如果……那么……，是/否，每一个，所有，某些，不)。

⑤ 编制、记录、完成指令(简单算法)，信息搜索方案。

⑥ 识别以不同形式呈现的相同信息(表格和图形)。

⑦ 规划简单的研究，利用表格及图形收集和描述获得的信息。

⑧ 解释进行简单研究时获得的信息(解释、比较和总结数据，得出结论和预测)。

(二) 达到小学教学大纲预期结果的评价体系

达到小学教学大纲预期结果的评价体系是实施对掌握小学教学大纲预期结果标准要求的工具之一，旨在确保教育质量，希望教师和学生都参与到评价活动中。在统一标准的基础上进行评价，形成反思、自我剖析、自我监督、相互评价的能力，不仅使教师和学生能够有效掌握学习活动管理方法，还会促进学生的自觉性发展，愿意公开表达和维护自己的立场，愿意独立行动和活动，对其结果负责。

评价系统旨在帮助维护整个教育体系的统一性，并确保继续教育体系的连续性。评价系统的主要功能是使教学过程指向达到小学教学大纲要求掌握的预期结果，并确保获得有效的反馈信息，以有助于教学过程的管理。评价活动的主要方向和目标是对学生获得教育成就的评价以及对教育机构和教职员工获得成就的评价。获得的数据用于评价各级教育体系的发展状况和趋势。

对小学毕业生培养最终的评价内容和标准主要看预期结果，这些预期结果构成了各个教学大纲、学科、课程的"毕业生将学习"模块的内容。

在评价教育机构和教育者活动的结果时，评价内容和标准的主要基础对象是其掌握教学大纲的预期结果情况，包括针对每个教学大纲的"毕业生将学习"和"毕业生将有机会学习"模块的内容。

在评价教育体系的发展状况和趋势时，评价内容和标准的主要基础对象是其主要目标设定和主要预期成果，它们构成了每个教学大纲预期结果的第一模块内容。

达到掌握小学教学大纲预期成果的评价体系以评价教育结果的综合方法为前提，该方法对学生按照是否达到三类教育结果(个性化结果、跨学科结果和学科结果)进行评价。

根据标准要求，只有在对学生进行最终评价的框架内，才可以提供和使用学生实名信息。在其他方法中，均要求只提供和使用关于学生达到教育结果的匿名信息。

评价结果的解释要基于师生教育活动情况和特征的全过程信息，特别是学生的最终评价要根据他们的起始水平以及动态的教育成就来确定。

评价体系提供一种分层次的方法来呈现预期结果，并为评价其成果提供工具。按这种方法，不把"理想模式"作为出发点，以"减法的方法"记录学生的错误与缺点，为继续教育所必需的和大多数学生实际达到的教育成就提供基础水平。达到这种基础水平学习成绩的学生，就算满足标准的要求，并通过"加法的方法"对个人教育成绩进行评价，记录基础水平及其超额水平成就。这样可以鼓励学生前进，并考虑到最近发展区，建立个人成就的动态轨迹。因此，在评价活动中合理地将学生表现结果与评价形式进行对比，如及格／不及格或满意／不满意，即表明对在知识掌握和规定问题范围内教学活动正确实施方面的评价；良好或优，即表明在自觉自由掌握学习活动的水平上对知识系统进行掌握，以及对兴趣、眼界、广泛性(选择性)方面的评价，并不排除使用 5 分制传统分级系统的可能性，但需明确和重新理解它们的本质内容。特别是，在此评价系统中达到基础水平解释了学生的学习成绩，标准要求的实施，并且与"满意""及格"等级相关联。在评价过程中，应使用各种相互补充的方法和形式(标准化的书面和口头活动、项目、实践活动、创造性活动、自我剖析和自我评定、观察等)。

1. 个人的结果

个人的结果是对学生个人发展达到预期结果的评价。该评价在教学大纲的"个人学习行动"部分介绍，该教学大纲旨在形成小学阶段学生的通用学习能力。评价个人结果的主要目标是形成通用学习能力，包括以下三个主要方面：

(1) 自我决定。形成学生的自主地位——学生接受和掌握新的社会角色；建立俄罗斯公民认同的基础，以对自己的祖国、人民、历史和认清自己民族属性感到自豪；发展自尊心、充分自我评价及自身成就的能力，了解自身优点和弱点的能力。

(2) 目的教育。在稳定的学习认知和社会动机体系的基础上，了解和理解"我所知道"和"我所不知道"的界限，使得学生寻求和建立学习的个人目的("对自己的意义")，并努力弥补这一差距。

(3) 道德伦理取向。在理解社会必要性的基础上，了解基本道德规范和实施方向；具备在道德困境解决中顾及道德困境参与者的立场、动机和利益的能力；对羞耻、罪责、良心等道德行为和伦理情感的调控能力。

在评价过程中，可对个别学生成就的形成进行评价，要完全符合防护和保护儿童利益以及保密的道德原则，以对学生心理安全和情感状态不构成威胁的形式进行评价。这项评价旨在优化学生的个人发展问题，包括三个主要组成部分：学生成就和良好的素质特征；考虑到学生的发展成就和心理问题，确定个人发展的优先任务和方向；旨在确保成功实施小学教育问题的心理和教学建议体系。

2. 跨学科的结果

跨学科的结果是对掌握小学生通用学习能力教学大纲预期结果的评价，即调控性通用学习能力、认知性通用学习能力、沟通性通用学习能力部分所描述的预期结果，以及在"阅读，文本处理"部分介绍的预期结果；通过教学过程的主要组成部分(具体学科)，来确保达到跨学科结果。

评价跨学科结果的主要目标是形成学生的调控、沟通和认知方面的通用能力，即旨在分析和管理相关认知活动的学生心理行为，具体包括：

(1) 学生接受、保持学习目标和问题的能力；独立地将实际问题转变为认知问题；能够根据提供的问题和实施条件来规划个人活动，并能够寻求解决方法；能监控和评价自己的活动，能在评估和考虑到错误性质的基础上对其进行调整，表现出学习的主动性和独立性。

(2) 能从各种信息源检索、收集和提取重要信息。

(3) 能使用符号表征方法创建研究对象和过程、学习认知和实践问题解决方案的模型。

(4) 能根据属性特征进行比较、分析、归纳、分类等逻辑推理，能与熟悉的相关概念建立类比。

(5) 与教师和同伴合作解决教学问题的能力，并具备对自己活动结果负责的能力。

小学阶段对跨学科结果进行评估的主要内容是围绕学习能力而建立的，即行为方法的总体，实际上是确保学生独立掌握新知识和新技能的能力，包括对这一过程的组织。通用学习能力的形成水平代表了对跨学科内容和目标的评估结果，可以通过以下基本形式进行定性评价和衡量。首先，达到跨学科的结果可以是完成专题性诊断问题的结果，这些问题旨在评估某种具体类型通用学习能力的形成水平。其次，达到跨学科的结果可以被视为工具基础(解决方法)，也可以被视为利用学科方法成功完成教学和教学实践问题的条件。这种方法被广泛用于对各学科的预期结果进行最终评估。根据数学、俄语、母语(非俄语)、阅读、周围世界、技术和其他课程测试任务的成功，并考虑到学生犯下的错误，可得出很多学生认知和调控性能力形成的结论。要求学生共同努力，以达到共同结果的测试问题，以评估沟通性通用学习能力的形成。最后，达到跨学科的结果可以在跨学科基础上成功完成综合性问题。特别是测试问题的使用为评估跨学科结果的形成提供了广泛机会，要成功地完成测试问题，需要掌握处理信息的技能。后两种评价方法的优势在于，测量的是学生通用学习能力预期水平，这表明能力在学生学习活动结构中占据着重要地位，这是学生学习活动的一种方法，而非目的。因此，对跨学科结果的评估可在各种方法中进行。例如，在课程的最终验收工作或跨学科基础上的综合性评估工作中，建议对大多数认知性学习能力和信息处理技能的形成采取直接或间接评估方法，而对大多数沟通性和调控性学习能力的形成采取间接评估方法。

3. 学科的结果

学科的结果是对学生在具体学科中达到预期结果的评价。这些结果的实施是教育过程的主要组成部分，是教学计划必修部分介绍的学科。根据对标准规定的教育结果本质的理解，学科结果首先包含该学科知识体系，通过各课程的学习材料来表述，其次是形成学习能力体系，旨在应用、转化知识并获取新知识。

学科知识体系是学科结果最重要的组成部分。它可分为支撑性知识(对当前和以后成功学习有必要掌握的知识)和补充性知识。其中，补充性知识是指为扩展或深化支撑性知识体系，并作为后续课程学习的基础知识。在小学阶段，学生掌握有关俄语、母语和数学的支撑性知识体系对后续教育特别重要。

在评价具体学科结果时，主要不是掌握支撑性知识体系本身以及在标准学习要求下重现这些知识的能力，而是利用这些知识解决学习认知和实践问题的能力。换句话说，学科结果的评价目标是学生完成该学科内容的能力。

学科能力体系是学科结果的第二个重要组成部分。通用学习能力是建立在许多学科能力基础之上的，最主要的是认知能力，具体包括：使用符号表征方法，建模，对象的比较、分组和归类，分析、综合和概括的能力，建立关系(包括因果关系)和类比，搜索、转换、表达和解释信息，推理，等等。但在不同学科，这些能力是通过学科的具体特点来体现的，如运用数字和数学表达式；运用声音和字母，单词，短语和句子；运用陈述和文本；运用具有生命和无生命性质的物体；运用音乐和艺术作品；等等。

4. 成就组合是个人学习成就的动态评价工具

成就组合不仅是一种现代的有效评估方式，而且是解决许多重要教学问题的有效方法，它包括：保持学生较高的学习动力；鼓励学生的积极性和独立性，扩大学生学习和自学的可能性；发展学生反思和评价活动的能力(包括自我评价)；形成学习能力，包括设定目标、规划和组织自己的学习活动；专门组织的活动可选择该方法，以展示学生在各个领域的努力、进步和成就。成就组合是当前评估体系的最佳组织方法。成就组合的成绩素材允许其独立进行评估。

5. 毕业最终评价

学科和跨学科结果被列入小学生的最终评价，在决定其能或不能进入下一学段继续学习时将使用这些评价结果。"毕业生将学习"部分描述了小学教育的预期结果。对后续教育而言，小学阶段特别重要的是掌握俄语、母语和数学知识体系，并掌握以下跨学科能力：演讲能力，其中应突出自觉阅读和处理信息的能力；沟通能力，这是与教师和同伴进行学习合作所必需的。

小学毕业生最终评价是根据所有学科和累计完成 3～4 个最终学习评价的成绩来确定的。最终学习评价最低限度地描述了学生对俄语、母语和数学知识体系的掌握水平以及跨学科能力的掌握水平。根据对每个课程和形成通用学习能力教学大纲的评价，对达到预期成果给出以下三个层级的结论：一是毕业生已经掌握为进行下一阶段继续教育所必需的知识体系和学习能力，并善于运用这些知识解决该课程的简单学习认知和实践问题；二是学生有意识地掌握学习能力，毕业生已掌握为进行下一阶段继续教育所必需的知识体系；三是毕业生没能掌握为进行下一阶段继续教育所必需的知识支撑体系和学习能力。

在做出学生是否能转入下一阶段普通教育的决定时，要分析和确定学生的特征，同时注意学生的学习成果和良好素质；确定学生个人优先发展的问题和方向，要考虑到学生的发展成果和心理问题；给出教育和心理上的建议，确保学生在下一阶段学习中成功实施预期的学习活动。

三、内容部分

内容部分包括五个教学大纲，即形成学生通用学习能力的教学大纲，学科课程的教学大纲，学生精神道德发展和培养的教学大纲，创建健康和安全生活方式文化的教学大纲，矫正工作的教学大纲。这里我们只简要介绍前两个。

(一) 形成学生通用学习能力的教学大纲

大纲的具体要求这里不再赘述。大纲强调了通用学习能力与数学与信息学学科的关系，指出小学阶段数学与信息学学科是发展学生认知学习能力的基础，主要是逻辑和算法。在熟悉数学关系的过程中，形成学生解决问题能力的教学活动；识别运算方法和结果；选择达成确定目标的方法；运用象征性符号的方法对数学情况进行建模，呈现信息；按主要依据(如物体、数字、几何图形等)比较和分类。作为通用学习能力，数学对解决问题的一般方法形成具有特殊的意义。对形成通用学习能力解决问题的一般方法，数学尤为重要。在小学教育阶段，几乎所有学科都在进行建模，并将其作为一种通用学习能力。在学习过程中，学生掌握现代文化中社会认可的标志和符号系统，是学生实现教育和社会化所必需的。

另外，数学与信息学学科对形成学生信息通信技术能力的贡献，运用数学知识和思想以及信息技术方法解决学习问题，积累在日常生活中运用数学知识和信息方法的初步经验；在使用文本、表格、图表、简单图形的过程中呈现、分析和解释数据；提取必要数据，填写现成的表格(在纸上和计算机上)，解释、比较和总结信息；对集合的形成和分类提供依据；使用流程图表示因果关系和时间关系；在交互式计算机环境中使用简单的几何体，如构建、更改、测量、比较几何体。

(二) 学科和课程的教学大纲

这里所说的学科包括俄语、文学阅读、外语、数学和信息学、周围世界、俄罗斯民族精神和道德文化基础、美术、音乐、工艺学、体育 10 个具体学科。我们只编译数学与信息学学科的主要内容。

1. 数和量

(1) 物体计数，读取和记录从零到百万的数；数组和数位，将多位数表示为各个数字所在数位之和的形式；数的比较与排序；比较符号。

(2) 量的度量，量的比较和排序；质量单位(克、千克、公担、吨)，容积(升)，时间(秒、分钟、小时)；同类量度量单位之间的相互关系；同类量的比较与排序；部分量(二分之一、三分之一、四分之一、十分之一、百分之一、千分之一)。

2. 算术运算

加法、减法、乘法和除法。算术运算分量的名称，运算符号；加法表；乘法表；加法、减法、乘法和除法之间的关系；求算术运算的未知量；带余除法。

数值表达式。在带括号和不带括号的数值表达式中确定运算顺序；求数值表达式的值；利用算术运算性质计算(加法交换律和结合律，乘法交换律和结合律，和、差与数的乘法)。

多位数的加、减、乘、除的书面算法。

检验计算正确性的方法(算法、逆运算、可靠性评估、结果的近似值、计算器计算)。

3. 文字应用题

用算术方法解文字应用题。含有"多(少)多少""多(少)多少倍"关系的问题；运动、工作、买卖等过程中描述量之间的关系；速度、时间、路程，工作量、时间、工作效率，货物数量、价格和成本等；规划解决问题的过程；问题的文本表示(图式、表格、图表和其他模型)；

求总量的部分量和根据部分量求总量的问题。

4. 空间关系、几何图形

物体在空间和平面上的相对位置(高—低，左—右，上—下，近—远，在……之间等)；判断和描绘几何图形：点、线(曲线、直线)、线段、折线、角、多边形、三角形、矩形、正方形、圆周、圆。使用绘图工具作图；周围世界中的几何图形；识别和表述：立方体、球体、平行六面体、锥体、圆柱体、圆锥体。

5. 几何量

几何量及其度量。线段长度的测量，长度单位(毫米、厘米、分米、米、千米)，周长；计算多边形周长。

几何图形的面积。面积单位(平方厘米、平方分米、平方米)，精确和近似地测量几何图形面积，计算矩形面积。

6. 信息处理

收集和描述与计数(枚举)、量的测量相关的信息，记录和分析获得的信息。

使用逻辑连接词和词语构建简单的表达式("且""如果……那么……""是/否""每一个""所有""某些")，命题的真实性。

根据规则编制物体、数字、几何图形等的最终序列(链)，编制、记录和完成简单的算法，信息搜索方案。

读取和填写表格。解释表格中的数据，读取柱形图表，创建最简单的信息模型(图、表、链)。

四、组织部分

组织部分主要包括小学普通教育基础教学计划、课外活动教学计划、基础教学大纲实施的条件体系三部分。

(一) 小学普通教育基础教学计划

小学教学大纲给出了三种教学计划方案。其中，方案 1 是针对使用俄语进行教学的教育机构；方案 2 是针对使用俄语进行教学的教育机构，同时学习俄罗斯的一种民族语言；方案 3 是针对使用母语(非俄语)进行教学的教育机构，包括根据法律建立国家双语制的俄罗斯联邦组成实体的教育机构。

教育机构中以母语授课时，母语与俄语一起学习(1～4 年级)，用外语(2～4 年级)进行学习时，班级分为两组：城市学校学生容纳量在 25 人或以上，乡村学校学生容纳量在 20 人或以上。如有必要的资源，尽可能分成容纳量较低的班级组。

教育机构可独立确定工作模式(一周学习时间为 5 天或 6 天)。对 1 年级学生来说，一周学习时间最长为 5 天。小学阶段学年是 34 周，1 年级为 33 周。学年假期至少为 30 天，夏季至少 8 周。对 1 年级学生，一年中会额外增加一周的假期。每节课时间分别为：1 年级为 35 分钟，2～4 年级为 35～45 分钟(具体由教育机构决定)。

俄罗斯小学年度教学计划和周教学计划的三种教学计划方案见表 2-2～表 2-7。

表 2-2　俄罗斯小学年度教学计划(方案 1)

小学普通教育年度基础教学计划

方案 1

课程领域	学科 / 年级	年学时数				总学时数
		I	II	III	IV	
必修部分						
语言学	俄语	165	170	170	170	675
	文学阅读	132	136	68	68	540
	外语	—	68	68	68	204
数学与信息学	数学	132	136	136	136	540
社会学和自然科学	周围世界	66	68	68	68	270
俄罗斯民族精神道德文化基础	俄罗斯民族精神道德文化基础	—	—	—	34	34
艺术	音乐	33	34	34	34	135
	美术	33	34	34	34	135
工艺学	工艺学	33	34	34	34	135
体育	体育	99	102	102	102	405
总计		693	782	782	816	3073
教育过程参与者组成的部分		—	102	102	85	289
最大年负荷量		693	884	884	901	3362

表 2-3　俄罗斯小学周教学计划(方案 1)

小学普通教育基础教学计划

方案 1

课程领域	学科 / 年级	周学时数				总学时数
		I	II	III	IV	
必修部分						
语言学	俄语	5	5	5	5	20
	文学阅读	4	4	4	4	16
	外语	—	2	2	2	6
数学与信息学	数学	4	4	4	4	16
社会学和自然科学	周围世界	2	2	2	2	8
俄罗斯民族精神道德文化基础	俄罗斯民族精神道德文化基础	—	—	—	—	1
艺术	音乐	1	1	1	1	4
	美术	1	1	1	1	4
工艺学	工艺学	1	1	1	1	4

续表

课程领域	学科／年级	周学时数				总学时数
		I	II	III	IV	
体育	体育	3	3	3	3	12
总计		21	23	23	23	91
教育过程参与者组成的部分		—	3	3	2.5	8.5
最大周负荷量		21	26	26	25.5	99.5

表 2-4　俄罗斯小学年度教学计划(方案 2)

小学普通教育年度基础教学计划

方案 2

课程领域	学科／年级	年学时数				总学时数
		I	II	III	IV	
必修部分						
语言学	俄语	132	170	170	170	642
	文学阅读	66	102	102	102	372
	母语和文学阅读	99	102	102	102	405
	外语	—	68	68	68	204
数学与信息学	数学	132	136	136	136	540
社会学和自然科学	周围世界	66	68	68	68	270
俄罗斯民族精神道德文化基础	俄罗斯民族精神道德文化基础	—	—	—	34	34
艺术	音乐	33	34	34	34	135
	美术	33	34	34	34	135
工艺学	工艺学	33	34	34	34	135
体育	体育	99	102	102	102	405
总计		693	850	850	884	3277
教育过程参与者组成的部分		—	34	34	17	85
最大年负荷量		693	884	884	901	3362

表 2-5　俄罗斯小学周教学计划(方案 2)

小学普通教育基础教学计划

方案 2

课程领域	学科／年级	周学时数				总学时数
		I	II	III	IV	
必修部分						
语言学	俄语	4	5	5	5	19
	文学阅读	2	3	3	3	11

续表

课程领域	学科 / 年级	周学时数				总学时数
		I	II	III	IV	
语言学	母语和文学阅读	3	3	3	3	12
	外语	—	2	2	2	6
数学与信息学	数学	4	4	4	4	16
社会学和自然科学	周围世界	2	2	2	2	8
俄罗斯民族精神道德文化基础	俄罗斯民族精神道德文化基础	—	—	—	1	1
艺术	音乐	1	1	1	1	4
	美术	1	1	1	1	4
工艺学	工艺学	1	1	1	1	4
体育	体育	3	3	3	3	12
总计		21	25	25	25	97
教育过程参与者组成的部分		—	1	1	0.5	2.5
最大周负荷量		21	26	26	25.5	99.5

表 2-6　俄罗斯小学年度教学计划(方案 3)

小学普通教育年度基础教学计划

方案 3

课程领域	学科 / 年级	年学时数				总学时数
		I	II	III	IV	
必修部分						
语言学	俄语	132	204	170	204	710
	文学阅读	165	170	204	170	709
	外语	—	68	68	68	204
数学与信息学	数学	132	136	136	136	540
社会学和自然科学	周围世界	66	68	68	68	270
俄罗斯民族精神道德文化基础	俄罗斯民族精神道德文化基础	—	—	—	34	34
艺术	音乐	33	34	34	34	135
	美术	33	34	34	34	135
工艺学	工艺学	33	34	34	34	135
体育	体育	99	102	102	102	405
总计		693	850	850	884	3277

续表

课程领域	学科／年级	年学时数				总学时数
		I	II	III	IV	
教育过程参与者组成的部分		—	34	34	17	85
最大年负荷量		693	884	884	901	3362

表 2-7　俄罗斯小学周教学计划(方案 3)

小学普通教育基础教学计划

方案 3

课程领域	学科／年级	周学时数				总学时数
		I	II	III	IV	
必修部分						
语言学	俄语	4	6	5	6	21
	文学阅读	5	5	6	5	21
	外语	—	2	2	2	6
数学与信息学	数学	4	4	4	4	16
社会学和自然科学	周围世界	2	2	2	2	8
俄罗斯民族精神道德文化基础	俄罗斯民族精神道德文化基础					1
艺术	音乐	1	1	1	1	4
	美术	1	1	1	1	4
工艺学	工艺学	1	1	1	1	4
体育	体育	3	3	3	3	12
总计		21	25	25	25	97
教育过程参与者组成的部分		—	1	1	0.5	2.5
最大年负荷量		21	26	26	25.5	99.5

　　示范性周教学计划是教育机构制订教学计划的基础,它反映并具体化了基础教学计划的主要指标,包括学科组成,按班级、学科分配每周学习主要教育内容的时间,学生每周最大负荷量,课外活动的方向及实施这些活动的时间。俄罗斯小学示范性周教学计划见表 2-8。

表 2-8　俄罗斯小学示范性周教学计划

教育机构示范性教学计划

学科/年级	周学时数				总学时数
	I	II	III	IV	
俄语	5	5	5	5	20
文学阅读	4	4	4	4	16
西班牙语	—	2	2	2	6

学科/年级	周学时数				总学时数
教育机构示范性教学计划					
	I	II	III	IV	
数学	4	4	4	4	16
周围世界	2	2	2	2	8
俄罗斯民族精神文明	—	—	—	—	1
音乐	1	1	1	1	4
造型艺术	1	1	1	1	4
工艺学	1	1	1	1	4
物质文明	3	3	3	3	12
地方志学	—	1	1	1	3
信息学	—	1	1	1	3
总计	21	25	25	25	97

(二) 课外活动教学计划

课外活动应理解为以课程外的形式进行的教育活动,旨在实现小学教学大纲的预期成果。小学阶段组织课外活动的目的是确保适合于教育机构中适龄学生,既为学生的发展创造有利条件,又考虑学生的年龄和个人特点。课外活动按个人发展领域进行组织(体育健康、精神道德、社会、一般智力、一般文化)。课外活动的组织形式以及整个教育过程由教育机构小学教学大纲框架确定。根据教育机构的能力和周围社会的特点,可通过各种计划开展课外活动,包括:直接在教育机构,如全日制学校开展;在儿童的辅导教育机构、体育项目、文化机构开展;与其他组织合作,并由教育机构的教育工作者参与(联合方案)。课外活动计划是由教育机构根据其教学计划制订的,无论选择哪种实施方案,其主要目的都是使学生掌握小学教学大纲的预期结果。在教育机构与其他组织互动时,将创建一个通用的程序空间,即课外活动工作程序,应着重于教育机构能达到小学教学大纲要求的预期结果。

(三) 基础教学大纲实施的条件体系

教学大纲实施的人员保障通过职务、工作职责、员工人数、资格水平等方面进行描述及体现。对教育机构负责人、副职负责人、教师、教学管理者、社会教育者、矫正导师、心理教师、辅导员、助教、课外教师、音乐教师、活动安全组织者、图书管理员、教育机构主管、实验室助理、会计等人员的工作责任和资格水平要求给出了相应的界定。其中,教师的工作职责是对学生进行教学和培养,自觉选择和掌握教学大纲,促进学生个人及社会一般文化的形成。对教师资格水平的要求有:在教育和教学培训领域受过高等职业教育或中等职业教育,或对工作年限没有要求而只要符合所教授课程领域,或对工作年限没有要求的教育机构根据工作倾向要求教师曾受过高等职业教育、中等职业教育、额外的职业教育。

在教师的职业发展与培训方面，给出教师业绩评价的示范性标准(表2-9)。其中，指数/指标由教育机构根据教学大纲预期结果要求和具体课程内容制定，该评价结果作为对教师进行奖惩的依据。

表2-9　教师业绩评价的示范性标准

评价标准	标准内容	指数／指标
学生达到的个人结果	学生自我发展的意愿和能力，学习和认知动机的形成，学生价值意义的确立，反映出学生的个人立场、社会能力、个人品质；公民身份基础的形成	—
学生达到的跨学科结果	学生掌握通用学习能力(认知、调控、沟通)，以确保掌握构成学习技能基础的关键能力以及跨学科概念	—
学生达到的学科结果	学生在学习具体科目的过程中掌握的经验，在该学科领域获取新知识并进行转化和应用，以及构成世界现代科学图景的基本科学知识要素体系	—

第三节　中俄小学数学课程难度比较

这里我们选用了东北师范大学史宁中教授曾提出的课程难度计算模型[①]，对中俄小学数学课程的难度进行了比较研究[②]。我们分别选取了"数与量""图形与几何"两个知识团。若干个知识点构成一个知识团，知识团之间的差异应尽可能大，知识团内部知识点之间的差异应尽可能小。

难度模型公式为

$$N = \alpha \frac{S}{T} + (1-\alpha)\frac{G}{T}$$

式中，N 为课程难度；S 为课程深度；G 为课程广度；α 为加权系数，如果 α 取值过大，意味着可比深度过大；如果 α 取值过小，意味着可比广度过大；就基础教育课程而言，α 的取值为 0.5，其含义表示可比深度与可比广度的侧重各占一半；$\frac{S}{T}$ 为可比深度；$\frac{G}{T}$ 为可比广度。课程难度 N 实际上就是可比深度 $\frac{S}{T}$ 和可比广度 $\frac{G}{T}$ 的加权平均值。[③]

---

① 史宁中，孔凡哲，李淑文. 课程难度模型：我国义务教育几何课程难度的对比[J]. 东北师大学报(哲学社会科学版)，2005(6)：151-155.

② 张默. 中俄小学数学课程难度比较研究[D]. 长春：吉林师范大学，2019.

③ 孔凡哲，史宁中. 四边形课程难度的定量分析比较[J]. 数学教育学报，2006(1)：11-15.

1. "数与量"知识团难度比较

通过计算，可得到中国小学数学课程《义务教育数学课程标准》的"数与量"的可比深度约为 0.018，俄罗斯《第二代小学数学教育标准》可比深度约为 0.020，中国可比深度略低于俄罗斯；中国标准可比广度约为 0.259，俄罗斯第二代标准的"数与量"的可比广度约为 0.101，中国可比广度高于俄罗斯可比广度。(表 2-10)

表 2-10 中俄两国"数与量"课程难度对比

标准	课程深度	课程广度	课程时间	可比深度	可比广度
中国	$S_1 \approx 2.273$	$G_1 = 33$	$T_1 \approx 127.5$	$\dfrac{S_1}{T_1} \approx 0.018$	$\dfrac{G_1}{T_1} \approx 0.259$
俄罗斯	$S_2 \approx 2.538$	$G_2 = 13$	$T_2 = 128.49$	$\dfrac{S_2}{T_2} \approx 0.020$	$\dfrac{G_2}{T_2} \approx 0.101$

把可比深度、可比广度代入难度模型公式，"数与量"部分中国标准难度系数为 N_1，俄罗斯第二代标准难度系数为 N_2，则

$$N_1 = \frac{\alpha \times 2.273 + (1-\alpha) \times 33}{127.5} \approx 0.259 - 0.241\alpha$$

$$N_2 = \frac{\alpha \times 2.538 + (1-\alpha) \times 13}{128.49} \approx 0.101 - 0.081\alpha$$

因为，$0 < \alpha < 1$。所以，$0.139 < N_1 < 0.259$，$0.061 < N_2 < 0.101$。如果考虑广度和深度地位相同的话，我们可以取 $\alpha = 0.5$，那么，$N_1 \approx 0.139$，$N_2 \approx 0.061$，结果表明，中国小学数学课程难度高于俄罗斯小学数学课程难度。最主要的原因是：中国代表小学数学课程广度的知识点个数约是俄罗斯小学数学课程的 2 倍，而相对应的中国小学数学课程时间却并没有比俄罗斯小学数学课程时间多。

2. "图形与几何"知识团难度比较

通过计算，可得到中国标准可比深度约为 0.018，俄罗斯第二代标准可比深度约为 0.050，俄罗斯可比深度略高于中国；中国标准可比广度约为 0.333，俄罗斯第二代标准可比广度约为 0.230，中国可比广度高于俄罗斯。(表 2-11)

表 2-11 中俄两国"图形与几何"课程难度对比

标准	课程深度	课程广度	课程时间	可比深度	可比广度
中国	$S_1 \approx 2.128$	$G_1 = 39$	$T_1 \approx 117$	$\dfrac{S_1}{T_1} \approx 0.018$	$\dfrac{G_1}{T_1} \approx 0.333$
俄罗斯	$S_2 \approx 2.583$	$G_2 = 12$	$T_2 = 52.126$	$\dfrac{S_2}{T_2} \approx 0.050$	$\dfrac{G_2}{T_2} \approx 0.230$

把可比深度、可比广度代入难度模型公式，"图形与几何"部分中国标准难度系数为 N_1，俄罗斯第二代标准难度系数为 N_2，则

$$N_1 = \frac{\alpha \times 2.128 + (1-\alpha) \times 39}{117} \approx 0.333 - 0.315\alpha$$

$$N_2 = \frac{\alpha \times 2.583 + (1-\alpha) \times 12}{52.126} \approx 0.230 - 0.180\alpha$$

因为，$0 < \alpha < 1$。所以，$0.018 < N_1 < 0.333$，$0.050 < N_2 < 0.230$，同样，我们取 $\alpha = 0.5$，那么，$N_1 \approx 0.176$，$N_2 \approx 0.140$，结果表明，中国小学图形与几何课程难度高于俄罗斯。

总而言之，中国小学数学课程难度比俄罗斯小学数学课程难度大，最主要原因是中国小学数学课程广度大。中国小学数学课程时间是俄罗斯小学数学课程时间的 2 倍，这与中国小学 6 年年限比俄罗斯小学 4 年年限长有关，但我们也要看到，即便这样，中国小学数学课程的可比深度仍低于俄罗斯小学数学课程的可比深度。

第四节　俄罗斯小学数学课程的特点及启示

一、拓展数学课程领域及内容，重视信息技术能力的培养

俄罗斯第一代数学教育标准和大纲中的数学课程领域原来只包括"数与计算"和"空间关系；几何图形；几何量的测量"两大部分，也就是传统的"算术"和"几何"两大学习领域，其第二代标准和大纲修订调整细化为"数和量""算术运算""文字应用题""空间关系；几何图形""几何量"五个模块，为了体现通用学习能力中的数学建模思想，第二代标准凸显了"文字应用题"的地位和作用。例如，在行程问题中所给出 $s=vt$ 的数学模型，让学生在直角坐标网格中学会描绘运动图像，其中呼之欲出的正比例函数思想着实让我国数学教育研究者深感震撼。[1]同时，为适应信息时代飞速发展对学生素养提出的新要求，俄罗斯第二代标准将数学学科改为数学与信息学学科，内容上单独设置了"信息处理"模块，从小学生开始就重视培养其信息技术能力，要求学生会记录和分析获得的信息，编制、完成简单的算法，会在计算机交互式环境下进行信息搜索，创建最简单的信息模型(图、表、链)，等等，而信息学内容的设置也贯穿了小学、初中、高中整个普通教育阶段。

二、构建层级性成就评价体系，注重学生差异化结果要求

俄罗斯第二代标准和示范性教学大纲的评价体系，采用综合化评价方法对学生要达到的三类预期结果(个性化结果、跨学科结果和学科结果)进行评价。评价采取过程性评价和终结性评价相结合的方式，把"成就组合"作为学生过程性动态评价的工具。学科的预期结果改变了第一代标准用"知道/理解""会""应用"三个层级要求的表述方式，而是针对具体模块改为毕业生应达到的基础水平和有可能达到的拓展水平两个层次。基础水平的预

---

① 张奠宙，倪明，唐彩斌. 面向未来 大胆创新——一套俄罗斯小学数学教材引发的谈话[J]. 小学数学教师，2017(21)：147-152.

期成果是完成小学教育必不可少的，也是大部分学生能够达成的，在每部分的"毕业生将学习"中给出；拓展水平的预期结果是对知识、技能、经验等学习活动目标的扩展和深化，作为学生进一步学习的基础，在每个部分的"毕业生将有机会学习"中给出，并以斜体突出显示，只有那些具有较高能力的个别学生才能达到该水平，并不要求所有学生都达到。这种包容性和差异化要求主要是为部分学生掌握更高水平(相对于基础水平)的课程提供机会，学生不能达到这部分目标结果并不妨碍其进入下一学段继续学习。拓展水平评估更多是在平时或学段中期进行，并以成就组合的形式记录累积性评价结果，在确定小学毕业最终成就时作为参考。

三、重视学生的通用学习能力，强化与学科能力间的关系

俄罗斯第二代标准和示范性教学大纲要求小学生通过小学教育阶段学习，在个人结果和跨学科结果方面形成通用学习能力，作为学生未来学习能力的基础，包括个体性通用学习能力、调控性通用学习能力、认知性通用学习能力和沟通性通用学习能力，单独设置了"形成学生通用学习能力的教学大纲"，给出每个通用学习能力的任务要求、实施措施以及基础水平预期结果和拓展水平的预期结果。同时，重视通用学习能力与具体学科能力的关系问题；就数学学科学习而言，大纲指出通过数学学习，使学生学会计算、表征、分类、比较、建模等数学思想，数学对形成通用学习能力和解决问题的一般方法尤为重要。因为在小学教育阶段，几乎所有学科都在进行建模，并将建模作为小学生一种通用学习能力。在建模过程中，让学生掌握现代社会文化认可的标志和符号表征系统，是学生未来实现教育和社会化所必需的技能。学生通过数学与信息学学科的学习，掌握现代信息技术方法去解决实际问题，学会分析和解释现实生活中的各种数据，使学生形成良好的信息通信技术能力。

第五节 俄罗斯小学数学教科书简介

我们选取了俄罗斯数学家哈拉马诺娃等人共同编写的一套小学 1～4 年级《数学》教科书作为研究对象。[1]小学 1 年级"数学"课程教科书是俄罗斯联邦教育部推荐使用的教科书，依照 2016 年 5 月 24 日第 354 号法令，于 2016 年由巴库的半径出版社出版，由奈玛·哈拉马诺娃、贾米拉·阿斯克洛瓦、雷拉·古尔巴诺娃共同编写，全书包括六章内容。[2](图 2-3、表 2-12)

---

[1] 宋程程. 中俄小学数学教科书比较研究[D]. 长春：吉林师范大学，2018.

[2] Гахраманова Н, Аскерова Д, Гурбанова Л.Математика: 1 класс[М]. Баку: Радиус,2016.

图 2-3　哈拉马诺娃主编《数学》第 1 册

表 2-12　俄罗斯 1 年级小学数学教科书章节内容

章	章标题	具体内容
第一章	数	数数 分类，数数 正着数和倒着数 按两个数一数 物体的位置 少，多，等于 您认识哪些数？ 数轴 比较数的大小 序号
第二章	0～10 的加法和减法	加法 减法 解决问题 改变加数位置

续表

章	章标题	具体内容
第二章	0～10 的加法和减法	借助数轴计算加法 借助数轴计算减法 双倍数 加法和减法的关系 少多少？多多少？ 三个数的加法和减法 速算的技巧
第三章	测量几何	几何图形 对称图形 长度测量 质量测量 容积测量
第四章	加法和减法	从 11 到 20 十位数，个位数 借助数轴计算加法和减法 借用 10 的加法运算 借用 10 的减法运算 三个数的加法和减法 加法和减法的关系 解决问题 20 以内数的加法和减法
第五章	货币，时间	货币，戈比 马纳特 时间
第六章	用图表示信息，概率，日历	信息的搜集和整理 想一想，表达自己的观点 年历

小学 2 年级"数学"课程教科书是俄罗斯联邦教育部推荐使用的教科书，依照 2009 年 6 月 19 日第 734 号法令，于 2016 年由巴库的半径出版社出版，由奈玛·哈拉马诺娃和贾米拉·阿斯克洛瓦共同编写，全书包括六章内容。[①](图 2-4、表 2-13)

① Гахраманова Н, Аскерова Д.Математика:2 класс[М]. Баку: Радиус,2016.

图 2-4　哈拉马诺娃主编《数学》第 2 册

表 2-13　俄罗斯 2 年级小学数学教科书章节内容

章	具体内容
第一章	1 年级知识复习 100 以内的数 100 以内的加法(相加时没满 10 的两位数与一位数的加法) 100 以内的减法(相减时没借位的两位数与一位数的减法)
第二章	昼夜，24 小时(这部分内容包括小时、整点、半点、分) 100 以内的加法(相加时满 10 的两位数与一位数的加法) 100 以内的减法(相减时借 10 的两位数与一位数的减法) 我们的货币 加法和减法的关系
第三章	速算的技巧 几何图形 带括号的式子 几何图形(正方体、直棱柱体、圆柱体、圆锥体、球体) 物体的位置
第四章	近似计算 长度测量 质量单位 容积比较，容积测量

续表

章	具体内容
第五章	物体的等量组 乘法 除法 乘法和除法的关系
第六章	日历 信息的探究和整理 想一想，表达观点 挑选，分类 对称 拼接，分割，创建新事物 总结性习题

　　小学 3 年级"数学"课程教科书是俄罗斯联邦教育部推荐使用的教科书，依照 2010 年 7 月 5 日第 973 号法令，于 2016 年由巴库的半径出版社出版，由奈玛·哈拉马诺娃、贾米拉·阿斯克洛瓦和雷拉·古尔巴诺娃共同编写，全书包括七章内容。①(图 2-5、表 2-14)

图 2-5　哈拉马诺娃主编《数学》第 3 册

① Гахраманова Н, Аскерова Д, Гурбанова Л.Математика:3 класс [M]. Баку: Радиус,2016.

表 2-14　小学 3 年级数学教科书章节内容

章	具体内容
第一章	2 年级知识复习 乘法和除法技巧 带余除法
第二章	1000 以内的数 1000 以内的加法 1000 以内的减法 解决问题 货币
第三章	平行直线和相交直线 多角形 几何图形 多角形周长
第四章	速算技巧 长度测量 质量测量 容积测量 小时
第五章	乘法和除法的技巧 乘法速算的技巧 除法速算的技巧 两位数与一位数的乘法 三位数与一位数的乘法 两位数与一位数的除法 三位数与一位数的除法
第六章	运算顺序 解决问题 含变量的表达式 列方程解决问题 部分量，分数
第七章	日历 坐标网格 信息的探究和整理 探究信息和形成预测 总结性习题

小学 4 年级"数学"课程教科书是俄罗斯联邦教育部推荐使用的教科书，于 2017 年由

巴库的半径出版社出版，由奈玛·哈拉马诺娃和贾米拉·阿斯克洛瓦共同编写，全书包括六章内容。[①](图 2-6、表 2-15)

图 2-6　哈拉马诺娃主编《数学》第 4 册

表 2-15　俄罗斯小学数学 4 年级教材章节内容

章	具体内容
第一章	为检验和巩固知识而设置的习题
	1000000 以内的数
	1000000 以内数的加法和减法
	总结性习题
	利用推理法求解和的问题
	解决问题，"整体—部分"示意图
第二章	乘法性质
	两位数与一位数的除法
	三位数与一位数的除法
	多位数与一位数的乘积
	多位数与一位数的除法
	解决问题

① Гахраманова Н, Аскерова Д.Математика: 4 класс[M]. Баку: Радиус,2016.

章	具体内容
第三章	部分量，分数 求一个数的部分量 按一个数的部分量求此数 长度测量 质量测量 容积测量
第四章	角 四角形 三角形 圆周，圆 多角形的周长 面积概念 解决问题，实际的大小和它们在图纸上的描述 几何图形及其展开图
第五章	两位数的乘法 三位数与两位数的乘法 多位数与两位数的乘法 多位数的除法 两位数的除法 三位数的乘法 三位数的除法
第六章	信息的深入分析和整理 概率和结论 坐标网格 小时，分 解决问题 总结性习题

下面，我们对俄罗斯小学数学教科书中相关数学概念和运算规则的呈现方式进行简要的介绍。

一、数的认识

俄罗斯教科书中是利用通心粉、计数棒、圆点等制作出数的模型，最后在方格网中写下数字。用手在空中画数字 1，或使用通心粉、计数棒、豆子等构建数字 1 的模型。对数字 2、3 等重复与书写和建模数字 1 相关的操作。用线模拟数字。每一个数都配有书写顺序的方向标识。俄罗斯教科书数 0～10 的认识示意图如图 2-7 所示。此外，对于方格网的运用是俄罗斯教科书的一大特色。

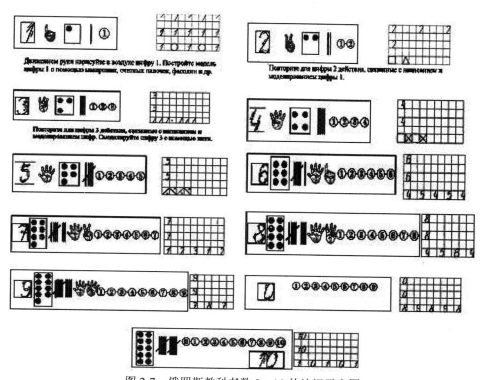

图 2-7　俄罗斯教科书数 0～10 的认识示意图

例 2-1　俄罗斯教科书中数字 2 的引入习题。图 2-8 中有多少块乐高积木？一块是红色的，一块是绿色的，总共 2 块乐高积木。

图 2-8　俄罗斯教科书中数字 2 的引入习题

例 2-2　俄罗斯教科书中比较数量的习题。比较图 2-9 中水果的数量多少。这里包含 2 比 1 多，比 3 小，与 2 相等的多少关系。

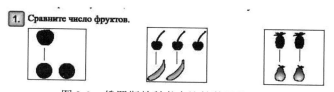

图 2-9　俄罗斯教科书中比较数量的习题

图 2-3　俄罗斯教科书中数字 0 的认识习题。图 2-10 中每片叶子上有多少只瓢虫？两片叶子上有多少只瓢虫？

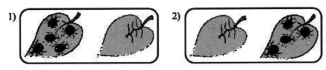

图 2-10　俄罗斯教科书中数字 0 的认识习题

此题借助自然界中实物对数字 0 进行初步认识，俄罗斯教科书有一个很鲜明的特点，就是大量地借用自然界和日常生活中非常丰富的实际物体来进行数学有关知识的描述，既能让学生直观地理解数学知识，也能让学生更多地认识实际事物，开阔视野，提高认知，还能让学生真正感受到数学与现实世界密切相关。

例 2-4　俄罗斯教科书中数字大小的认识习题。分别写出图 2-11 中动物的数量。此题涉及鸭、鸡、牛、羊及其数量的统计。比如，鸭鸡数量可分别写为：3 与 0，2 与 1，1 与 2，0 与 3。这里其实含有一定的逻辑顺序，3 可以分成哪两个数，就可根据鸭数量按一定顺序(3/2/1/0)分成四类进行书写，也可根据鸡数量按一定顺序(0/1/2/3)分成四类进行书写。这为学生有逻辑顺序地思考问题奠定了基础。

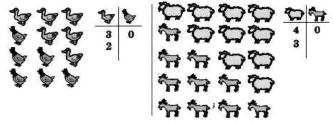

图 2-11　俄罗斯教科书中数字大小的认识习题

例 2-5　俄罗斯教科书中数学词语表达的习题。

利用词语“任何东西”“任何人”“没有”“没剩下”“完成”表达想法(图 2-12)。例如，“盘子是空的，盘子里什么都没有”“盘子里有 4 个糖果，萨米尔吃掉了所有的糖果，盘子里糖果一点都没剩下”。

4. Выскажите мысль, используя слова «ничего», «никого», «нет», «не осталось», «закончилось».
Например, «Тарелка пустая, на тарелке ничего нет», «На тарелке было 4 конфеты. Самир съел все конфеты. На тарелке конфет не осталось».

图 2-12　俄罗斯教科书中数学词语表达的习题

例 2-6　俄罗斯教科书中 10～20 的认识习题。

利用大量实际事物进行直观的呈现，从 10～20，每一组 10 所包含的实际物体都不相同(图 2-13)。

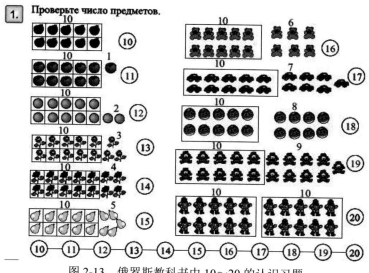

图 2-13　俄罗斯教科书中 10～20 的认识习题

例 2-7　俄罗斯教科书中 11～20 的认识过程(图 2-14)。这种直观呈现还体现在对"十位，个位"数学内容的引入，通过探究，以彩色的正方体为例，个位上摆 2 个正方体，十位上摆 10 个正方体，引出"1 个十，2 个一"，然后给出阿拉伯数"12"，随后是俄语的 Двенадцать，最后给出表达式"10+2=12"。

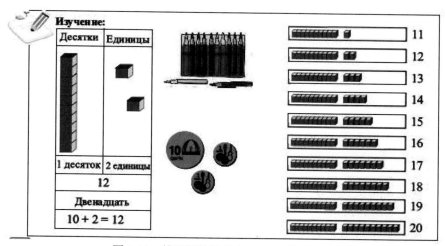

图 2-14　俄罗斯教科书中 11～20 的认识过程

例 2-8　俄罗斯教科书中数 26 的认识(图 2-15)。例 2-7 中从直观到对 12 整体认知的这一系列设计，使学生能更好地理解数位和其他的数。比如，对"100 以内的数"的认识，教科书给出了探究过程通过探究学习，借助模型指出数，利用语言、数字、十位数字和个位数字进行书写并读出它们。借助数位上立方体的块数对数 26 进行建模。10 个一相当于 1 个十，由两组 10 和一组 6 对数"26"进行建模。同时，指出数 26，语言 двадцать шесть，十位上的数字和个位上的数字分别为 2 和 6。

Изучение: Покажем числа с помощью моделей. Запишем и прочитаем их, используя слова, цифры, число десятков и единиц. Например, число 26 смоделируем с помощью разрядных блоков из кубов.
20
10 единиц = 1 десяток
6 единиц
6 единиц
2 десятка
Цифрами: 26
Словами: двадцать шесть
Число десятков и единиц: 2 дес. 6 ед.

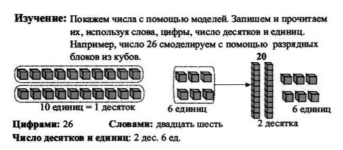

图 2-15　俄罗斯教科书中数 26 的认识

例 2-9　俄罗斯三年级数学教科书中设置了对“部分量、分数”内容的认识。俄罗斯教科书中二分之一的认识探究过程：将长方形分成相等的两部分，把其中一部分涂上颜色(图 2-16)。“两部分中的一部分”可记作：$\frac{1}{2}$，读作：二分之一。在分数$\frac{1}{2}$中，数字 2 表示长方形分成相等的两部分，数字 1 表示被涂上颜色的一部分。同时，指出“$\frac{1}{2}$”中的“1”是被涂上颜色部分的数量，“2”是相等部分的总数量，“—”是分数线。

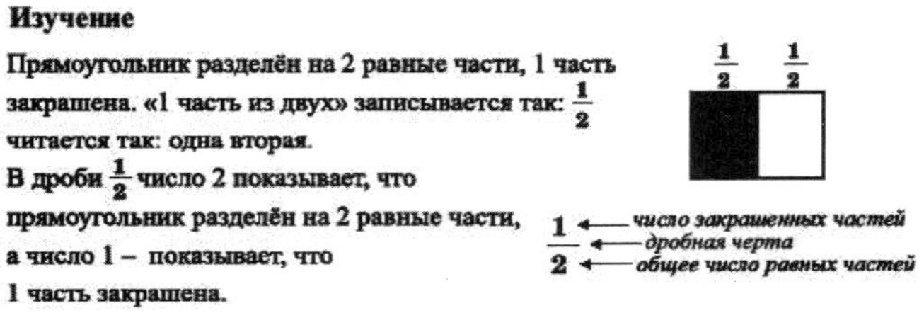

Изучение
Прямоугольник разделён на 2 равные части, 1 часть закрашена. «1 часть из двух» записывается так: 1/2
читается так: одна вторая.
В дроби 1/2 число 2 показывает, что прямоугольник разделён на 2 равные части, а число 1 – показывает, что 1 часть закрашена.
1/2 1/2
1 ← число закрашенных частей
← дробная черта
2 ← общее число равных частей

图 2-16　俄罗斯教科书中二分之一的认识

例 2-10　俄罗斯教科书七分之四的认识。图 2-17 中共有 7 颗星星，其中有 4 颗星星被涂上颜色，3 颗星星没有被涂上颜色。星星被涂上颜色的部分用分数可以表示为$\frac{4}{7}$，没被涂上颜色的部分用分数可以表示为$\frac{3}{7}$。

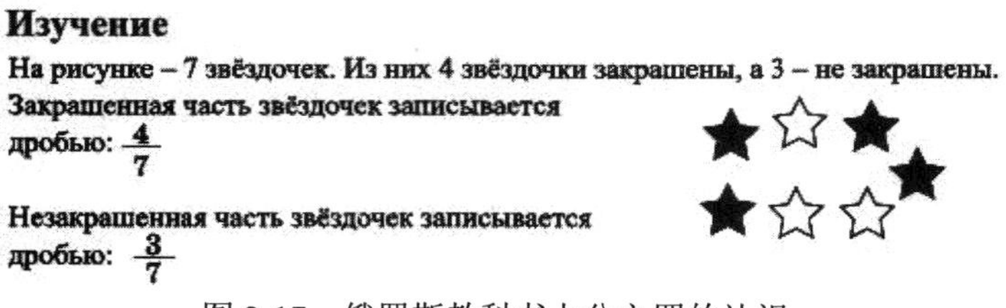

Изучение
На рисунке – 7 звёздочек. Из них 4 звёздочки закрашены, а 3 – не закрашены.
Закрашенная часть звёздочек записывается дробью: 4/7
Незакрашенная часть звёздочек записывается дробью: 3/7

图 2-17　俄罗斯教科书七分之四的认识

例 2-11　俄罗斯教科书中的数级分法。在俄罗斯 4 年级数学教科书中，关于“1000000 以内的数”的认识，与中国数学教科书是有区别的，数级的分级有四位分级法和三位分级法。中国采用的是十进位制记数法，因此在读数时习惯采用的是四位分级的原则，即从个位起，每四个计数单位作为一级：个位、十位、百位、千位称为个级；万位、十万位、百万位、千万位称为万级；亿位、十亿位、百亿位、千亿位称为亿级。俄罗斯采用的是三位分级法，即从个位起，每三个计数单位作为一级：个位、十位、百位称为个级；千位、十千位、百千位称为千级(图 2-18)。具体探究过程如下：在多位数数字中，从右到左每三位数字组成一个数级。从左到右读数，在这种情况下，每个数字都有所属的数级。例如，315864 读作三百一十五千八百六十四。

Разряды, классы

класс			класс		
Класс тысяч			Класс единиц		
сотни тысяч	десятки тысяч	единицы тысяч	сотни	десятки	единицы
3	1	5	8	6	4

В многозначных числах справа налево каждые три разряда образуют один класс. Числа читаются слева направо, при этом каждую цифру именуют тем классом, к которому она относится. Например: **315 864 - триста пятнадцать тысяч восемьсот шестьдесят четыре**

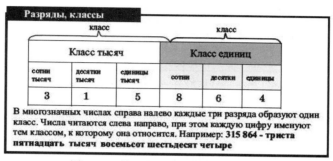

图 2-18　俄罗斯教科书中的数级分法

例 2-12　俄罗斯教科书在介绍完数位、数级、数的读法之后，结合小立方体直观地给出了数位单位之间的关系(图 2-19)。1 个十=10 个一，1 个百=10 个十，1 个千=10 个百，1 个十千=10 个千，1 个百千=10 个十千。可见，从右到左，每个后续数位值是前一个数位值的 10 倍。

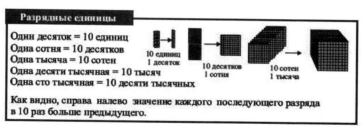

图 2-19　俄罗斯教科书中数位单位之间的关系

例 2-13　俄罗斯教科书中数位值的认识。多位数的每个数字都有其值，具体取决于它所处的位置(数位)(图 2-20)。例如，在数 315864 中：数字 3 的值等于 300000，数字 1 的值等于 10000，数字 5 的值等于 5000，数字 8 的值等于 800，数字 6 的值等于 60，数字 4 的值等于 4。

Разрядное значение чисел

Каждая цифра многозначного числа имеет свое значение в зависимости от той позиции (разряда), на которой она стоит. Например, в числе 315 864:

значение цифры 3 равно	300 000
значение цифры 1 равно	10 000
значение цифры 5 равно	5 000
значение цифры 8 равно	800
значение цифры 6 равно	60
значение цифры 4 равно	4

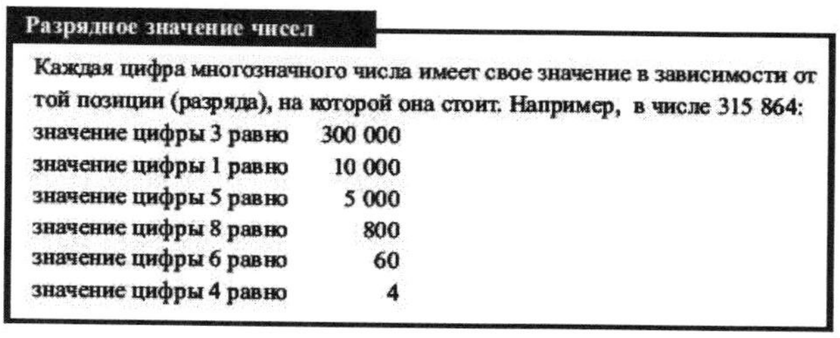

图 2-20　俄罗斯教科书中数位值的认识

例 2-14 俄罗斯教科书中数位值的书写形式(图 2-21)。例如，315864 的语言书写形式：三百一十五千八百六十四；用语言和数字简写形式：315 千 864；按照数位值书写形式：315864=300000+10000+5000+8000+60+4，或者：315864=3×100000+1×10000+5×1000+8×100+6×10+4。

图 2-21 内容（俄文）：

Различные формы написания чисел:

Написание цифрами: 315 864

Написание словами: триста пятнадцать тысяч восемьсот шестьдесят четыре

Сокращенное написание словами и цифрами: 315 тысяч 864

Написание по разрядному значению:

315 864 = 300 000 + 10 000 + 5 000 + 800 + 60 + 4 или

315 864 = 3×100 000 + 1×10 000 + 5×1 000 + 8 ‹100 + 6 ‹10 + 4

图 2-21 俄罗斯教科书中数位值的书写形式

综上所述，俄罗斯数学教科书中对"1000000 以内数"的认识的编写，从数位、数级及读法引入，到直观呈现数位单位之间的关系，再到数字数位值的介绍，最后给出数的不同的书写形式，比较系统集中地将"1000000 以内数"的内容呈现出来，这与中国教科书中分解与分别介绍有所不同。

二、数的计算

例 2-15 俄罗斯 1 年级数学教科书第一章中在认识数 0～10 内容之后，就设置了对数轴的认识(图 2-22)。例如，在数轴上将数按增加顺序从左到右排列。数 3 位于数 4 之前，数 5 位于数 4 之后，数 4 位于数 3 和数 5 之间。一年级就开始利用数轴进行加法和减法运算，在认识数 11～20 之后，加减法运算均是在数轴上完成的，这也是俄罗斯小学数学的一个特点。

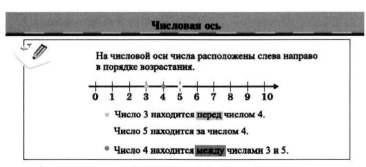

图 2-22 俄罗斯教科书中对数轴的认识

(一) 加法运算

例 2-16 俄罗斯教科书中的加法运算(图 2-23)。1 年级加法计算的引入，研究：有多少只松鼠？有几只松鼠跑向它们？现在共有多少只松鼠？有 4 只松鼠，2 只松鼠跑向它们，现在共有 6 只松鼠。松鼠数量可以用加法算式表示。给出表达式 4+2=6 之后，同时标出加数、和、加号、相加、等号。

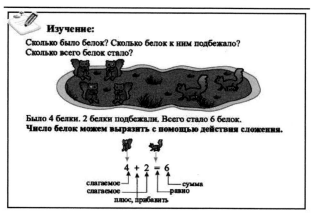

图 2-23　俄罗斯教科书中的加法运算

例 2-17　俄罗斯教科书中的加法列式(图 2-24)。在加法运算之后，又给出一个研究，引出横式和竖式两种不同加法列式，进而通过研究学习的设置引入一个数与 0 的和。

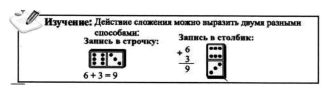

图 2-24　俄罗斯教科书中的加法列式

例 2-18　俄罗斯教科书中加法的数轴运用(图 2-25)。探究过程：为了求 2+5 的和，首先在数轴上标出较大的数 5，然后直接按顺序数出等于较小加数 2 的步数。在数轴上标出数 5 和按顺序数出 2 步：6 和 7，最后得到结论 5+2=7。俄罗斯小学数学教材通过这个例题让学生在数轴上学会了两个数的加法运算，形象直观，同时锻炼了学生数形结合的几何思维，为以后的数学学习打下坚实的基础。

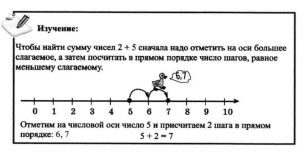

图 2-25　俄罗斯教科书中加法的数轴运用

例 2-19　俄罗斯教科书中加法 23+4 的运算过程(图 2-26)。2 年级的 100 以内数相加时没有满 10 的加法运算的引入，给出如下探究过程：一是借助立方体直观求 23+4 的和。二是用竖式书写，并求 23+4 的和。这种情况下，正确地将个位写入个位的数位很重要。个位 3 和个位 4 加起来，将 7 写到个位的数位上。十位上的数字没变，并将其写到十位的数位上。

Изучение:
1. Сумму 23 + 4 найдём
1. Сумму 23 + 4 найдём с помощью кубов.

2. Сумму 23 + 4 найдём, записав столбиком.
При этом важно правильно записывать единицы под единицами.
3 единицы и 4 единицы складываются. 7 записывается
в разряд единиц. Число десятков не меняется и записывается
в разряд десятков.

23 + 4 = 27

图 2-26　俄罗斯教科书中加法 23+4 的运算过程

例 2-20　俄罗斯教科书中加法 34+17 的运算过程(图 2-27)。100 以内数相加时满 10 的加法运算的引入，给出如下探究过程：一是借助立方体直观求 34+17 的和。二是用竖式书写，并求 34+7 的和。个位 3 和个位 4 加起来，将和 11 的个位 1 写到个位的数位上。十位上 3+1 再加进位的 1 之后将结果 5 写到十位的数位上。

Изучение: Пример. 34 + 17
1. Найдём сумму с помощью кубов.

34　17　3 дес. + 1 дес.　4 ед. + 7 ед.　51

34 + 17 = 51

2. Вычислим сумму, записав столбиком.
♦Единицы записываются под единицами, а десятки - под десятками.
♦Складываются единицы. Если результат больше 10,
полученные единицы раскладываются на десятки и единицы.
7+4 = 11 ⟶ 1 десяток 1 единица
1 единица записывается в разряд единиц.
♦Складываются десятки и к ним прибавляется десяток,
полученный при сложении единиц. Результат записывается в
разряд десятков. 3 дес. + 1 дес. + 1 дес. = 5 дес.

34 + 17 = 51

图 2-27　俄罗斯教科书中加法 34+17 的运算过程

例 2-21　俄罗斯教科书中加法方格的运算过程(图 2-28)。借助 100 个方格来进行 100 以内数的加法运算：在 100 个小方格里求 37+22 的和，先从数为 37 的方格开始，向下走两个方格，相当于加上了 2 个十，然后向右走两个方格，相当于加上了 2 个一。所到达的方格中的数就是 37+22 的和，即 59。

1.　Решите примеры с помощью 100-го квадрата.

Чтобы найти сумму 37 + 22 на
100-м квадрате, от клетки с
числом 37 надо сделать вниз
шаги, равные десяткам 2-го
слагаемого, и вправо - шаги,
равные его единицам. Число
в полученной клетке показы-
вает сумму 37 + 22 = 59.

21 + 17　　4 + 33
30 + 36　　64 + 42
34 + 23　　26 + 62
51 + 47　　13 + 31

1	2	3	4	5	6	7	8	9	10
11	12	13	14	15	16	17	18	19	20
21	22	23	24	25	26	27	28	29	30
31	32	33	34	35	36	37	38	39	40
41	42	43	44	45	46	47	48	49	50
51	52	53	54	55	56	57	58	59	60
61	62	63	64	65	66	67	68	69	70
71	72	73	74	75	76	77	78	79	80
81	82	83	84	85	86	87	88	89	90
91	92	93	94	95	96	97	98	99	100

图 2-28　俄罗斯教科书中加法方格的运算过程

（二）减法计算

例 2-22　俄罗斯教科书中的减法运算(图 2-29)。1 年级减法计算的引入，研究：草地上有多少匹马？有几匹马离开了？草地上还剩多少匹马？草地上有 7 匹马,有 2 匹马离开了,草地上还剩 5 匹马。我们可以用减法算式表示。给出表达式 7-2=5 之后，同时标出被减数、减数、差、减号、相减、等号。

图 2-29　俄罗斯教科书中的减法运算

例 2-23　俄罗斯教科书中的减法列式(图 2-30)。研究：引出横式和竖式两种不同的减法列式。通过研究学习的设置还引入结果是 0 的减法运算。

图 2-30　俄罗斯教科书中的减法列式

例 2-24　俄罗斯教科书中减法的数轴运用(图 2-31)。探究过程：为了求 9-2 的差，首先在数轴上标出数字 9，然后按数轴相反的顺序向左数出 2 步：8 和 7，最后列出算式：9-2=7。数轴的运用让减法运算更加直观，有利于培养学生数形结合的思维方式。

图 2-31　俄罗斯教科书中减法的数轴运用

例 2-25　俄罗斯教科书中减法 37-4 的运算过程(图 2-32)。100 以内数相减时没有借 10 的减法运算的引入，给出如下探究过程：一是借助立方体直观求 37-4 的差。二是用竖式书写，并求 37-4 的差。这种情况下，正确地将个位写入个位的数位很重要。用个位 7 减去个位 4，将 3 写到个位的数位上。十位上的数字没变，并将其写到十位的数位上。

图 2-32　俄罗斯教科书中减法 37-4 的运算过程

例 2-26　俄罗斯教科书中减法 43-27 的运算过程(图 2-33)。100 以内数相减时需要借 10 的减法运算的引入，给出如下探究过程：被减数个位上的数字比减数个位上的数字小的两位数减法，如 43-27=？，因为 3<7，将被减数十位上的 1 个十补充到个位上，用 13 减去减数个位上的 7，然后再减去 2 个十，从而得到最后的结果，即 16。借助正方体和减法竖式共同呈现运算过程。

图 2-33　俄罗斯教科书中减法 43-27 的运算过程

例 2-27　俄罗斯教科书中减法方格的运算过程(图 2-34)。借助 100 个方格来进行 100 以内数的减法运算，如下面用 100 个方格求解的例子：在 100 个小方格里求 48-25 的差，先从数为 48 的方格开始，向上走两个方格，相当于减去了 2 个十，然后向左走五个方格，相当于减去了 5 个一。所到达的方格中的数就是 48-25 的差，即 23。

图 2-34　俄罗斯教科书中减法方格的运算过程

（三）乘法计算

俄罗斯小学数学乘法的学习和中国小学数学乘法的学习思路类似，都是通过加法来引入的。

例 2-28　俄罗斯教科书中的乘法运算(图 2-35)。图 2-35 中所描述的是 3 组杯子，每一组有 5 个杯子，问一共有多少只杯子？通过借助相同加数的和，转化为用组数 3 来乘以每组物品的个数 5，得到所有杯子的数量 15，即得出算式 3×5=15，其中 3 和 5 都称为乘数，15 称为乘积，"×"称为乘号。

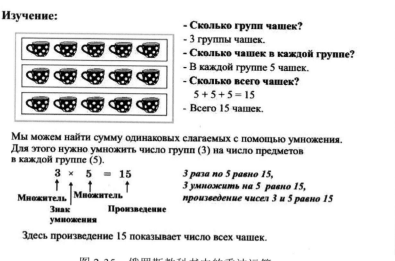

图 2-35　俄罗斯教科书中的乘法运算

例 2-29　俄罗斯教科书中乘法的数轴运用(图 2-36)。2 年级教科书在乘法技能训练中设置了利用数轴进行乘法计算：以给定的步长从 0 开始在数轴上进行计数并通过乘法表示，如小兔子跳了 3 次，每次跳 3 个单位，这样就分别跳到数轴上的数字 3，6，9，进而得到乘法运算式 3×3=9。又如，小鹿跳了 4 次，每次跳 5 个单位，情况如何？小松鼠跳了 5 次，每次跳 3 个单位，情况又如何？

图 2-36　俄罗斯教科书中乘法的数轴运用

例2-30 俄罗斯教科书中乘法的方格运用(图2-37)。在乘法表这一节中，借助表格给出"乘以 1 和 0"内容的探究过程如下：在行和列相交的单元格的乘法表中，给出两个数字的乘积。根据表格求乘积的规则：数字 6，位于单元格中数字 2 所在的行和数字 3 所在的列的交叉处，也就是 2 与 3 的乘积，即 2×3=6。0+0+0+0+0=0，5×0=0，任何数乘以 0 都得 0。1+1+1+1+1=5，5×1=5，任何数乘以 1 都等于数本身。

Изучение:

В таблице умножения в клетке, где пересекаются строка и столбик,
дается произведение двух чисел.
Правило нахождения произведения по таблице: Например, число 6,
которое находится в клетке пересечения строки с числом 2 и столбика
с числом 3, является произведением 2 × 3 = 6.

×	0	1	2	3	4	5	6	7	8	9	10
0	0	0	0	0	0	0	0	0	0	0	0
1	0	1	2	3	4	5	6	7	8	9	10
2	0	2	4	6	8	10	12	14	16	18	20
3	0	3	6	9	12	15	18	21	24	27	30
4	0	4	8	12	16	20	24	28	32	36	40
5	0	5	10	15	20	25	30	35	40	45	50

$0 + 0 + 0 + 0 + 0 = 0$ $5 × 0 = 0$
При умножении любого числа на 0 получается 0.

$1 + 1 + 1 + 1 + 1 = 5$ $5 × 1 = 5$
При умножении любого числа на 1 получается само число,
которое умножали.

图2-37 俄罗斯教科书中乘法的方格运用

例2-31 俄罗斯教科书中乘法算式的符号表示(图2-38)。在 3 年级教科书总结性作业中还借用符号来表达乘法算式：在古代，巴比伦的居民用两个符号写下了从 1 到 59 的所有数。个位用符号"▼"表示，十位用符号"＜"表示，如符号"＜＜▼▼▼"表示数 "23"，符号"▼▼▼"表示数 "6"，用巴比伦符号写出下列各数乘法算式。图2-38 中第一个符号表达的算式，用数可表达为 7×3=21，等等。

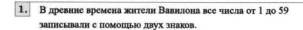

1. В древние времена жители Вавилона все числа от 1 до 59
записывали с помощью двух знаков.

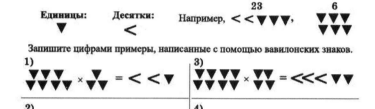

图2-38 俄罗斯教科书中乘法算式的符号表示

（四）除法计算

例2-32　俄罗斯教科书中的除法运算(图2-39)。2年级教科书关于除法运算给出探究过程如下：将 15 个白面包分为组，每组 3 个，然后将每个盘子放入 3 个白面包。根据每组 3 个白面包而得到 5 组，借助除法运算式可以表示为：15:3=5，其中"15"是被除数，"3"是除数，"5"是商数，":"是除法符号，即"÷"。

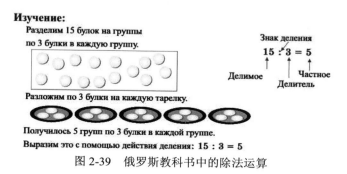

图 2-39　俄罗斯教科书中的除法运算

例2-33　俄罗斯教科书中的除法运算过程探究(图 2-40)。借助减法和数轴给出了除法探究过程：将 12 块糖果平均分给 4 个孩子，每个孩子能得到多少块糖果？

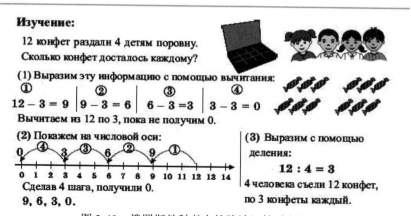

图 2-40　俄罗斯教科书中的除法运算过程探究

(1) 通过减法表示此信息为：①12-3=9；②9-3=6；③6-3=3；④3-3=0。从 12 减去 3，直到得到 0 为止。

(2) 在数轴上给出了表达方法，从数轴上的数 12 开始，进行 4 步，得到 0，其间分别到达数轴上数字 9，6，3，0。

(3) 借助除法可以表示为：12:4=3，即 4 个人吃 12 块糖果，每个人可吃 3 块糖果。

例2-34　俄罗斯教科书中的带余除法(图 2-41)。3 年级教科书中带余除法的计算是由两个问题设置引入的，具体探究过程如下：

(1) 如果将 17 名学生按每 3 人一组进行分组，能得到多少组？此问题可以借助除法 17:3 解决。计算商数：哪个最大的数接近 17 并且除以 3 而没有余数？这个数是 15，15:3=5，商数是 5。计算余数：5×3=15，7-5=2(余数)，余数可以简记为：ост。17:3=5(ост.2)的意思是，数 3 包含在数 17 中的次数不超过 5 次，其余为 2。其中，17 是学生总人数(被除数)、3 是每组学生的人数(除数)、5 是小组数(商数)、2 是小组以外剩余的学生人数(余数)。检验：如果商数乘以除数，再将乘积与余数相加，那么会得到被除数，即 5×3+2=17。

注意：余数永远小于除数。

Изучение

Задача 1. Сколько групп получится, если 17 учеников разделятся на группы по 3 ученика?

Задача решается с помощью деления 17 : 3   17 — общее число учеников (делимое)
Вычислим частное: Какое наибольшее   3 — число учеников в каждой группе (делитель)
число до 17 без остатка делится на 3?   5 — число групп (частное)
Это 15. 15 : 3 = 5. Частное - 5.   2 — число учеников, оставшихся вне групп (остаток)
Вычислим остаток: 5×3 = 15, 17 − 15 = 2 (ост.) Остаток кратко обозначим так: ост.
17 : 3 = 5 (ост. 2). Значит, число 3 содержится в числе 17 не больше 5 раз, и в остатке
получается 2.
Проверка: если частное умножить на делитель и к произведению
прибавить остаток, то получится делимое.
5×3 + 2 = 17
Запомните! Остаток всегда должен быть меньше делителя.
Задача 2. Сколько учеников окажется в каждой группе, если 17 учеников разделятся на 3 группы поровну?
Сравните решение этой задачи с решением 1-й задачи. Представьте свои рассуждения.

图 2-41　俄罗斯教科书中的带余除法

(2) 如果将 17 名学生平均分成 3 个小组，则每个小组有多少名学生？将这个问题的解决方案与第一个问题的解决方案进行比较，并说明你的理由。

例 2-35　俄罗斯教科书中的两位数除以一位数(图 2-42)。关于 87:3 计算的探究过程：从最高位开始进行除法。

Изучение 87 : 3

Деление выполняется,
начиная с высшего разряда.   **2. Делятся единицы:**   87 | 3
                                              2 дес – это 20 единиц.   6 | 29
1. Делятся десятки: И ещё 7 единиц прибавляются,   27
8 десятков делятся на 3,   получается 27 единиц.   27
в частное записывается 2.   27 : 3 = 9, в частное записывается 9. 0
Вычисляется остаток: Вычисляется остаток
3 × 2 = 6, 8 − 6 = 2.   9 × 3 = 27, 27 − 27 = 0.
Значит, осталось 2 десятка.   Остаток – 0.   В частном получается 29.

Запомните! Признаки делимости на 2, на 3, на 5.
1. Чётные числа делятся на 2 без остатка.
2. Число делится на 3 без остатка, если сумма цифр в числе делится
   на 3. Например, в числе 342 сумма цифр равна 9 и делится на 3 без
   остатка, значит, 342 делится на 3 без остатка. В числе 443 сумма цифр
   равна 11 и делится на 3 с остатком, значит, 443 делится на 3 с остатком.
3. Число делится на 5 без остатка, если его последняя цифра 0 или 5.

图 2-42　俄罗斯教科书中的两位数除以一位数

(1) 十位上的除法：用 8 个十除以 3，商写为 2。余数计算：3×2=6，8-6=2，还剩下 2 个十。

(2) 个位上的除法：2 个十就是 20 个一，再加上 7 个一，就得到了 27 个一。27:3=9，商写为 9。余数计算：9×3=27，27-27=0，余数为 0。从而得到商数 29，并且给出了除法竖式的表达方式。

(3) 涉及能被 2，3，5 整除的特征：

① 偶数除以 2 没有余数。

② 若各位数字和能被 3 整除，那么此数除以 3 没有余数。例如，在数 342 中，各位数字和为 3+4+2=9，9 除以 3 没有余数，所以 342 除以 3 没有余数。在数 443 中，各位数字和为 4+4+3=11，11 除以 3 有余数。也就是说，443 除以 3 是有余数的。

③ 若数的最后一位数字是 0 或 5，那么此数除以 5 没有余数。

例 2-36 俄罗斯教科书中的三位数除以一位数(图 2-43)。关于 369:3 计算的探究过程：数位单位没有余数的除法的情况。从最高位开始进行除法：①百位上的除法。3 个百除以 3，等于 1 个百，商写为 1，计算余数，余数等于 0。②十位上的除法。6 个十除以 3，等于 2 个十，商写为 2，计算余数，余数等于 0。③个位上的除法。9 个一除以 3，等于 3 个一，商写为 3，计算余数，余数等于 0。从而得到商数 123。同时给出了这种情况下的除法竖式表达方式。

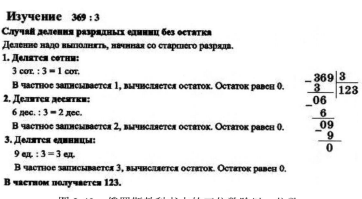

图 2-43　俄罗斯教科书中的三位数除以一位数

三、几何图形

俄罗斯 1 年级教科书中就设置了几种几何图形的直观认识(图 2-44)，使用线段绘制一些几何形状。线段是几何形状的边，几何形状的顶点边数互不相同，还有的图形是圆形的。

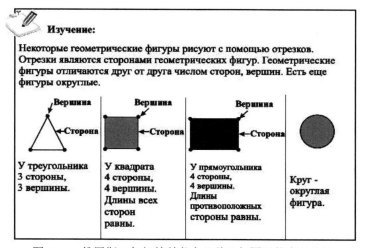

图 2-44　俄罗斯 1 年级教科书中几种几何图形的直观认识

(一) 角

俄罗斯教科书中角的概念示意图如图2-45所示。在2年级数学教科书"几何图形"的内容中，并没有具体给出角的文字定义，而是通过直角直观图指出了角、角的边、角的顶点。正方形和长方形的所有角都是直角。此外，还指出角的其他类型：锐角、钝角。通过与直角比较来研究这些角：小于直角的称为锐角，大于直角的称为钝角。

图2-45　俄罗斯教科书中角的概念示意图

俄罗斯教科书中角的表示与读法如图2-46所示。在4年级数学教科书中，角是结合其表示和读取方法而引入的。可用在角的边和顶点标记的字母来表示并读取角：$\angle ACB$ 或$\angle BCA$，而且顶点字母位于中间。"$\angle$"是角的符号。可以用顶点标记的一个字母表示并读取角：$\angle C$。随后举例各种类型角的表示方法：锐角$\angle RST$，直角$\angle YXZ$，钝角$\angle KMN$，平角$\angle OPL$。

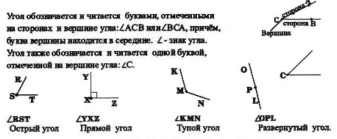

图2-46　俄罗斯教科书中角的表示与读法

(二) 三角形

俄罗斯教科书中三角形的引入与分类如图2-47所示。3年级数学教科书中关于三角形的引入很直观，结合三角形的特征给出了4种三角形，即不等边三角形(所有边长都不相等)、等边三角形(所有边长都相等)、等腰三角形(两条边长相等)、直角三角形(三角形的角有一个是直角)，并没有给出三角形的相关概念和表示方法。

俄罗斯教科书中三角形概念示意图如图2-48所示。4年级数学教科书直接用定义的方式给出三角形的概念，并且是先介绍四角形，之后才开始介绍三角形。三角形有3个顶点、

3条边、3个角，并用表示顶点的字母来表示和读取三角形。图中给定的三角形，可以从顶点 *A*、*B*、*C* 中任意一点开始读取：△*ABC*、△*BAC*、△*CAB*。其中，"△"为三角形符号。然后举例3种三角形的表示方法，即等边三角形△*MNP*、等腰三角形△*DEF*、不等边三角形△*RTS*。

图 2-47　俄罗斯教科书中三角形的引入与分类

图 2-48　俄罗斯教科书中三角形概念示意图

（三）四角形

俄罗斯教科书中四角形的引入与分类如图 2-49 所示。3 年级数学教科书中关于四角形的引入也是很直观的，其探究过程如下：所有四角形就是有 4 条边和 4 个角的多角形，但是有的四角形具有特殊的名字。

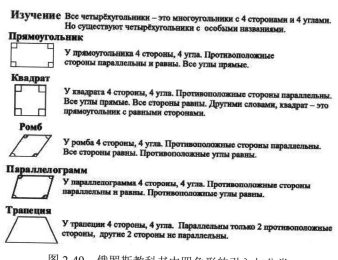

图 2-49　俄罗斯教科书中四角形的引入与分类

长方形：长方形有 4 条边、4 个角，对边平行并且相等，所有角都是直角；

正方形：正方形有 4 条边、4 个角，对边平行，所有角都是直角，所有边都相等，换句话说，正方形是等边的长方形；

菱形：菱形有 4 条边、4 个角，对边平行，所有边都相等，对角相等；

平行四边形：平行四边形有 4 条边、4 个角，对边平行并且相等，对角相等；

梯形：梯形有 4 条边、4 个角，只有 2 条边平行，另 2 条边不平行。

俄罗斯教科书中四角形概念示意图如图 2-50 所示。4 年级数学教科书中四角形是在介绍完角之后、三角形内容设置之前引入的，同样利用直观几何的方式给出四角形的概念，但比三年级的引入具体一些，其探究过程如下四角形有 4 个顶点、4 条边、4 个角，可用表示顶点的字母来表示和读取四角形，用顺次列举顶点的方式读出四角形，可以从任意一个点开始。例如，在图中给定的梯形，可以从顶点 A 开始，按红色箭头移动方向依次读取出梯形 ABCD；或者从顶点 A 开始，按蓝色箭头移动方向依次读取出梯形 ADCB；按这样的原则，可以分别从顶点 D、C、B 开始，读取梯形。接下来给出梯形的顶点和边的概念。点 A、B、C、D 叫作梯形的顶点，线段 AB、BC、CD、DA 是梯形的边。然后举例，下面绘制的四角形也可以按相同顺序命名，分别是四角形 DEHF、正方形 MNPR、平行四边形 FGKL、菱形 CDEF。由此我们可以看出，俄罗斯是用角来定义多边形的，给出四角形概念之后又让学生读取四角形、正方形、平行四边形、菱形。我们国家一般是利用边来命名多边形的，给出平行四边形、梯形、长方形、正方形的概念以及它们的性质。

Четырехугольники имеют 4 вершины, 4 стороны, 4 угла. Четырехугольники обозначаются и читаются буквами, отмеченными на вершине углов. Четырехугольники называются последовательным перечислением вершин, начиная с любой. Например, на рисунке дана трапеция, которую можно назвать ABCD начиная с вершины A, двигаясь по красной стрелке. Или же назвать ADCB начиная с вершины A, двигаясь по синей стрелке. По такому же принципу можно назвать трапецию, начиная с вершин D, C, B.

Точки A, B, C, D указывают **вершины** трапеции.
Отрезки AB, BC, CD, DA являются **сторонами** трапеции.

Начерченных ниже четырехугольников также можно назвать в аналогичном порядке.

четырехугольник DEHF | квадрат MNPR | параллелограмм FGKL | ромб CDEF

图 2-50　俄罗斯教科书中四角形概念示意图

（四）圆周

俄罗斯教科书中圆概念的引入如图 2-51 所示。4 年级数学教科书关于"圆周，圆"的引入如下：圆周是封闭图形，所有点到中心点的长度相同。借助图形，进一步直观地指出什么是圆周、圆、圆心，并设置利用圆规画圆周：第一步，打开圆规使两角间符合所需要的间距；第二步，把圆规带尖的一侧确定为圆心；第三步，用圆规带铅笔的一侧画出圆周。接下来，给出关于圆的半径、弦、直径的概念：半径是圆心和圆周上任意一点所连成的线段，记作半径 MD，圆周的所有半径相等；弦是圆周上任意两点所连接的直线段，记作弦

LP；直径是连接圆周上的任意两点且经过圆心的直线段，圆周所有直径相等，记作直径 *FD*，直径是最长的弦。

图 2-51 俄罗斯教科书中圆概念的引入

(五) 立体图形

俄罗斯 3 年级数学教科书中空间几何图形的引入如图 2-52 所示。图 2-52 中给出了关于面、棱、顶点的探究过程：竖线左侧的图标出了棱和顶点的定义，即棱是 2 个面相交的线、顶点是棱的交点；竖线右侧给出了面为正方形、长方形、圆形、三角形的空间几何图形的举例。

图 2-52 俄罗斯 3 年级数学教科书中空间几何图形的引入

俄罗斯教科书中空间几何图形的展开图如图 2-53 所示。图中给出的是 5 种空间几何图形及其展开图的内容。

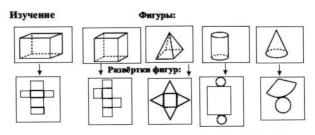

图 2-53 俄罗斯教科书中空间几何图形的展开图

俄罗斯教科书中空间几何图形的分类与应用如图2-54所示。4年级数学教科书的立体几何内容先直接给出立体几何图形，又给出了与这些图形相似的物体，请学生在图片中挑选出形状与这些图形相似的物体。通过这种方式，学生可以直观地感受几何图形。几何图形分别有正方体、直平行六面体、圆柱体、圆锥体、球体。

图2-54　俄罗斯教科书中空间几何图形的分类与应用

四、方格网的运用

方格网的运用是俄罗斯小学数学教科书的特色之一，方格网在整个小学数学教科书中发挥着重要的作用：规范了学生的书写习惯，提高了学生的几何直观思维，对小学生的影响很大，为小学生学习数学打下了良好的基础。在认识数的时候，可以将数在方格网内进行书写。除此之外，方格网在其他方面也有着广泛的应用。

（一）方格网在计算中的应用

俄罗斯教科书加减法方格网的运用如图2-55所示。俄罗斯小学教科书中把多位数的加减法放在了网格中计算，这样不仅加强了学生计算的规范性，而且让位数对齐，计算时不容易出现差错。

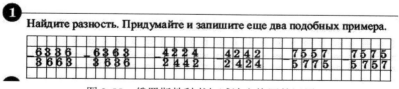

图2-55　俄罗斯教科书加减法方格网的运用

（二）方格网在除法运算中的应用

俄罗斯教科书除法方格网的运用如图2-56所示。把除法运算放在方格网中清晰可见、一目了然，小学生刚刚接触除法时会感觉陌生、难懂，通过方格网的运用很容易让学生明白除法算式的位数对齐的本质，同时规范了学生的书写，使学生养成良好的习惯，为后面的学习打下良好的基础。图示为多位数除以一位数的除法，应用方格网来进行 6536:4=1634 的除法运算，开始从最高位进行除法运算：第一步，进行千位上的除法，用千位数字 6 除以 4，即 6:4，得到商的千位数字 1，再用 6 减去 4，余 2；第二步，百位上的除法，用 25:4，得到商的百位数字 6，再用 25 减去 24，余 1；第三步，十位上的除法，用 13:4，得到商的十位数字 3，再用 13 减去 12，余 1；第四步，个位上的除法，用 16:4，得到商的个位数字 4，再用 16 减去 16，余 0。然后运用乘法算式 1634×4=6536 进行结果检验。

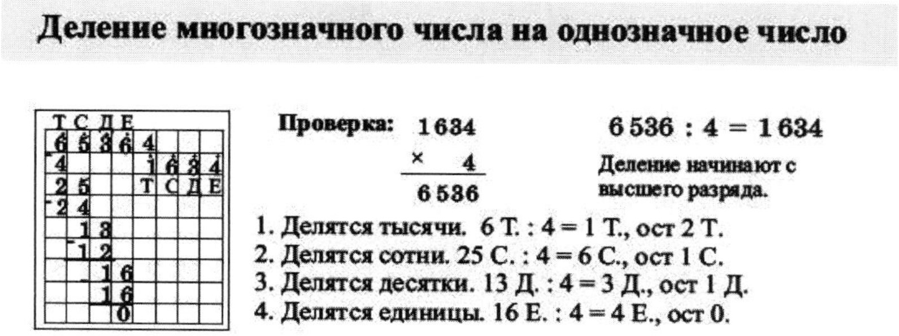

图 2-56 俄罗斯教科书除法方格网的运用

(三) 方格网置于平面直角坐标系中的应用

俄罗斯教科书坐标系方格网的引入如图 2-57 所示。在 2 年级数学"物体的位置"一节中，利用坐标网格的探究过程如下：在坐标网格中物体的位置可以借助一对数(3，5)来确定——坐标对。坐标对的第一个数是对象位于 0 右侧的多少单位，而第二个数是对象位于 0 上面的多少单位。例如，坐标网格中课桌的位置由坐标对(3，1)来确定。也就是说，课桌位于 0 右侧的 3 个单位，上面的 1 个单位。寻找坐标网格中其他物体的位置。图 2-57 中给出 5 个坐标对，让学生根据给定的坐标对寻找与坐标对相对应的物体。

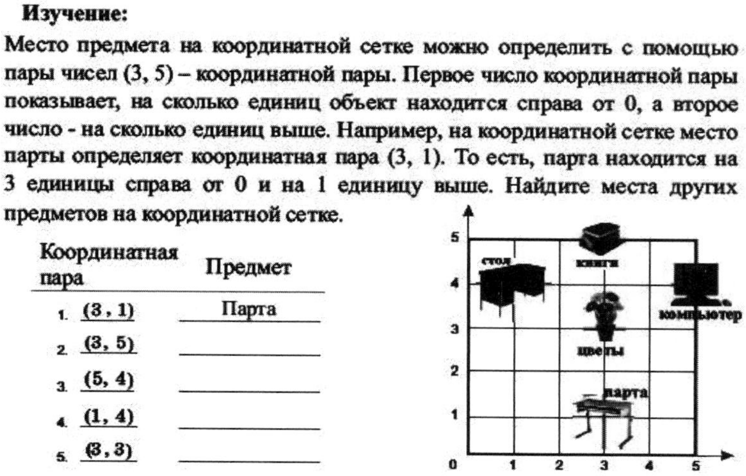

图 2-57 俄罗斯教科书坐标系方格网的引入

俄罗斯教科书坐标系方格网的应用如图 2-58 所示。图 2-58 中的坐标网格中给定一些几何图形，让学生在笔记本上写出它们的名称和坐标。

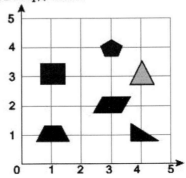

图 2-58　俄罗斯教科书坐标系方格网的应用

(四) 方格纸在图形大小中的应用例子

俄罗斯教科书坐标系方格网的应用如图 2-59 所示。图片中给定的图形是在方格纸上画出来的。哪些图形占方格纸的一半、多于一半或者少于一半？学生通过查网格个数的多少来比较图形的面积。

图 2-59　俄罗斯教科书坐标系方格网的应用

五、历史资料的呈现

俄罗斯教科书历史资料的呈现示意图如图 2-60 所示。图中描述的是 3 个阿塞拜疆诗人萨比尔(1862－1911)、萨梅布·武伦(1906－1956)、沙伊格(1881－1959)的个人照片，下方给出了他们的出生和死亡日期，让学生根据这些日期解决问题：

(1) 当萨梅布·武伦 5 岁的时候，萨比尔多少岁？

(2) 哪一年是萨梅布·武伦诞辰 90 周年纪念日？

(3) 当萨比尔诞辰 70 周年纪念日时，沙伊格多少岁？

4

Под фотографиями выдающихся поэтов Азербайджана даны даты их рождения и смерти. Решите задачи, исходя из этих дат.

Мирза Алекпер Сабир
1862 — 1911

Самед Вургун
1906 — 1956

Абдулла Шаиг
1881 — 1959

(1) Сколько лет было Мирзе Алекпер Сабиру, когда Самеду Вургуну было 5 лет?

(2) В каком году отмечался 90 летний юбилей Самеда Вургуна?

(3) Сколько лет было Абдулле Шаигу, когда, отмечался 70 летний юбилей Мирзы Алекпер Сабира?

图 2-60　俄罗斯教科书历史资料的呈现示意图

俄罗斯初中数学课程与教科书研究

俄罗斯联邦教育部 2010 年 12 月 17 日第 1897 号令部长令颁布了俄罗斯《联邦国家教育标准：基础普通教育》(5～9 年级)，[①]这是一个包含俄罗斯初中各学科的统领性文件，在其基础上制定示范性教学大纲，有资质的教育机构也可以根据不同类型的初中学校制定不同的教学大纲，数学教科书则是基于教育标准和示范性教学大纲进行编写的。本章将介绍俄罗斯初中数学教育标准、示范性教学大纲和新版教科书的基本情况，以期对我国初中阶段数学课程与教学改革带来有益的启示。

第一节 俄罗斯初中数学教育标准

俄罗斯《联邦国家教育标准：基础普通教育》(5～9 年级)主要包括总则、对基础普通教育教学大纲掌握结果的要求、基础普通教育教学大纲的结构要求、基础普通教育教学大纲实施条件的要求四个部分(图 3-1)。

一、总则

1. 联邦国家基础普通教育标准是实施基础普通教育教学大纲时必需的总体要求。标准包括下列要求：掌握基础普通教育教学大纲的成果；基础普通教育教学大纲的结构，既包括对基础普通教育教学大纲各部分及其数量关系的要求，也包括基础普通教育教学大纲必修部分和参与者在教育过程中的比例构成要求。实施基础普通教育教学大纲的条件要求，包括人员、财政、物质技术和其他条件。对掌握基础普通教育教学大纲的结果、结构和条

---

① Министерство просвещения Российской Федерации. Федеральный государственный образовательный стандар основного общего образования[M]. М.: Просвещение, 2010.电子版可见俄罗斯教育标准网站：https://fgos.ru/LMS/wm/wm_fgos.php?id=osnov. 注：该标准在 2010 年 12 月 17 日第 1897 号令颁布后，曾于 2014 年 12 月 29 日由时任俄罗斯教育部部长富尔先科(А.Фурсенко)签署 1644 号令修改过一次。

件的要求，考虑在获得基础普通教育时学生的年龄和个人特征，包括身体有缺陷和残疾学生的教育需求，以及学生进一步发展后续普通教育的重要性。

图 3-1　《联邦国家教育标准：基础普通教育》(5～9 年级)

2. 该标准是客观评估是否符合既定教育活动要求和对已经掌握基础普通教育教学大纲学生培训水平的基础，不以获得的教育形式和教学形式而转移。可获得的基础普通教育包括：在教育活动组织中(面授、面授—函授及函授形式)；外部组织以家庭教育形式从事的教育活动；允许将不同的教育形式和学习形式结合起来；基础普通教育的期限为 5 年，对于身体有缺陷和残疾的人，在经改编的基础普通教育教学大纲下学习时，无论所使用的教育技术如何，其增加的时间均不超过一年。

3. 标准制定考虑了俄罗斯联邦民族的区域性、民族性、民族文化的特征。

4. 标准旨在确保：学生的俄罗斯公民身份的形成；俄罗斯联邦教育空间的统一；保存和发展俄罗斯联邦多民族人民的文化多样性和语言遗产，实现学习母语的权利，获得以母语掌握基础普通教育的可能性，掌握俄罗斯多民族人民的精神价值和文化；获得优质基础普通教育的可行性；学前教育、小学普通教育、基础普通教育、中等普通教育、职业教育等基础教育教学大纲的连续性；精神和道德发展，培养并保护学生的健康；国家公共教育管理的发展；形成实质和标准的评估结果基础，结果包括学生对基础普通教育教学大纲结果的掌握、教育工作者的活动、从事教育活动的组织以及整个教育系统的运行；为学生发展创造社会环境的条件，通过个人有意义的活动确保学生的社会自我认同。

5. 该标准基于系统活动方法，该方法确保：为自我发展和继续教育做好准备；设计和构建教育系统中学生发展的社会环境；积极开展学生的教育和认知活动；综合考虑学生的个人年龄、心理特征和生理特征来开展教育活动。

6. 该标准定位于毕业生个人特征的形成("初中毕业生的特征刻画")：热爱自己的国土和祖国，了解俄语和母语，尊重自己的民族及其文化和精神传统；意识到并接受人类生活、家庭、公民社会、俄罗斯各族人民、人类的价值；积极并有兴趣地了解世界，意识到劳动、科学和创造力的价值；能够学习，意识到教育和自我教育对生活与活动的重要性，能将获得的知识付诸实践；积极参与社会活动，尊重法律和秩序，以道德价值观衡量自己的行为，意识到自己对家庭、社会和祖国的责任；尊重他人，能够进行建设性对话，相互理解，合作取得共同成果；有意识地遵守对人类及其周围环境健康、环保和无害的生活方式的规则；面向专业领域，了解为人类社会和自然可持续发展的利益而开展的专业活动的重要性。

7. 该标准应作为如下人员活动的基础：考虑到俄罗斯联邦地区的发展特点、从事教育活动的组织、教育关系参与者的要求，教育工作者制定的基础普通教育教学大纲；从事教育活动的组织负责人及其代表，应在其职权范围内负责基础普通教育教学大纲实施质量；实施教育质量评估的工作人员，包括在从事教育活动的组织中对教育质量进行公开审查的社会组织、协会和专业团体；基础普通教育示范性教学大纲的制定者；在普通教育系统中从事教学法专业和方法论教育组织活动的工作人员；教育文献、材料和信息环境、基础普通教育环境构建的作者(开发者)；国家执行机构和地方自治机构的负责人和专家，提供与监督从事教育活动组织的资金，以实施基础普通教育的教学大纲；俄罗斯联邦组成实体的国家当局的领导人和专家，从事教育领域的公共管理和国家控制(监督)；国家执行机构的负责人和专家，为初中毕业生的最终认证提供程序、检验测量材料的制定；俄罗斯联邦组成实体国家执行机构的负责人和专家，实施制定有关从事教育活动的地区和市级组织教师资格认证的规定。

二、对基础普通教育教学大纲掌握结果的要求

8. 标准制定了学生对基础普通教育教学大纲掌握结果的要求：

(1) 个人方面，包括学生自我发展和个人自主决定的意愿及能力，学习动机和有目的认知活动的形成，重要的社会和人际关系体系，反映活动中个人和公民态度的价值意义目标、社会能力、法制观念，设定目标和建立生活计划的能力，在多元文化社会中意识到俄罗斯同一性的能力。

(2) 跨学科方面，包括学生掌握跨学科概念和通用的学习能力(调控性的、认知性的、沟通性的)，并在教学、认知和社会实践过程中运用它们的能力，体现教学活动的计划与实施的独立性，以及与教师和同伴进行教育合作的组织能力，建立个人的教育轨迹。

(3) 学科方面，包括学生在学科学习过程中掌握该学科领域的特定技能，在学科范围内获取新知识的活动能力，及其在教学、教学设计和社会情况下的转化与应用，科学思维的形成，有关主要理论、关系类型与形式的科学观念，掌握科学术语、主要概念、方法和技术。

9. 掌握基础普通教育教学大纲的个人结果应反映：

(1) 俄罗斯公民身份教育，包括爱国主义，尊重祖国，俄罗斯多民族的过去和现在；了解自己的种族，了解历史、语言、文化、自己的国土、俄罗斯民族和人类文化遗产的基础；掌握俄罗斯多民族社会的人文、民主和传统价值观；培养对祖国的责任感和义务感。

(2) 在学习与认知动机、自觉选择的基础上，在职业和职业偏好取向的基础上，考虑到可持续的认知兴趣，以及在形成尊重工作的态度、培养参与社会重要工作经验的基础上，培养学生的自我发展能力和自我教育能力，形成负责任的态度。

(3) 考虑到现代世界的社会、文化、语言、精神等的多样性，形成与科学和社会实践的现代发展水平相对应的整体世界观。

(4) 对他人、他人意见、世界观、文化、语言、信仰、公民地位，以及对俄罗斯人民和世界人民的历史、文化、宗教、传统、语言、价值观，形成自觉、尊重和仁慈的态度，形成与他人进行对话并达成相互理解的意愿和能力。

(5) 发展包括成年人和社会团体在内的群体和团体社会生活的社会规范、行为准则、角色和形式；在年龄能力范围内参与学校自治和公共生活，并考虑到区域、民族文化、社会和经济特征。

(6) 在个人选择的基础上发展道德意识和解决道德问题的能力，形成道德情感和道德行为，形成对自己行为的自觉和负责任的态度。

(7) 在教育、服务社会、教学研究、创造和其他形式活动的过程中，在与同龄人、年龄较大和年龄较小的儿童以及成年人的沟通与合作中，形成沟通能力。

(8) 形成健康和安全的生活方式的价值观；掌握在人民生命和健康有危险的紧急情况下个人和集体的安全行为规则，以及交通和道路上的行为规则。

(9) 形成与现代生态思想水平相对应的生态文化基础，发展生活情境中以生态为导向的自反性评价和实践活动经验。

(10) 了解家庭在一个人和社会生活中的重要性，对家庭生活价值的接受，对自己家庭成员的尊重和关怀态度。

(11) 通过掌握俄罗斯和世界各国人民的艺术遗产，以及开展具有审美性质的创造性活动来发展审美意识。

10. 掌握基础普通教育教学大纲的跨学科结果应反映：

(1) 能够独立确定自己的学习目标，为自己设定和制定在学习和认知活动中的新任务，发展其认知活动的动机和兴趣。

(2) 能够独立计划实现目标的方式，包括替代性目标，有意识地选择解决教学和认知问题的最有效的方式。

(3) 能够将自己的行动与预期结果相关联，能够监控其在取得结果过程中的活动，确定在建议条件和要求范围内的行动方式，能根据不断变化的情况调整自我行动。

(4) 能够评估教学任务执行的正确性，解决任务的可能性。

(5) 掌握在教学和认知活动中自我监控、自我鉴定、自我决策和实施自觉选择的基础。

(6) 能够定义概念，建立概括、类比、分类并独立选择分类依据和标准，建立因果关系；建立逻辑论证、推理(归纳、演绎和类推)，并得出结论。

(7) 能够创建、应用和转换符号、记号、模型和方案，以解决教学和认知任务。

(8) 语义阅读。

(9) 有能力与教师和同伴组织教学合作和联合活动；单独和集体工作；在协调立场和考虑利益的基础上，找到共同的解决方案并解决冲突；表达、辩论和捍卫自己的观点。

(10) 能够根据交流的问题有意识地运用语言手段表达自己的感受、思想和需求；计划和规范自己的活动；掌握口头和书面讲话、独白语境性讲话。

(11) 形成和发展使用信息和通信技术的能力；发展与掌握积极使用词典和其他搜索引擎文化的动力。

(12) 形成和发展生态思维，并能将其应用于认知、交际、社会实践和职业定位中。

11. 考虑到标准的一般要求和被列入课程领域里所研究的课程特点，掌握基础普通教育教学大纲的学科结果，应确保在下一阶段的普通教育中实现成功的教育。

本研究对标准中与数学学科无关的内容略去未译，包括：11.1 语文学(俄语、母语文学、外语)，11.2 社会科学课程(俄罗斯历史、社会科学、地理)，11.4 俄罗斯人民精神和道德文化基础，11.5 自然科学课程(物理、生物、化学)，11.6 艺术(美术、音乐)，11.7 技术，11.8 体育和生命安全基础。下面仅就 11.3 数学与信息学的详细要求加以介绍。

标准要求学习数学与信息学学科领域应保证：认识到数学与信息学学科在人类日常生活中的重要性；形成数学科学发展过程中的社会、文化和历史因素的观念；理解现代社会中信息流程的作用；形成对数学的认识，数学是全人类文明的一部分，是描述和研究实际过程及现象的科学通用语言。

在数学与信息学学科领域学习成果中，要使学生形成逻辑思维和数学思维，并对数学模型有认识；掌握数学推理，学会运用数学知识解决各种问题和评价获得的成果；掌握解决数学问题的技巧；发展数学直觉；获得在实际情况下主要信息流程的认识。

数学与信息学学科领域学习成果应反映为数学、代数、几何、信息学的如下方面：

(1) 关于数学思维的形成，数学是描述和研究实际过程与现象、认知现实的一种方法。

(2) 发展使用数学教学文本工作的能力(分析、提取必要信息)；能运用数学术语和符号准确并有条理地表达自己的观点、进行分类、逻辑论证和数学陈述证明。

(3) 发展关于数和从自然数到实数系的认识；掌握口算、笔算和工具计算的技能。

(4) 掌握代数符号语言，进行表达式恒等变换；掌握求解方程、方程式组、不等式和不等式组的方法；能用代数语言模拟现实情况，运用代数工具研究建立模型，解释获得的结果。

(5) 掌握函数概念体系；发展利用函数图象表示、解决各种数学问题，描述、分析实际依存关系的能力。

(6) 掌握几何语言；发展运用几何语言描述周围世界物体的能力；发展空间观念、形象能力和几何作图技能。

(7) 形成关于平面图形及其性质的系统性知识，形成最简单空间物体的认识；发展运用几何语言对现实情况进行建模的能力；发展运用几何概念和定理、代数工具研究建立模型；发展解决几何和实际问题的能力。

(8) 掌握呈现和分析统计数据的简单方法；形成现实世界中的统计规律及其研究的不同方法，认识简单的概率模型；发展从表格、图表、图形中获取信息的能力；发展借助适当的统计特征描述和分析数据的能力；形成在决策时运用周围现象概率性质的观念。

(9) 发展运用所学习的概念、结果、方法去解决具体问题及相关学科问题的能力，必要时使用参考资料、计算机，并在实际计算中运用估计和粗略计算的能力。

(10) 形成信息和算法文化；形成计算机是处理信息的通用设备的思想；发展运用计算

机设备的基本技能和能力。

(11) 形成对主要研究概念的思想：信息、算法、模型及其属性。

(12) 发展现代社会职业活动所必需的算法思维；发展具体执行者撰写和编写算法的能力；形成关于算法构造、逻辑值和运算的知识；熟悉一种程序设计语言和基本算法结构——线性结构、条件结构和循环结构。

(13) 形成信息的形式化和结构化的能力，能够使用适当的数据处理软件，能根据提供的问题选择呈现数据的方法——表格、图象、图形、图表。

(14) 形成使用计算机程序和在互联网上工作的技能和适当安全行为能力，以及遵守信息道德和法律的能力。

12. 掌握继续教育所必需的基础普通教育教学大纲的学科和跨学科结果，是对学生掌握基础普通教育教学大纲的最终评价目标。在对学生掌握基础普通教育教学大纲结果进行最终评价时，应考虑设计活动的技能形成，以及解决教学实践和教学认知的能力。对基础普通教育教学大纲掌握结果的最终评价包括两个部分：学生的中期鉴定结果，反映了学生掌握基础普通教育教学大纲计划结果的个人教育成就动态；毕业生的国家最终鉴定结果，鉴定了学生掌握基础普通教育教学大纲计划结果的成就水平。

无须最终评价的学生个人成就结果包括学生的价值取向和个人个性特征。对学生掌握基础教学大纲以及其他个人成绩的总体评价，应在各种监测研究的过程中进行。

三、基础普通教育教学大纲的结构要求

13. 基础普通教育教学大纲确定获得基础普通教育的目的、目标、计划结果、教育活动的内容和组织，旨在形成学生的共同文化、精神道德，促进公民、社会、个人理性发展，促进学生自我发展和自我完善，确保社会成功，发展创造力、体力，维护和加强学生的健康。基础普通教育教学大纲是由教育机构按照国家卫生防疫规则和标准的要求，通过课程和课外活动实施的。根据个人发展方向(精神道德、体育运动和医疗保健、社会、一般智能、一般文化)组织课外活动，形式包括小组、艺术学校、体育俱乐部和协会、青年组织、地方志工作、科学和实践会议、学校科学协会、奥林匹克竞赛、探究和科学研究、对社会有益的实践、军事爱国协会等。在基础普通教育教学大纲实施的框架内，教育过程的组织形式、课程和课外活动的交替，由开展教育活动的组织确定。

14. 基础普通教育教学大纲包含三个部分：目的部分、内容部分和组织部分。

目的部分确定了基础普通教育教学大纲实施的总体目的、目标、任务和计划结果，并确定了达到这些目的和结果的方式。目的部分包含：解释性说明，学生掌握基础普通教育教学大纲的计划结果，达到掌握基础普通教育教学大纲计划结果的评估体系。

内容部分确定了基础普通教育的总体内容，并包括教学大纲，帮助理解达到个人、学科和跨学科的结果。内容部分包括：为获得基础普通教育而开展的通用学习能力的大纲(形成通识教育能力和技能的大纲)，培养学生在利用信息和通信技术、教学研究和设计活动方面的能力；个别学科、课程的大纲，包括综合课程；为学生获得基础普通教育而进行的教育和社会化大纲，包括学生的精神道德发展与教育、学生的社会化和职业定位、生态文化

的形成、健康安全的生活方式的文化；矫正工作大纲。

组织部分确定了教育过程组织的总体范围，也是基础教育教学大纲组成部分实施机制。组织部分包括：基础普通教育教学计划、教学日历表和课外活动计划；根据标准要求实施基础普通教育教学大纲的条件系统；评价和教学法材料，以及其他组成部分(由从事教育活动的组织自行决定)。

在国家认可的基础普通教育教学大纲下进行教育活动的组织，应根据该标准并考虑基础普通教育示范性教学大纲，制定基础普通教育教学大纲。

15. 基础普通教育教学大纲包含必修部分，以及由教育关系参与者形成的部分；此部分在基础教学大纲的三个部分(目的部分、内容部分和组织部分)里均有提出。

基础教学大纲中的必修部分占基础普通教育教学大纲总体的 70%，而由教育关系参与者形成的部分占 30%。基础普通教育教学大纲中为确保学生个人需求，须提供以下内容：确保学生各种兴趣的教学课程，包括民族文化及课外活动。

16. 基础普通教育教学大纲由开展教育活动的组织制定，应确保学生达到根据标准制定的要求掌握基础普通教育教学大纲所需掌握的结果。基础普通教育教学大纲由从事教育活动的组织独立实施，并通过网络实施。在假期，利用儿童休养和保健组织、专题夏令营班、暑期学校的机会，这些机会都是由从事教育活动的组织以及其他教育组织提供的。

17. 根据基础普通教育教学大纲，教育活动的组织可根据内容差异，并考虑学生的教育需求和兴趣，对基础普通教育教学大纲的各学科、课程领域进行深入研究。

18. 对基础普通教育教学大纲中每个部分的要求。

18.1　基础普通教育教学大纲的目的部分。

18.1.1　解释性说明应阐述。

(1) 根据标准对学生掌握基础普通教育教学大纲的结果要求，具体说明实施基础普通教育教学大纲的目的和目标。

(2) 形成基础普通教育教学大纲的原则和方法。

18.1.2　学生掌握基础普通教育教学大纲的计划结果应该：

(1) 确保标准要求、教育活动和掌握基础教学大纲结果评价体系之间的联系。

(2) 为制定学科和教学方法文献的工作大纲、课外活动课程的工作大纲、跨学科方向课程的工作大纲、培养方案以及根据标准要求学生掌握基础普通教育教学大纲的评价体系提供实质性和标准性的基础。

掌握基础普通教育教学大纲的计划结果，结构和内容应充分反映标准的要求，体现教育活动特征并与学生年龄相关的能力相符合。学生对基础普通教育计划结果的掌握，应从组织学生教育活动中的成就角度和评价这些结果的实现角度来明确和具体说明对个人、跨学科和学科结果的总体认识。在评价教育系统、从事教育活动的组织和教学工作者的活动结果时，应考虑基础普通教育教学大纲所要达到计划结果的掌握情况。在完成教学后，确定学生掌握基础普通教育教学大纲计划结果的实现情况。

18.1.3　达到对基础普通教育教学大纲计划结果掌握的评价体系应该：

(1) 确定以教育质量管理为导向的评价活动方向和目标、描述评价的对象和内容、评价标准、评价程序、评价工具组成、结果的表述形式、应用评价体系的条件和范围。

(2) 以学生精神道德发展和培养为导向的教育活动，实施对掌握基础普通教育教学大纲结果的要求。

(3) 提供一种综合方法来评价掌握基础普通教育教学大纲的结果，从而评价基础普通教育的学科、跨学科和个人的结果。

(4) 在掌握基础普通教育教学大纲的过程中，评价学生个人成就的动态。

(5) 提供应用相互补充的各种方法和形式[标准化的书面和口头工作、项目、实践工作、创造性工作、内我分析和自我评价、观察、考试(测验)等]。

(6) 允许将毕业生的最终评价结果用于描述掌握基础普通教育教学大纲计划结果的实现水平，以此作为不同水平的教育系统和从事教育活动组织的评价活动基础。

(7) 达到掌握基础普通教育教学大纲计划结果的评价体系，包括对学生国家最终鉴定的组织和内容的描述，在规定活动和课外活动范围内对学生进行中期鉴定，对未列入学生国家最终鉴定的科目的最终评价以及对学生设计活动的评价。

18.2　基础普通教育教学大纲的内容部分。

18.2.1　通用学习能力教学大纲(形成通识教育能力和技能的大纲)。①

18.2.2　单独学科和课程的教学大纲应确保达到基础普通教育教学大纲所要掌握的计划结果，是根据对基础教学大纲掌握结果的要求而制定的，同时考虑基础教学大纲结构中所包含的教学大纲的主要方向。大纲应包含：

(1) 解释性说明，其中考虑到学科特点，具体说明基础普通教育的总体目标。

(2) 学科和课程的一般特征。

(3) 学科和课程在教学计划中地位的描述。

(4) 掌握具体学科和课程的个人、跨学科和学科结果。

(5) 学科和课程的内容。

(6) 明确教育活动主要类型的专题规划。

(7) 对教育活动的教学方法和物质技术保障的描述。

(8) 学科和课程要学习的计划结果。

18.2.3　基础普通教育学生培养的社会化教学大纲应基于俄罗斯社会的基本民族价值观，如爱国主义、社会团结、公民觉悟、家庭、健康、工作和创造力、科学、俄罗斯的传统宗教、艺术、自然、人文，旨在发展和培养俄罗斯有能力的公民，接受祖国的命运作为自己的命运，意识到对自己祖国的现在和未来的责任，植根于俄罗斯多民族人民的精神和文化传统。(注：本条款下面的具体要求介绍从略)

18.2.4　矫正工作教学大纲应旨在纠正残疾儿童的心理和(或)身体发育方面的缺陷，克服在掌握基础普通教育基本教学大纲方面的困难，并向此类儿童提供帮助和支持。(注：本条款下面的具体要求介绍从略)

18.3　基础教学大纲的组织部分。

18.3.1　基础普通教学计划确保了标准要求的出台和实施，确定学生总负荷量和最大的课堂负荷量，以及按班级(学习年限)划分的必修领域的组成和结构。基础普通教育的主

---

① 通用学习能力教学大纲这部分内容与小学教育标准的内容相近，本研究此处介绍从略。

要教育计划可能包括一个或几个课程。

(1) 教学计划提供了俄罗斯联邦国家语言的教授和学习，为教授和学习从俄罗斯联邦民族语言中母语和俄罗斯联邦共和国的国家语言提供了可能，并且确定了按学习班级(年)分配的课时。

(2) 教学计划包括以下必修课程领域和学科：语文学(俄语、母语、文学、母语文学、外语、第二外语)，社会科学课程(俄罗斯历史、世界通史、社会科学、地理)，数学与信息学(数学、代数、几何、信息学)，俄罗斯民族精神道德文化基础，自然科学课程(物理、生物、化学)，艺术(造型艺术、音乐)，技术(技术)，体育文化和生命安全基础(体育文化、生命安全基础)。

(3) 开展教育活动组织的教学计划应规定引入教学课程的可能性，这些课程应满足学生的教育需求和兴趣，包括民族文化。为开发学生的潜力，特别是有天赋的儿童和残疾儿童的潜能，可在学生本人及其父母(法定监护人)的参与下共同制订个人的教学计划。在实施个人教学计划的同时，还需要从事教育活动组织的导师支持。

(4) 基础普通教育 5 年内课时不能少于 5267 小时且不得超过 6020 小时。

(5) 教学日历表应确定在学年日历期间获得休息和其他社会目标(假期)教育时，教学活动(日常活动和课外活动)的交替和计划的休息时间，包括学年的开始和结束日期；学年的持续时间，季度(学期)；假期时间和期限；中期考核实施日期。

(6) 课外活动计划旨在通过组织课外活动来考察学生的个性和需求。在个人发展领域(体育与健康、精神和道德、社会、一般知识、一般文化)以艺术、文化、语言学、语言文学、合唱工作室、网络社区、学校体育俱乐部和协会、青年组织、科学和实践会议、学校科学协会、奥林匹克竞赛、探索和科学研究、社会有益的实践、军事爱国协会以及不同于通常活动的其他形式，根据教育关系参与者的选择，在自愿的基础上组织课外活动。课外活动计划根据学生的兴趣和从事教育活动的组织的可能性，确定了基础普通教育水平上的课外活动的组成和结构、组织形式、课外活动量(5 年学习时间不超过 1750 小时)。从事教育活动的组织独立制订并批准课外活动计划。

18.3.2　基础普通教育教学大纲实施的条件体系，应在符合标准要求的基础上制定，并确保达到掌握基础普通教育教学大纲的计划结果。条件体系应考虑到开展教育活动的组织结构，以及与社会伙伴的互动(无论是在教育系统内还是在机构间互动的框架内)。条件体系的描述应基于当地从事教育活动组织的行为，以及规范的市、区域、联邦法规。条件体系应包含现有情况的描述：人员、心理教育、财务、物质技术、信息方法；根据开展教育活动组织遵循基本普通教育教学大纲的首要任务，对现有条件进行必要的改变；在条件体系中实现目标的机制；网络时间表(路线图)，用于形成必要的条件体系；监测条件体系的机制。

四、基础普通教育教学大纲实施条件的要求

19. 基础普通教育教学大纲实施条件的要求，主要是针对基础普通教育教学大纲掌握结果的实施，所需要的人员、财力、物质技术等条件要求。

20. 实施这些要求的结果应该创建适宜的教育环境。(注：本条款下面的具体要求介绍从略)

21. 基础普通教育教学大纲的实施条件应为教育关系参与者提供机会。(注：本条款下面的具体要求介绍从略)

22. 基础普通教育教学大纲实施的人员应满足条件要求。(注：本条款下面的具体要求介绍从略)

23. 基础普通教育教学大纲实施的财政经济条件。(注：本条款下面的具体要求介绍从略)

24. 基础普通教育教学大纲实施的物质技术条件。(注：本条款下面的具体要求介绍从略)

25. 基础普通教育教学大纲实施的心理教育条件。(注：本条款下面的具体要求介绍从略)

26. 基础普通教育教学大纲实施的信息和方法条件应确保现代化的信息和教育方法。(注：本条款下面的具体要求介绍从略)

第二节　俄罗斯初中数学示范性教学大纲

俄罗斯初中各科都在一起的示范性教学大纲由俄罗斯教育学院战略研究院制定。第二代标准，即《教育机关基础教育示范性教学大纲》(初中)由俄罗斯教育科学院通讯院士康达尤夫(А. М. Кондаков)和俄罗斯教育科学院院士凯齐纳(Л. П. Кезина)担任科学顾问，起草人为萨维诺夫(Савинов Е С.)，由俄罗斯教育出版社于 2011 年出版，主要包括目标、内容、组织三大部分，总计 342 页。(图 3-2)①

图 3-2　第二代标准指导下的基础教育示范性教学大纲(初中)

---

① Савинов Е С. Примерная основная образовательная программа образовательного учреждения. Основная школа[M]. М.: Просвещение, 2011.

　　本研究选取了编辑部主任是林雅娜雅(Л. И. Льняная)、编辑是埃夫斯蒂格涅娃(Н. В. Евстигнеева)、艺术编辑是伊万诺夫(А.Г.Иванов)、计算机排版和技术编辑是索科洛娃(И.Ю.Соколова)、校对员是埃尔莫利纳(Л.А.Ермолина)和鲁达科娃(А.В.Рудакова)主编的单行本《初中示范性教学大纲：数学》(5～9年级)，[①]内容也是上述总体示范性大纲的一部分，由俄罗斯《教育》出版社于2011年出版，总计64页。下面将介绍初中数学示范性大纲的主要内容(图3-3)。

图 3-3　第二代标准指导下的初中示范性教学大纲：数学(5～9年级)

一、学科总体特征

　　在学校所有阶段，数学教育是基础教育所必需的和不可分割的一部分。初中数学教学要达到以下目标：

　　(1) 个人发展方向。形成数学是整个人类文明重要组成部分的数学观念，形成数学在文明和现代社会发展中具有重要意义的观念；发展逻辑和批判性思维，语言艺术，理性实验能力；形成理智的真实性和客观性，形成打破源于日常经验的思维定式的能力；培养保障社会随机应变的个人素质和独立解决问题的能力；形成适应现代信息社会的必备思维素质；发展对数学创造力和数学能力的兴趣。

　　(2) 跨学科发展方向。形成数学是现实的描述形式和认知方法的观念，为获得数学模型初步经验创造条件；形成具有明显数学特征的智力活动的一般方法；形成数学是对人类各种活动有着重要意义的文化认知基础。

　　(3) 学科发展方向。掌握为继续教育所必需的数学知识和技能，学习邻近学科，并运用到日常生活中；为数学发展夯实基础，形成独具特色的数学活动的思维机制。

---

　　① Кузнецов А А, Рыжаков М В, Кондаков А М. Примерные программы по учебным предметам. Математика. 5－9 классы: проект[М]. 3－е изд., перераб.М.: Просвещение, 2011.

初中数学教育内容是建立在初中学校数学教育坚实核心基础之上的。在教学大纲中，它以内容充实的章节形式整体展现出来，使其应用于具体化在相应的小节里。大纲规定了初中必修的材料范围，并针对5～6年级和7～9年级给出了示范性分配。

初中数学教育内容包括以下章节：算术、代数、函数、概率和统计学、几何。此外，还列入两个补充章节：逻辑学与集合和数学发展史，每一章节的内容都以内容—教学法为主线进行呈现，并贯穿于该教学阶段数学教育内容等整个基础章节，这与实现提高学生整体智力水平和文化水平的目的密切相关。

(1) 算术。本章节内容是为学生继续学习数学打下基础，促进学生逻辑思维的发展，培养学生算法应用的能力，以及获得在日常生活中必要的实际技巧；培养初中阶段与有理数和无理数密切相关的数观念，形成实数的基本认识；不仅完成数的主线学习(实数和复数系统化知识)，还要完成更加复杂的算术问题(欧几里得算法、算术基本定理)，将其应用于普通中等(完全)教育阶段。

(2) 代数。本章节内容是学生解决数学各章节、邻近学科和周围实际性问题的数学工具。代数语言强调数学作为构建现实世界过程和现象数学模型语言的意义，特别是掌握信息学课程和演绎推理技能所必需的算术思维发展成为代数研究问题。符号形式变革为发展学生想象力和数学创造力做出了特殊贡献。初中阶段学习内容是围绕有理式进行的，而与无理式、三角函数和变换相关的问题是学校高年级阶段数学课程学习的内容。

(3) 函数。本章节内容是致力于让学生获得作为描述和研究各种过程最重要数学模型的函数具体知识。这些内容的学习有助于发展学生运用各种数学语言的能力(词汇、符号、图形)，在文明和文化发展过程中为数学作用观念的形成做出了贡献。

(4) 概率和统计学。本章节是初中数学教育增强其应用和实践意义必备的分支，这些内容在学生函数基本知识形成之前是必不可少的，有助于学会接受和批判性地分析各种形式的信息，理解很多实际关系的概率特征，做最简单的概率计算。组合数学基础的学习使学生能够分析现象，完成各类型数的分析和统计，包括最简单的应用问题。学习统计学和概率可以拓宽世界现代描述和研究方法的认识，形成统计学作为社会信息重要意义源泉这一角色的观点，并为概率思维打下基础。

(5) 几何。本章节内容的目的是通过对平面和空间几何图形性质进行系统的学习，发展学生空间想象力和逻辑思维，并应用这些性质解决计算和结构问题。发展几何直觉具有非常重要的作用。直观和严谨的结合是几何知识不可分割的一部分。与"坐标"和"向量"部分有关系的材料具有学科间知识的重大意义，它们运用于各种数学课程，甚至是邻近学科。

(6) 逻辑学和集合。本章节特点主要是学习和使用具有代表性的内容，并将其分配到课程不同问题的研究过程中。相应内容应致力于学生的数学发展，使学生形成并能够口头或书面准确、简单、明了地表达自己的想法的能力。

(7) 数学发展史。本章节是为形成数学是人类文化重要组成部分的观念、培养学生全面发展、营造文化历史教育环境的内容而设置的，没有将其列为专业课程。这部分内容的掌握程度不进行考查，但是在研究数学教育基本内容的问题时，它以人文背景形式固有地存在于教学过程中。

二、学科内容的价值目标

数学教育无论在社会实践中还是在社会精神生活中都扮演着重要角色。数学教育实践方面不仅与活动方法的形成密切相关，而且与人的精神方面和智力发展、性格与整体文明的形成密切相关。

数学教育实践有益的条件在于将现实世界基础结构作为其课程内容：空间形式和数量关系——从直接经验中掌握的最简单知识到科学技术理念发展必备的更复杂知识。没有具体的数学知识，很难理解现代技术的构造原理和应用，很难接受和阐释各种各样的社会、经济、政治信息，日常实践活动效率也会降低。每个人在自己的生活中都要完成相当复杂的计算，在数学手册中查找需要的公式并学会运用，掌握几何变换和几何作图的实际方法，读懂表格、图表、曲线图中提供的信息，理解偶然事件的概率特点，编写不复杂的算法，等等。

没有基础数学的培训就不能成为一名受过教育的现代人。在学校学习中，数学是学习邻近学科的支撑学科。完全合乎基础普通教育培养要求的继续教育是当今时代学生学业结束后的实际需要，包括数学。最终，所有更多高等教育水平的专业与数学直接运用紧密相连(如经济、商业、金融、物理、化学、技术、信息学、生物学、心理学等)。对于学生来说，数学是一门有重要意义的学科，有助于拓宽学生眼界。

数学活动过程中人类思维的许多方式和方法称为自然方法，包括归纳法和演绎法、概括和具体、分析法和综合法、分类法和系统化、抽象和类比法。数学推理对象和建立的定理揭示了逻辑体系机制，培养用公式表达能力，论证和证明结论，同时培养逻辑思维。在形成算术思维、培养给定算法应用能力和构建新知识能力中，数学具有重要的意义。因此，要在解决数学课上基本教学活动问题的过程中发展学生的创造性思维和应用思维。

数学教学可以培养学生严谨、简练和含有信息的语言，选择最适当的语言方法(包括符号语言、图示语言)。

数学教育在人类整个文明发展中做出了自己的贡献。现实认知方法的一般理解、数学课程和数学方法的认识、自然科学和人文科学方法的差别、解决科学问题和应用问题的数学知识独特运用，都是现实意义上理解整个文明的必要成分。

学习数学有助于培养人的审美观，了解数学推理的美和优雅，理解几何图形，掌握对称思想。

数学知识的发展史为补充学生历史科学知识储备、促使学生形成"数学是整个人类文明重要组成部分"的观念提供了可能性，有助于学生了解数学科学产生与发展的重要历史阶段，了解以科学家命名的重大发现，这些都应列入人类每个文明的智慧行囊。

三、学科学习要达到的结果

初中数学学习为学生达到以下培养结果提供了可能性：

(1) 个人结果方面，包括：能清晰、准确、规范地口头和书面表达自己的想法，理解所提问题的意思，建立论据，举出例子和反例；具有思维的鉴别能力，能够辨别逻辑错误的命题，能区分假设和事实；形成人类活动领域数学科学的认识，数学科学发展阶段及其对文明发展意义的认识；解决数学问题时发展思维创造性、主动性、灵敏性、积极性；能检验数学教学活动的过程和结果；感知数学对象、问题、结论、推论的能力。

(2) 跨学科结果方面，包括：初步形成数学是科学和技术的通用语言，是现象和过程模拟工具的数学思想及方法的认识；能在以其他学科为背景所提出的问题情境和周围生活中发现数学问题；在各种来源中能够找到解决数学问题的必要信息，并能用容易理解的形式呈现信息，能在不完备信息、过多信息、精确信息和或然信息的条件下获得解决方法；能理解和运用作为例证、解释、论证的数学直观性工具(如曲线图、图表、表格、简图等)；在解决数学教学问题时能够提出假设，理解其检验的必要性；能运用归纳推理和演绎推理方法，能看到各种问题的解决策略；能理解命令算法表示的本质，使用符合需要的算法；为解决数学教学问题能独立提出目标，选择和创建算法；能计划和实施在解决研究性问题时所必需的活动。

(3) 学科结果方面，包括：掌握基础内容章节中的基本概念工具，认识基本的学习概念(数、几何图形、方程、函数、概率)，这些概念是描述和研究实践过程及现象的重要数学模型；能够使用数学文本(分析、提取必要信息)，规范地运用数学定理和符号，使用各种数学语言；会进行数学命题的分类、逻辑论证和证明；能够辨别数学命题类型(如公理、定义、定理等)，如正定理和逆定理等；发展从自然数到实数的数字和数字系统的认识，掌握口头、书面和计算器计算技巧；掌握代数符号语言，完成有理表达式恒等变换、解方程、解方程组、解不等式、解不等式组的方法，能利用平面坐标思想解方程、解不等式、解方程组和解不等式组，能运用代数变换、方程和不等式工具解决课程不同章节的问题；掌握函数概念体系、函数语言和符号，能在函数图象法认识基础上描述和分析实际关系；掌握提取和分析统计数据的基本方法；具备现实世界中的统计规律、研究它们的各种方法、概率模型的认识；掌握几何语言，会运用几何语言描述周围世界的物体，培养空间观念和描述能力，获得几何构造的技巧；掌握平面图形系统知识及其性质，以及直观地掌握最简单的空间几何体，能用这些系统知识解决几何问题和实践问题；会测量线段长度、角的大小，会利用公式计算几何图形的周长、面积和体积；会运用学过的概念、结论、方法解决实际问题，在必要的情况下会借助参考书、计算器、电脑解决邻近学科的问题。

四、教学计划中学科的地位

中学数学学习的基础教学(教育)计划规定每年教学期间一周为 5 学时，总计 875 学时。在基础教学计划调整部分的总数内，学时可增至一周 6 学时或者更多。

依据基础教学(教育)计划方案，5~6 年级学习数学课程(一体化课程)，7~9 年级同时学习"代数"和"几何"课程。这些课程的教学时间分配见表 3-1。

表 3-1　俄罗斯初中课程教学时间分配表

年级	数学系列课程	初中教育阶段学时数
5～6 年级	数学	350
7～9 年级	代数	315
	几何	210
总计		875

5～6 年级数学课程包括算术、代数和几何基础、概率统计基础。

7～9 年级代数课程包括 5～6 年级数学发展的一些算术问题，还包括代数、基本函数、概率统计基础。

在几何学科框架下学习传统的欧几里得几何、向量代数基础、几何变换。

由于学校概率统计内容的新颖性以及教学法传统的缺乏，其结构可能存在差异。相应内容的研究起源可以列入 5～6 年级和 7～9 年级。此外，相应内容的叙述可在代数课程框架内叙述，也可用单独模块形式加以叙述。与基础教学(教育)计划不变部分进行比较，只有在增加数学课时数的条件下才可能实施刚才提到的方案。

五、基础普通教育的学科内容

(一) 算术(240 学时)

自然数：

自然数列；十进位记数法；自然数的算术运算；算术运算性质。

自然数指数幂。

数式，数式的值；数式运算顺序，括号的应用；用算术方法解文字应用题。

约数和倍数；整除的性质和特征；质数和合数；自然数的质因数分解；带余除法。

分数：常用分数；分数基本性质；常用分数的比较；常用分数的算术运算；由整体求部分量和由部分量求整体。

小数；小数比较；小数的算术运算；小数化分数和分数化小数。

百分比；求一个量的百分比和根据量的百分比求这个量。

比；百分比关系的表达式。比例；比例基本性质；

算术方法解文字应用题。

有理数：正数和负数，数的模；整数集；有理数集；形如 $\dfrac{m}{n}$ 的有理数，其中 m 是整数，n 是自然数；有理数比较，有理数算术运算；算术运算性质；整数指数幂。

实数：数的平方根；立方根。

无理数概念；无理数 $\sqrt{2}$ 和不可公度量，正方形对角线；无理数的十进制近似值。

实数集；实数的无限小数形式；实数比较。

坐标轴；用坐标轴上的点描述数；数值区间。

测量，近似值，估算：周围世界中物体的大小(从基本粒子到宇宙)，周围世界中过程的持续时间；10 次幂因数形式记数。

数的近似值，近似值的精确度；自然数和小数的取整；计算结果的粗算和估算。

(二) 代数(200 学时)

代数式：字母表达式(含变量的表达式)；字母表达式的数值；有效变量值；用表达式代替变量；基于算术运算基本性质的字母表达式变换；字母表达式的相等；恒等式。

自然数指数幂及其性质：单项式和多项式；多项式次数；多项式加法、减法、乘法；缩写乘法的公式：和的平方与差的平方；平方差公式；整式多项式的变换；多项式因式分解；一元多项式；多项式的根；二次三项式；二次三项式因式分解。

代数分式；代数分式基本性质；代数分式加法、减法、乘法、除法；整数指数幂及其性质。

有理式及其变换；恒等式证明。

平方根；算术平方根性质及运用它们进行数式变换和计算。

方程：一元方程；方程的根；数值等式的性质；方程的等价性。

线性方程；二次方程：二次方程求根公式；韦达定理；解线性方程和二次方程；解三次和四次方程的例子；解有理分式方程。

二元方程；二元线性方程；求解整数方程的示例。

二元方程组：方程组的等价性；两个二元线性方程构成的方程组；代入法和相加法解题；解二元非线性方程组的例子。

代数方法解文字应用题。

笛卡儿平面坐标系；二元方程的图形解释；二元线性方程的图象；直线斜率；直线平行的条件；最简非线性方程的图象：抛物线、双曲线、圆；二元方程组的图形解释。

不等式：数值不等式及其性质。

一元不等式；不等式的等价性；一元线性不等式；二次不等式；一元不等式组。

(三) 函数(65 学时)

基本概念：数量之间的关系；用公式描述关系；函数概念；定义域和值域；函数表示方法；函数图象；函数性质及其在图象上的描述；反映真实过程依赖关系的图象示例。

数值函数：正比例函数和反比例函数，它们的图象及其性质；线性函数，它的图象及其性质；二次函数，它的图象及其性质；指数是自然数 2 和 3 的幂函数，它们的图象及其性质；函数 $y = \sqrt{x}$，$y = \sqrt[3]{x}$，$y = |x|$ 的图象。

数列：

数列定义；数列递推公式和第 n 项公式的问题。

算术级数和几何级数；算术级数和几何级数的第 n 项公式及前 n 项和；用平面坐标点描述算术级数和几何级数的项；线性增长和指数增长；复利。

(四) 概率和统计学(50 学时)

描述性统计：用表格、图表、曲线图形式描述数据；随机变化；数据集的统计特征；

算术平均数、中位数、最大值和最小值、幅值；抽样调查报告。

随机事件和概率：随机试验和随机事件概念；随机事件的频率；概率概念的统计方法；对立事件的概率；必然事件和不可能事件，等可能事件；古典概率的定义。

组合数学：用不同的方案解决组合问题；组合的乘法定理；排列和阶乘。

（五）几何(255 学时)

直观几何：平面图形的直观认识：直线、线段、射线、角、折线、多角形、圆周、圆；四角形、长方形、正方形；三角形、三角形的类型；正多角形；几何作图；两直线位置关系，两圆位置关系，直线和圆的位置关系。

线段长度，折线长度；多角形周长；长度测量单位；线段长度测量，给定长度的线段作图。

角的类型；角度单位；借助量角器测量和画角。

图形面积定义；面积测量单位；长方形和正方形面积；方格纸上图形面积的近似测量。

空间立体图形的直观认识：立方体、平行六面体、棱柱体、棱锥体、球体、球面、圆锥体、圆柱体；画空间立体图形；截面示例；多面体；正多面体；多面体、圆柱体和圆锥体的展开图示例。

体积定义；体积单位；直平行六面体和立方体体积。

图形全等的定义；中心对称、轴对称和镜面对称；画对称图形。

几何图形：直线和角；点、直线、面；线段、射线；角；角的类型；垂直角和相邻角；角平分线。

平行直线和相交直线；垂直直线；两线平行和垂直定理；直线的垂线和斜线；线段的中垂线。

点的几何位置；角平分线性质和线段中垂线性质。

三角形；三角形的高、中线、角平分线、中位线；等腰三角形和等边三角形；等腰三角形性质和特征；全等三角形的特征；三角形不等式；三角形边角关系；三角形内角和；三角形外角；泰勒斯定理；相似三角形；相似三角形的特征；毕达哥拉斯定理；直角三角形的锐角正弦、余弦、正切、余切，$0°$ 到 $180°$ 角的正弦、余弦、正切、余切；换算成锐角；解直角三角形；基本三角恒等式；两角正弦、余弦、正切、余切公式；解三角形：正弦定理和余弦定理；三角形的特殊点。

四角形；平行四边形及其性质和特征；长方形、正方形、菱形及其性质和特征；梯形，梯形中位线。

多角形；凸多角形；凸多角形内角和；正多角形。

圆周和圆；弧、弦；扇形、弓形；圆心角、圆周角；圆周角的大小；直线与圆的位置关系，两圆位置关系；圆的切线和割线及它们的性质；内接和外切多角形；三角形内切圆和外接圆；正多角形内切圆和外接圆。

几何变换；图形全等概念；变换概念：轴对称和中心对称，平移，旋转；图形相似和同位相似的概念。

利用已学图形的性质解决计算、证明和画图问题。

几何量的测量：线段长度；点到直线距离；平行线间距离。

多角形周长。

圆周长，数 π；圆弧长度。

角的度数，圆弧长度与圆心角大小之间的对应关系。

平面图形面积定义；全等图形和等积图形；长方形面积；平行四边形、三角形、梯形面积；多角形面积；圆面积和扇形面积；相似图形面积间的关系。

运用已学公式解决计算和证明问题。

坐标：直线方程；线段中点坐标；平面上两点间距离公式；圆的方程。

向量：向量长度(模)；向量相等；共线向量；向量坐标；向量和数的乘法，向量和，将向量分解为两个不共线向量；向量的数量积。

(六) 逻辑学与集合(10 学时)

集合论概念：集合，集合的元素；通过特征属性和列举元素指定集合；数集通用记法；空集及记法；子集；集合并集和交集。

利用欧拉—韦恩图描述集合间的关系。

逻辑学基础：定义；公理和定理；证明；反证法；逆定理；例子和反例。

等价性、传递性的概念；会使用逻辑连接词"如果……那么……""当且仅当""且""或"。

(七) 数学发展史[①]

数概念形成的历史：自然数，分数，有理数对几何测量的不完备性，无理数；古代记数系统；巴比伦、埃及、罗马的分数；小数的发现；古代度量体系；十进制小数和度量衡制；负数和零的出现；马格尼茨基；欧拉。

算术范畴内代数的产生；花拉子米；字母符号的产生；费尔马；韦达，笛卡儿；代数方程求根公式问题的历史，四次以上的方程没有根式解；塔尔塔利亚，卡尔达诺，阿贝尔，伽罗瓦。

代数语言描述几何对象的坐标法的发明；笛卡儿和费尔马；各种平面坐标系实例。

比萨·列昂纳多(斐波那契)的兔子问题；斐波那契数列；国际象棋棋盘问题。

概率论起源：保险事业，冒险活动；费尔马和帕斯卡；伯努利；柯尔莫哥洛夫。

从测量学到几何学；毕达哥拉斯及其学派；泰勒斯；阿基米德；尺规作图；正多角形的画法；三等分角；化圆为方；倍立方体；数 π 的历史；黄金分割；欧几里得《原本》；欧拉；罗巴切夫斯基；第五公设(平行公设)的历史。

诡辩，悖论。

预留学时：55 学时。

---

① 对"数学发展史"的说明，可以根据其他问题学习程度列入章节内容。

六、示范性课程计划

课程计划实现 5～6 年级和 7～9 年级《基础普通教育学科内容》章节里所提出的资料分布的一种可能方式。但它不是强制性的，也不排除在指定学习阶段内容中另一种分布的可能性。例如，在所提出的示范性课程计划中，概率统计基础包含在 5～6 年级的课程之初，同时对这部分资料的学习也可以被编入 7～9 年级的课程中。单独模块形式里有这部分资料学习体验。集合论概念的学习在这个课程计划中被放在 7～9 年级的学习资料中，也可以放在 5～6 年级的资料中。

在示范性课程计划中，数学教育主要内容章节被分为多个主题，每个主题在许多情况下使大纲的内容变得更加具体，但在所列出的目录中并没有指出它们在年级中研究的顺序；资料结构的形成是工作计划的权限。

示范性专题规划的特点是，它包含了为实现既定学习目标的相关配套内容，以及对学习过程中开展各类学生活动的类型描述。同时为教师指出了加强教学活动的途径，组织符合现代教育心理学观点的不同教学活动，以及对现代教育技术的运用。

示范性课程计划有两种方案：

第一套方案是按照基础教育机构的基础教学计划设计中指定的学时数而制定的。在示范性课程计划中既给出每一块内容学习所需的最少学时，也预留出一些学时，这些预留学时会被用于不同数学内容的学习。例如，用于学习制定教学大纲时列入课程里的补充问题、全面地复习或更扎实地学习示范性教学大纲里的一些主题内容等。在制定教学大纲时，教育机构依据方案分量在基础教学计划设计中可以增加指定的最少教学时间。

第二套方案是供学校用的，致力于提高学生的数学素养水平。这种情况下，基础教学大纲内容包含了能让学生拓宽数学视野、掌握更先进数学方法、发展数学能力的补充内容，这种方式下课程内容的扩大为解决更多的数学问题提供了更充实的可能性。示范性课程计划中的补充内容是用方头括号给出的。这些问题具有介绍性的特点，在编制教学大纲时可以完全或部分地进行使用。在示范性课程计划第二套方案中，每周学习数学的时间不少于 6 小时，示范性课程计划中列出的教学时间是在最少范围内给定的(按一周 6 小时计算)。

(一) 示范性课程计划(第一套方案)

示范性课程计划(第一套方案)(表 3-2～表 3-4)。

表 3-2　数学：5～6 年级(350 小时)

主题的主要内容	学生主要活动的特征（在教育活动方面）
1.自然数(50 学时)	
自然数列；十进位记法；自然数的算术运算；算术运算性质。 自然指数幂的概念。 数的平方和立方。 数式，数式的值；数式的运算顺序，括号的	描述自然数列的性质。 读、写自然数，并进行比较和整理。 完成自然数的计算和幂值计算。 建立算术运算性质，并用字母描述它们，在此基础上进行数值表达式的转换。

续表

主题的主要内容	学生主要活动的特征(在教育活动方面)
应用。 用算术方法解文字问题。 约数和倍数；最大公约数；最小公倍数；整除的性质；能被 2、3、5、9、10 整除的数的特征；质数和合数；自然数的质因数分解；带余除法	分析和理解文字应用题，重新制定条件，提取必要信息，利用图表、图形和实物模拟条件；建立推理的逻辑序列；严格地检验获得的答案，自我检验；对照问题条件获得结论。 准确地表达约数和倍数，质数和合数，整除性质和特征； 通过反例证明和否定有关数的整除问题；自然数的分类(奇数和偶数、按除以 3 所得的余数等)。 研究简单数的规律，进行数值实验(包括使用计算器和电脑)
2.分数(120 学时)	
常用分数；分数的基本性质；常用分数的比较；常用分数的算术运算；由整体求部分量和由部分量求整体。 小数；小数的比较；小数的算术运算；小数化成常用分数，常用分数化成小数。 比，比例；比例的基本性质。 百分比；求一个值的百分比和按数值的百分比求其值；百分比关系的表达式。 算术方法解文字应用题	以图形和物体形状模拟与常用分数相关的概念及性质。 利用字母表达并描述分数基本性质和常用分数的运算法则。 换算常用分数，比较并整理它们。进行常用分数的计算。 读写小数，把常用分数表示成小数，把小数表示成常用分数。求常用分数的十进制近似值。 比较并整理小数，进行小数的运算。 利用小数的等价表示形式进行比较及运算。 在计算过程中进行粗算和估算。 解释什么是百分比，将百分比表示成分数，将分数表示成百分比。 在大众媒体上搜索信息，将已知信息表示成百分比，并解释它们。 举例说明在实践中比的运用。 解关于百分比和分数的问题(包括实践中的问题，必要时借助计算器)；运用比和比例概念解决问题。 分析和理解文字应用题，重新制定条件，提取必要信息。利用图表、图形和实物模拟条件；建立推理的逻辑序列；严格地检验获得的答案，自我检验，对照问题条件获得结论。 进行与分数性质相关的简单研究，以数值实验为支撑(包括计算器和电脑的运用)

续表

主题的主要内容	学生主要活动的特征(在教育活动方面)
3.有理数(40 学时)	
正数和负数,数的模;用平面坐标系上的点表示数;数模的几何解释。 整数集;有理数集;有理数的比较;有理数的算术运算;算术运算性质	举例说明正数和负数在周围世界中的应用(温度、盈利/亏损、海拔高度等)。 在数轴上描述正负有理数的点。 描述整数集和有理数集的特征。 运用字母表达并描述有理数运算性质,并运用它们进行数值表达式转换。 比较并整理有理数,完成有理数的计算
4.测量,近似值,估算数量之间的关系(20 学时)	
数量之间关系的例子:速度、时间、距离;工作效率、工作时间、工作量;价格、数量、成本;等等。列出关系式。根据公式进行计算。 算术方法解文字应用题	计量单位间的转换(米变为千米,分钟变为小时,等等)。 自然数和小数的四舍五入,在计算过程中进行粗算和估算。 利用公式模拟简单的关系,根据公式完成运算。 运用数量之间关系的概念(速度、时间、距离,工作量、生产率、时间,等等)解答文字应用题
5.代数基础(25 学时)	
用字母代表数,以描述算术运算性质。 字母表达式(带变量的表达式),字母表达式的数值。 方程,方程的根;求算术运算中的未知数。 笛卡儿平面坐标系;通过坐标绘制点,在平面确立点坐标	读和写字母表达式,根据问题条件建立字母表达式。 根据字母给定的值计算字母表达式的数值。 根据问题条件建立方程;基于算术运算分量之间依赖关系求解简单的方程。 在坐标平面上根据给定的坐标点描绘点和图形,确定点坐标
6.描述统计学,概率,组合数学(20 学时)	
以表格和图表形式呈现数据。 随机试验和随机事件的概念;必然事件和不可能事件;等可能性。 通过不同方案来解决组合问题	从图表中提取信息,根据表格中的数据进行计算,比较数值,求最大值和最小值,等等。 完成简单情况下信息的收集,借助计算机程序将收集到的信息做成图表形式。 举例说明随机事件、必然事件和不可能事件;事件发生的可能性;运用大约、不可能等词组建立语言结构。 运用所有可能的方案进行对象或组合的计数。按指定条件划分符合要求的组合

续表

主题的主要内容	学生主要活动的特征（在教育活动方面）
7.直观几何(45 学时)	
平面图形的直观图：直线、线段、射线、角、折线、多角形、正多角形、圆周、圆、四角形、矩形、正方形、三角形、三角形的类型。	识别图纸、画面和模型中的几何图形及图形形状(平面图形和空间图形)；对周围世界中几何图形的模拟举例。
几何作图；两直线位置关系，两圆位置关系，直线和圆的位置关系。	用手和借助绘图工具描绘几何图形及其形状；在方格纸上画几何图形。
线段的长度、折线的长度；多角形的周长；长度测量单位；线段长度的测量，绘制给定长度的线段。	借助工具描绘并比较线的段长度和角的大小；借助直尺和圆规画出指定长度的线段；借助量角器画出指定大小的角；长度测量单位间的转换。
角；角的类型；角度的度数；运用量角器测量和画角。	运用正方形和矩形面积公式,计算正方形和矩形的面积。
图形面积的概念；面积测量单位；矩形和正方形面积；全等图形。	面积测量单位间的转换。
空间图形的直观图(立方体、平行六面体、棱柱、锥体、球、球面、圆锥、圆柱)；绘制空间图形；截面示例；多面体，正多面体；多面体、圆柱和圆锥的展开图。	根据展开图画出空间立体图形；识别立方体、平行六面体、棱锥、圆柱和圆锥的平面展开图；观察通过实物或计算机模拟所获得的简单的空间图形截面，并确定它们的形状。
体积的概念；体积单位；平行六面体和立方体体积。	利用立方体和长方体体积公式,计算立方体和长方体的体积，体积测量单位间的转换。
全等图形的概念；中心对称、轴对称和镜面对称；画对称图形	通过实验，观察、测量，研究并描述几何图形的性质(平面图形和空间图形)；利用纸、蜡泥、金属丝等制作几何体；利用计算机模拟和实验研究几何体的性质。
	寻找周围世界里平面和空间对称图形。
	解决有关线段长度、多角形周长、角的度数、正方形和矩形面积、立方体和长方体体积、立方体的问题。
	在问题条件里提取解决问题的必要条件,建立推理的逻辑序列，对照问题条件获得结论。
	描绘全等及对称图形
预留学时(30 学时)	

表 3-3　代数：7～9 年级(315 小时)

主题的主要内容	学生主要活动的特征（在教育活动方面）
1.实数(15 学时)	
自然数集扩充到整数集，整数集扩充到有理数集，形如 $\dfrac{m}{n}$ 的有理数，其中 m 是整数，n 是自然数。	描述整数集、有理数集以及这些集合之间的关系。比较并整理有理数，完成有理数计算，计算整数指数幂。

主题的主要内容	学生主要活动的特征(在教育活动方面)
整数指数幂。 数的平方根;立方根。 无理数的概念,无理数 $\sqrt{2}$,不可公度量,正方形对角线;无理数的十进制近似值。 实数集;用无限小数表示实数;实数的比较。 实数与坐标轴上点的一一对应关系;数值区间:间隔、线段、射线	表达数的平方根定义;利用函数 $y = x^2$ 的图象找到平方根;必要时使用计算器,完成方根的精确值和近似值计算;对平方根进行估算。 说出立方根定义;必要时使用计算器,求解立方根。 举例说明无理数;辨别有理数和无理数,并用坐标轴上的点表示数。 查找有理数和无理数的十进制近似值;比较并整理实数。 描述实数集。 在书面数学语言中使用数集符号和图示表达,使用集合论符号系统
2.测量,近似值,估算(10 学时)	
数量的近似值;近似值的精确度;周围世界中物体的大小(从基本粒子到宇宙),周围世界中过程的持续时间;10 次幂因数形式记数。 计算结果的粗算和估算	找出、分析并对比周围世界里物体的数值特征。 使用标准的记数法表达周围世界里物体的大小及过程的长短。 通过 10 次幂因数记数形式比较数和量。 采用不同方法记录近似值;根据近似值记录法得出精确的近似值。 完成实际数据的计算。 完成计算结果的粗算和估算
3.代数基础(8 学时)	
字母表达式(含变量的表达式);字母表达式的数值;有效变量值;用表达式代替变量。 基于算术运算基本性质的字母表达式变换;字母表达式的相等;恒等式	完成基础的符号运算:用字母代表数,以进行一般性论证的描述;根据条件、给定的口述,借助图示或者平面图建立字母表达式;完成代数和与乘积的变换(合并同类项、去括号、简化乘积)。 计算字母表达式的数值;求表达中变量的有效范围
4.多项式(45)学时	
自然数指数幂及其性质;单项式和多项式;多项式的次数,多项式加法、减法、乘法;缩写乘法公式:和的平方与差的平方;平方差公式;将整式表达式变换为多项式;多项式的因式分解:提取括号内的公因子,分组,运用缩写乘法公式。 一元多项式;多项式的根;二次三项式;二次三项式的因式分解	用符号形式进行表达和描述,并论证自然指数幂的性质;运用乘方性质进行表达式的变换和计算。 完成多项式的运算。 推导缩写乘法公式,并运用它们进行表达式的变换和计算。 完成多项式的因式分解。 判断二次三项式,弄清楚因式分解的可能性,将二次三项式分解成一次因式之积的形式。 在完成变换时运用各种形式自我检查

续表

主题的主要内容	学生主要活动的特征（在教育活动方面）
5.代数分式(22 学时)	
代数分式；代数分式基本性质；化简分式，代数分式加法、减法、乘法、除法。 整数指数幂及其性质。 有理式及其变换；恒等式证明	准确表述代数分式的基本性质，并运用它们进行分式变换。 完成代数分式运算；将整式表达式表示为多项式形式，将分式表达式表示为多项式比的形式；证明恒等式。 准确表述整数指数幂的定义，用符号形式进行表达和描述，并举例说明整数指数幂的性质；运用乘方性质进行表达式的变换和计算
6.二次根式(12 学时)	
平方根的概念，算术平方根，形如 $x^2=a$ 的方程；算术平方根的性质：乘积、商和幂的根式性质；恒等式 $\left(\sqrt{a}\right)^2=a$，其中 $a\geqslant 0$，$\sqrt{a^2}=\lvert a\rvert$。运用算术平方根的性质进行数值表达式的变换和计算	证明算术平方根的性质，并运用它们进行表达式的变换。 计算含有二次根式的表达式的值；用几何公式和物理公式表达变量。 研究形如 $x^2=a$ 的方程；当 $a>0$ 时，求解精确根和近似根
7.一元方程(38 学时)	
一元方程；方程的根。 数值等式的性质；方程的等价性。 线性方程；求解可简化为线性的方程。 二次方程；不完全二次方程；二次方程求根公式；韦达定理；求解可简化为二次的方程；双二次方程。 通过因式分解求解三次和四次方程的例子。 求解有理分式方程。 用代数方法求解文字应用题	识别线性方程和二次方程，整式方程和分式方程。 解线性方程和二次方程，以及可简化为它们的方程；解有理分式方程。 根据判别式和系数研究二次方程。 运用代数方法求解文字应用题：通过构造方程，由问题条件的口述表达转变为代数模型；求解构造出的方程；解释结果
8.方程组(30 学时)	
二元方程；二元线性方程；求解整数方程的示例。 二元方程组；方程组的等价性；两个二元线性方程构成的方程组；代入法和相加法解题；求解由线性方程、二次方程所构成的方程组；求解非线性方程组的示例。 代数方法解文字问题。 平面笛卡儿坐标系；二元方程的图形解释。 二元线性方程的图像；直线斜率；直线平行的条件。	判断一对数是否是给定的二元方程的解；给出求解二元方程的示例。 求解二元方程作为代数模型的问题；通过逐一思考找到整体解决方案。 求解在内容中所规定的由两个二元方程构成的方程组。 通过代数方法求解文字应用题：通过构建方程组，由问题条件的口述表达转变为代数模型；求解构造出的方程组；解释结果。

主题的主要内容	学生主要活动的特征(在教育活动方面)
最简非线性方程的图象(抛物线、双曲线、圆)。 二元方程组的图形解释	画出二元方程的图象;使用代数和几何语言构造等价的语言命题。 基于方程的函数图象表示来解决和研究方程及方程组
9.不等式(20 学时)	
数值不等式及其性质。 一元不等式;不等式的等价性;一元线性不等式; 二次不等式。 一元线性不等式组	准确表述数值不等式的性质,在坐标轴上举例说明它们,用代数方法证明;利用不等式性质解决问题。 识别线性不等式和二次不等式;求解线性不等式及线性不等式组;基于图象表示求解二次不等式
10. 数量之间的关系(15 学时)	
数量之间的关系。 用公式描述数量之间的关系;根据公式计算。 正比例关系:解析式,正比例系数;性质,正比例关系的示例。 反比例关系:解析式,反比例系数;性质,反比例关系的示例。 求解正比例和反比例关系的问题	建立数量之间关系的表达式,并按公式进行计算。 弄清楚正比例关系和反比例关系。 用正比例关系和反比例关系解决文字应用题(包括相关学科和现实生活中的问题)
11.数值函数(35 学时)	
函数概念;定义域和值域;函数表示法;函数图象;函数性质及其在图象上的描述:增函数和减函数,函数的零点,保持符号表达。读懂并画出函数图象。 反映真实过程依赖关系的图形示例。 描述正反比例关系的函数及其图象。 线性函数及其图象与性质。 二次函数及其图象与性质。 指数是自然数 2 和 3 的幂函数,它们的图象及其性质;函数 $y=\sqrt{x}$, $y=\sqrt[3]{x}$, $y=|x|$ 的图象	计算给定解析式的函数值(必要时使用计算器);建立函数值的表格。 根据点画函数图象;基于函数图象表示描述函数性质。 用式子和图象描述实际关系;读懂实际关系的图象。 运用函数符号来描述与所研究的函数相关的各种实际情况,同时丰富了完成符号运算的经验。 借助计算机程序建立函数图象,根据解析式的系数来研究函数图象在坐标平面上的位置。 弄清所研究的函数种类。根据解析式的系数描述以下函数的图象在坐标平面上的大致位置: $y=kx$, $y=kx+b$, $y=\dfrac{k}{x}$, $y=ax^2$, $y=ax^2+c$, $y=ax^2+bx+c$ 。 画出所研究的函数图象并描述其性质
12.数列,算术级数和几何级数(15 学时)	
数列定义;数列递推公式和第 n 项公式的问题。 算术级数和几何级数,算术级数和几何级数的	应用索引符号,借助与数列概念相关的术语构建语言命题。

主题的主要内容	学生主要活动的特征(在教育活动方面)
第 n 项公式及前 n 项和公式；用坐标平面上的点描述算术级数和几何级数的项；线性增长和指数增长；复利	计算给定第 n 项公式或者递推公式的数列的项；根据已知数列的前几项，确定数列建立的规律；在坐标平面上用点描述数列的项。 在各种问题情况下识别算术级数和几何级数；基于确凿的推论推导出算术级数和几何级数通项公式及前 n 项和公式；运用这些公式解决问题。 研究现实生活中的例子，用以说明算术级数和几何级数的变化；以图示描绘相应的依赖关系。 求解复利问题，包括现实的实践问题(必要时可使用计算器)
13.描述性统计(10 学时)	
用表格、图表、图形描述数据；随机变化；一组数据的统计特征：算术平均数、中位数、最大值和最小值、幅值；抽样调查报告	从表格和图表中提取信息，按照表格中的数据完成计算。 根据图表确定最大数据和最小数据，比较数值。 用表格、柱形图和扇形图描述信息，包括借助计算机程序。 进行数据举例(如价格、身高、旅行时间等)，求一组数的算数平均数和幅值。 举例说明应用平均数来描述数据(水库中的水位、体育表演、确定气候带的边界)
14.随机事件性和概率(15 学时)	
随机试验和随机事件概念；随机事件的频率；概率概念的统计方法；对立事件的概率；必然事件和不可能事件，等可能事件；古典概率定义	进行随机试验，包括借助计算机模拟，解释其结果；计算随机事件的频率；通过频率和获得的经验评价概率。 完成求解事件概率的问题。 举例说明随机事件，尤其是必然事件和不可能事件，小概率事件；举例说明等概率事件
15.组合数学基础(10 学时)	
用不同的方案解决组合问题；组合的乘法定理；排列和阶乘	运用所有可能方法完成对象或组合的计算。 应用组合乘法定理来解决对象或组合数量的计算问题(如多角形的对角线、握手、代码、密码、暗号等)。 识别确定排列数的问题，并完成相应的计算。 运用组合数学的知识解决概率计算问题

续表

主题的主要内容	学生主要活动的特征（在教育活动方面）
16.集合，逻辑学基础(5 学时)	
集合，集合的元素；通过列举元素和特征属性来指定集合；数集通用记法；空集及记法；子集；集合的并集和交集；集合的差。 利用欧拉—韦恩图描述集合间关系。 等价性、传递性的理解；会使用逻辑连接词"如果……那么……""当且仅当""且""或"	举例说明有限集和无限集；求集合的并集和交集；举例说明简单分类。 在学习课程的各个部分时，运用集合论的符号和语言来解决问题。 举例说明数学概念和命题；在论证中使用例子和反例。 使用逻辑连接词"如果……那么……""当且仅当""且""或"构造数学命题

预留学时(10 学时)

表 3-4　几何：7～9 年级(210 小时)

主题的主要内容	学生主要活动的特征（在教育活动方面）
1.直线和角(15 学时)	
点、线、面；线段、射线、角；直角、锐角和钝角、平角；垂直角和相邻角；角平分线及其性质；具有平行和垂直边的角的性质。 平面上直线的相互位置关系：平行直线和相交直线；垂直直线；两线平行和垂直定理；直线的垂线和斜线；线段的中垂线。 点的几何位置；点的几何位置方法；角平分线性质和线段中垂线性质	建立定义并举例说明线段、射线、角、直角、锐角、钝角、平角、垂直角、相邻角、角平分线。 建立平行直线定义；截两条平行直线所形成的角；垂直直线；直线的垂线和斜线；线段的中垂线；用平面图和图纸识别并画出它们。 解释什么是点的几何位置并举例。 准确描述平行线公理。 准确描述并证明垂直的角和相邻的角所表现的性质定理，平行直线的性质和特征，直线的垂线唯一性，角平分线和线段中垂线的性质定理。 解决作图、证明和计算问题。区分条件题的条件和结论；根据条件题，进行必要的证明推理；将得出的结论与习题条件进行对比
2.三角形(65 学时)	
三角形；直角三角形、锐角三角形和钝角三角形；三角形的高、中线、角平分线、中位线；等腰三角形和等边三角形；等腰三角形性质和特征。 三角形全等的特征；直角三角形全等的特征；三角不等式；三角形边角关系；三角形内角和；三角形外角；三角形外角定理。 泰勒斯定理；相似三角形；相似比；三角形相似的特征。	准确描述直角三角形、锐角三角形、等边三角形和等腰三角形；描述三角形的高、中线、角平分线和中位线；在平面图和图纸中识别并画出它们。 准确表述全等三角形；准确表述和证明三角形全等的特征定理。 解释并举例说明三角不等式。 准确描述并证明等腰三角形的特征和性质定理，三角形的边角关系、三角形内角和、三角形的外角、

主题的主要内容	学生主要活动的特征(在教育活动方面)
毕达哥拉斯定理；直角三角形的锐角正弦、余弦、正切、余切，0°到 180°角的正弦、余弦、正切、余切；换算成锐角；解直角三角形；基本三角恒等式；两角的正弦、余弦、正切、余切关系公式；解三角形：正弦定理和余弦定理。 三角形的特殊点：中垂线、角平分线、中线、高线或者它们延长线的交点	三角形中位线。 准确表述相似三角形的概念。 准确描述并证明三角形相似的特征定理,泰勒斯定理。 准确表述并举例说明直角三角形锐角的正弦、余弦、正切和余切概念；通过直角三角形的边表示三角函数的推导公式；准确描述并证明毕达哥拉斯定理。 准确表述 0°到 180°角的正弦、余弦、正切和余切的定义；通过锐角三角函数表示 0°到 180°角的推导公式；确切地描述并解释基本三角恒等式；已知角的某一个三角函数值，计算此角的其他三角函数值；准确描述并证明正弦和余弦定理。 准确描述并证明中垂线、角平分线、中线、高线或延长线交于一点的定理；使用计算机程序探索三角形的性质。 解决作图、证明和计算问题。区分条件题的条件和结论；借助平面图或图纸模拟条件题，在解决方案期间执行其他构建；根据条件题，进行必要的证明推理；将得出的结论与习题条件进行对比

3.四角形(20 学时)

四角形；平行四边形，平行四边形的边、角和对角线性质定理及其特征。 长方形，长方形对角线相等定理。 菱形，菱形对角线性质定理。 正方形。 梯形，梯形的中位线；等腰梯形	准确表述平行四边形、长方形、正方形、菱形、梯形、等腰梯形和直角梯形、梯形的中位线的定义；在平面图和图纸上识别并画出它们。 准确表述和证明平行四边形、长方形、正方形、菱形和梯形的性质定理及特征。 使用计算机程序探索四角形的性质。 解决作图、证明和计算问题；借助平面图或图纸模拟条件题，在解决方案期间执行其他构建；在图纸上分辨形状，进行必要逻辑论证；解释取得的结论并将它同习题条件进行对比

4.多角形(10 学时)

多角形；凸多角形、正多角形；凸多角形内角和定理；凸多角形外角和定理	识别多角形，准确描述多角形定义并举例说明。 准确描述和证明凸多角形内角和定理。 使用计算机程序探索多角形的性质。

主题的主要内容	学生主要活动的特征（在教育活动方面）
	解决证明和计算问题；借助平面图或图纸模拟条件题，在解决方案期间执行其他构建；解释取得的结论并将它同习题条件进行对比

5.圆周和圆(20 学时)	
圆周和圆；中心、半径、直径、弧、弦、扇形、弓形、圆心角、圆周角；圆周角的大小；直线与圆位置关系，两圆位置关系；圆的切线和割线及其性质。 内接和外切多角形；三角形内切圆和外接圆；三角形内切圆和外接圆存在定理。 正多角形的内切圆和外接圆。 正多角形边的计算公式；正多角形的内切圆半径；正多角形的外接圆半径	准确描述圆周、圆心角、圆周角、圆的切线、割线、与圆相关的角。 准确描述和证明圆周角、角、与圆相关的定理。 画出、判断并描述直线和圆的位置关系。 画出并准确描述内接和外切的多角形及三角形；三角形内切圆和外接圆。 准确描述并证明三角形和多角形的内切圆及外接圆定理。 使用计算机程序探索与圆相关的图形性质。 解决作图、证明和计算问题。借助平面图或图纸模拟条件题，在解决方案期间执行其他构建；在图纸上分辨形状，进行必要逻辑论证；解释取得的结论并将它同习题条件进行对比

6.几何变换(10 学时)	
图形全等概念；变换概念：轴对称、中心对称、平移、旋转；图形相似和同位相似的概念	解释并证明图形全等和相似的概念；画出相等图形和对称图形，完成平移和转动。 使用计算机程序探索运动性质。 完成平面上几何变换的课题设计

7.尺规作图(5 学时)	
利用圆规和直尺画图	利用圆规和直尺解决画图问题。 寻找解决方案存在的条件，完成画出一个图形所必需的点的构建，证明所作图形满足问题的条件；在每种尽可能选择数据的情况下,确定问题解决方案的数量)

8.几何量的测量(25 学时)	
线段长度，折线长度；多角形周长。 点到直线距离，平行线间距离。 圆周长；圆周率 π；圆弧长。 角的度数，圆心角的大小与圆弧长度之间的对应关系。 平面图形面积定义；全等图形和等积图形；	解释并举例说明多角形周长的定义。 准确描述点与点、点到直线、平行直线间的距离定义。 准确描述并解释长度性质、角的度数、面积。 准确描述圆心角的大小与圆弧长度之间的对应关系。

续表

主题的主要内容	学生主要活动的特征(在教育活动方面)
长方形面积；平行四边形、三角形、梯形面积(基本公式)；用两边及其夹角表达的三角形面积公式；用周长和内切圆半径表达的三角形面积公式；多角形面积；圆面积和扇形面积；相似图形面积间的关系	解释并举例说明全等图形和等积图形的概念。 描绘长方形、平行四边形、三角形和梯形的面积公式，以及用两边及其夹角表达的三角形面积公式；圆的周长和面积。 通过将其分为三角形和四角形来求多角形的面积。 解释并举例说明相似图形的面积关系。 解决有关线性数值，角的度数，三角形、四角形、多角形的面积，圆周长和面积的计算题；根据问题的给定条件找到可能应用的必要公式，对公式进行转换；在解决问题的过程中运用公式来论证确凿的推理；解释取得的结论，并将它同习题条件进行对比
9.坐标(10 学时)	
笛卡儿平面坐标系；直线方程；线段中点坐标；平面上两点间距离公式；圆的方程	解释并举例说明笛卡儿坐标系概念。 描绘并运用线段中心坐标公式，平面上两点间距离公式，直线方程和圆的方程。 完成有关运用向量法解决计算和证明问题的课题设计
10.向量(10 学时)	
向量；向量长度(模)；向量相等；共线向量；向量坐标；向量和数的乘法，向量和，将向量分解为两个不共线向量；向量的夹角；向量的数量积	建立定义，并说明向量概念，向量长度(模)，共线向量，相等向量。 计算向量长度和坐标。 求解向量的夹角。 完成向量运算。 完成有关运用向量法解决计算和证明问题的课题设计
11.逻辑学基础(5 学时)	
定义；公理和定理；证明；反证法；逆定理；例子和反例	复述公式化定义，独立构造简单的定义，复述所学定理的公式化和证明，能独立进行简单的证明，在论证中引用定义、定理、公理
预留学时(15 学时)	

(二) 示范性课程计划(第二套方案)

示范性课程计划(第二套方案)见表 3-5～表 3-7。

表 3-5　数学：5～6 年级(420 小时)

主题的主要内容	学生主要活动的特征(在教育活动方面)
1.自然数(60 学时)	
自然数列；十进位记数法；【位值制记数法】；自然数算术运算；算术运算性质。 自然指数幂的概念；数的平方和立方。 数式，数式的值；数式的运算顺序，括号的应用。 用算术方法解文字应用题。 约数和倍数；最大公约数；最小公倍数；整除的性质；能被 2、3、5、9、10 整除的数的特征；【整除的其他特征(如能被 4、25 整除的数的特征)】；质数和合数；自然数的质因数分解；【获得最小公倍数和最大公约数的算法】；带余除法；【根据除法的余数将自然数集分类】	描述自然数列的性质。 读、写自然数，并进行比较和整理。 完成自然数计算，计算幂值。 建立算术运算性质，并用字母描述它们，在此基础上完成数值表达式的转换。 分析和理解文字应用题，重新制定条件，提取必要信息，利用图表、图形和实物模拟条件；建立推理的逻辑序列；严格地检验获得的答案，自我检验；对照问题条件获得结论。 准确地表达约数和倍数，质数和合数，整除性质和特征；【解决与数的整除相关的问题】 通过反例证明和否定有关数的整除问题；自然数的分类(奇数和偶数、除以 3 所得的余数等)。 研究简单数的规律，进行数值实验(包括使用计算器和电脑)
2.分数(140 学时)	
常用分数；分数的基本性质；常用分数的比较；常用分数的算术运算；由整体求部分量和由部分量求整体。 小数；小数的比较；小数的算术运算；小数化成常用分数，常用分数化成小数。 比，比例；比例的基本性质。 百分比；求一个值的百分比和按数值的百分比求其值；百分比关系的表达式。 算术方法解文字应用题	以图形和物体形状模拟与常用分数相关的概念及性质。 利用字母表达并描述分数基本性质和常用分数的运算法则。 换算常用分数，比较并整理它们。进行常用分数的计算。 读写小数，把常用分数表示成小数，并把小数表示成常用分数。求常用分数的十进制近似值。 比较并整理小数，进行小数的运算。 利用小数的等价表示形式进行比较及运算。 在计算过程中进行粗算和估算。 解释什么是百分比，将百分比表示成分数，将分数表示成百分比。 在大众媒体上搜索信息，将已知信息表示成百分比，并解释它们。 举例说明比在实践中的运用。 解关于百分比和分数的问题(包括实践问题，必要时借助计算器)；运用比和比例知识解决问题。

续表

主题的主要内容	学生主要活动的特征(在教育活动方面)
	分析和理解文字应用题，重新制定条件，提取必要信息。利用图表、图形和实物模拟条件；建立推理的逻辑序列；严格地检验获得的答案，自我检验，对照问题条件获得结论。
	进行与分数性质相关的简单研究，以数值实验为支撑(包括计算器和电脑的运用)
3.有理数(50 学时)	
正数和负数，数的模；用平面坐标系上的点表示数。数模的几何解释。	举例说明正数和负数在周围世界中的应用(温度、盈利/亏损、海拔高度等)。
整数集；有理数集；有理数的比较；有理数的算术运算；算术运算性质	在数轴上描述正负有理数的点。
	描述整数集和有理数集的特征。
	运用字母表达并描述有理数运算性质，并运用它们进行数值表达式的换算。
	比较并整理有理数，完成有理数计算
4.测量，近似值，估算数量之间的关系(25 学时)	
数值的近似值；自然数和小数的四舍五入，计算结果的粗算和估算。	计量单位间的转换(米变为千米，分钟变为小时，等等)。
数量之间关系的例子：速度、时间、距离；等工作效率、工作时间、工作量；价格、数量、成本；等等。列出关系式。	自然数和小数的四舍五入，在计算过程中进行粗算和估算。
算术方法解文字应用题	利用公式模拟简单的关系，根据公式完成运算。
	运用数量之间关系的知识(速度、时间、路程，工作量、工作效率、工作时间，等等)，解答文字应用题。
	理解文字应用题，提取必要信息，建立推理的逻辑序列；严格地检验获得的答案
5.代数基础(25 学时)	
用字母代表数，以描述算术运算性质。	读和写字母表达式，根据问题条件建立字母表达式。
字母表达式，字母表达式的数值。	
方程，方程的根；求算术运算中的未知数。	根据字母给定的值计算字母表达式的数值。
笛卡儿平面坐标系；通过坐标绘制点，在平面确立点坐标	根据问题条件建立方程；基于算术运算分量之间依赖关系求解简单的方程。
	在坐标平面上根据给定的坐标点描绘点和图形，确定点坐标
6.描述统计学，概率，组合数学(25 学时)	
以表格和图表形式呈现数据。	从表格和图表中提取信息，根据表格中的数据进

主题的主要内容	学生主要活动的特征（在教育活动方面）
随机事件的概念；必然事件和不可能事件；等可能性。 通过不同方案来解决组合问题	行计算，比较数值，求最大值和最小值，等等。 在不复杂的情况下进行信息收集；采用图表的形式整理信息，包括使用计算机程序。 对随机事件、必然事件和不可能事件进行举例；事件发生的可能性；运用大约、不可能等词组构建语言结构。 运用多所有可能的方案进行对象或组合的计数。按指定条件划分符合要求的组合
7.直观几何(45 学时)	
几何图形的直观图：直线、线段、射线、角、折线、多角形、圆周、圆，两直线位置关系，两圆位置关系。 多角形，正多角形；四角形、矩形、正方形；三角形类型：锐角三角形、直角三角形、钝角三角形、等腰三角形、等边三角形。 借用圆规、直尺、三角尺、量角器，在没有画线的纸上画几何图形(在方格纸上画图)。 线段的长度、折线的长度；多角形的周长；长度测量单位；线段长度的测量，借用直尺画出给定长度的线段。 角的类型：锐角、直角、钝角、展开角；角的度数；运用量角器测量和画出指定度数的角。 图形面积的概念；面积测量单位；矩形和正方形面积；全等图形。【等积图形】。 【几何图形的分割和组合，镶嵌理论，图案装饰，图案花纹】。 【解决寻找等积图形和全等图形的问题】。 空间图形的直观图(立方体、平行六面体、棱柱、锥体、球、球面、圆锥、圆柱)；绘制空间图形；截面的示例；多面体；多面体、圆柱和圆锥展开图的示例；【制作空间图形模型(用纸、金属丝、蜡泥等)】。 体积的概念；体积单位；长方体和立方体体积。 全等图形的概念；中心对称、轴对称和镜面对称；描绘对称图形。	识别图纸、画面和模型中的几何图形及图形形状(平面图形和空间图形)；对周围世界中几何图形的模拟举例。 用手和借助绘图工具描绘几何图形及其形状；在方格纸上画几何图形。 用直尺测量和比较线段长度；借助直尺和圆规画指定长度的线段，借助量角器画指定大小的角；长度测量单位之间的转换。 角度测量单位之间的转换。 运用正方形和矩形面积公式，计算正方形和矩形的面积；面积测量单位之间的转换。 用平面展开图空制作空间图形；识别立方体、平行六面体、棱锥、圆柱、圆锥的展开图；观察通过实物或计算机模拟所获得的简单的空间图形截面，并确定它们的形状。 利用立方体和长方体体积公式，计算立方体和长方体的体积，体积测量单位之间的转换。 通过实验，观察、测量、研究并描述几何图形的性质(平面图形和空间图形)；利用纸、蜡泥、金属丝等制作几何体；利用计算机模拟和实验研究几何体的性质。 解决有关线段长度、多角形周长、角的度数、正方形和矩形面积、立方体和长方体体积、立方体的问题。在问题条件里提取解决问题的必要条件，建立推理的逻辑序列，对照问题条件获得结论。 寻找周围世界里平面和空间对称图形。

续表

主题的主要内容	学生主要活动的特征(在教育活动方面)
【图解，关于哥尼斯堡桥的欧拉问题】	描绘全等及对称图形

预留学时(50 学时)

表 3-6 代数：7～9 年级(420 小时)

主题的主要内容	学生主要活动的特征(在教育活动方面)
1.实数(20 学时)	
【与自然数整除相关的基本概述：质数和合数，质数的无限集；自然数质因数分解的唯一性；欧几里得算法；整除的特征和性质证明；带余除法】。 自然数集扩大为整数集，整数集扩大为有理数集，形如 $\frac{m}{n}$ 的有理数，其中 m 是整数，n 是自然数。 整数指数幂。 数的平方根、立方根。【数的 n 次方根的概念】。利用分数指数幂描述方根。 无理数的概念；无理数 $\sqrt{2}$，不可公度量，正方形对角线；无理数的十进制近似值。【在坐标轴上描绘无理数 $\sqrt{n}$ 的对应点，其中 n 是自然数】。 实数集；用无限小数表示实数；实数的比较；【循环小数和不循环小数，实数的算术运算】。 实数与坐标轴上点的一一对应关系；数值区间：间隔、线段、射线	【解决整除问题】。 描述整数集、有理数集以及这些集合之间的关系。 比较并整理有理数，完成有理数计算，计算整数指数幂。 表达数的平方根定义；利用函数 $y = x^2$ 的图象找到平方根；必要时使用计算器，完成方根的精确值和近似值计算。 表达立方根的概念；必要时借助计算器求出立方根的值。 研究平方根和立方根的性质，借助计算器和电脑进行数值试验。 举例说明无理数；辨别有理数和无理数，并用坐标轴上的点表示数。 求解有理数和无理数的十进制近似值；比较并整理实数。 描述实数集；在书面数学语言中使用数集符号和图示表达，使用集合论符号系统
2.测量，近似值，估算(10 学时)	
数量的近似值；近似值的精确度；【近似值的绝对误差和相对误差】；周围世界中物体的大小(从基本粒子到宇宙)，周围世界中过程的持续时间。 计算结果的粗算和估算；数值记录方法，包括用 10 次幂因数形式记数	找出、分析并对比周围世界中物体的数值特征。 使用标准的记数法表达周围世界中物体的大小及过程的持续时间。 通过 10 次幂因数记数形式比较数和量。 采用不同方法记录相似值，得出精确的近似值。 完成实际数据的计算。 自然数和小数的四舍五入。 完成计算结果的粗算、估算
3.代数基础(10 学时)	
字母表达式(含变量的表达式)；字母表达式的数值；有效变量值；用表达式代替变量。 基于算术运算基本性质的字母表达式的变换；字	完成基础的符号运算：用字母代表数，以进行一般性论证的描述；根据条件和给定的口述，借助图形或者平面图建立字母表达式；完成代数和与乘积

续表

主题的主要内容	学生主要活动的特征（在教育活动方面）
母表达式的相等；恒等式	的变换(合并同类项、去括号、简化乘积)。计算字母表达式的数值；求表达中变量的有效范围

4.多项式(50 学时)	
自然数指数幂及其性质；单项式和多项式；多项式的次数，多项式加法、减法、乘法；缩写的乘法公式：和的平方与差的平方；【和的立方与差的立方，形如 $(a+b)^4$ 和 $(a+b)^5$ 的多项式表达式的表示法，帕斯卡三角形】。平方差公式；【立方和与立方差公式】；将整式表达式变换为多项式。 多项式因式分解：提取括号内的公因子，分组，运用缩写的乘法公式；【较复杂的多项式的因式分解】。 一元多项式；多项式的根；二次三项式；二次三项式因式分解；【整系数多项式的整数根】	用符号形式进行表达和描述，并论证自然指数幂的性质；运用乘方性质进行表达式的变换和计算。 完成多项式的运算。 推导缩写乘法公式，并运用它们进行表达式的变换和计算。 完成多项式的因式分解。 判断二次三项式，弄清楚因式分解的可能性，将二次三项式分解成一次因式之积的形式。 【求解整系数多项式的整数根】 在完成变换时，运用各种形式进行自我检查

5.代数分式(30 学时)	
代数分式；代数分式基本性质；化简分式，代数分式加法、减法、乘法、除法。 整数指数幂及其性质。 有理式及其变换；恒等式证明	准确表述代数分式的基本性质，并运用它们进行分式变换。 完成代数分式运算；将整式表达式表示为多项式形式，将分式表达式表示为多项式比的形式；证明恒等式。 准确表述整数指数幂的定义，用符号形式进行表达和描述，并举例说明整数指数幂的性质；运用乘方性质进行表达式的变换和计算。 【根据设定目标，完成有理式的变换：二项式平方的分解，标出分式的整数部分等；运用有理式变换解决问题】

6.二次根式(15 学时)	
平方根的概念，算术平方根，形如 $x^2=a$ 的方程。算术平方根的性质：乘积、商和幂的根式性质；恒等式 $\left(\sqrt{a}\right)^2=a$，其中 $a\geqslant 0$，$\sqrt{a^2}=|a|$。运用算术平方根的性质进行数值表达式的变换和计算。 【形如 $\sqrt{a+b\sqrt{c}}$ 的表达式变换】	证明算术平方根的性质；并运用它们进行表达式的变换。 计算含有二次根式的表达式的值；用几何公式和物理公式表达变量。 研究形如 $x^2=a$ 的方程；当 $a>0$ 时，求解精确根和近似根

续表

主题的主要内容	学生主要活动的特征(在教育活动方面)

7.一元方程(40 学时)

一元方程；方程的根。	基于根的定义和表达式的函数性质,对方程的根进行推理论证。
数值等式的性质；方程的等价性。	
线性方程；【线性方程的研究】；解可简化为线性的方程。	识别线性方程和二次方程,整式方程和分式方程。
二次方程；不完全二次方程；二次方程求根公式；韦达定理；解可简化为二次的方程；双二次方程。	解线性方程和二次方程,以及可简化为它们的方程；解有理分式方程。根据判别式和系数确定二次方程是否存在根。
通过因式分解求解三次和四次方程的例子,【变量代换】。	【用字母系数研究二次方程】。
求解有理分式方程。	运用代数方法求解文字应用题：通过构造方程,由问题条件的口述表达转变为代数模型；求解构造出的方程；解释结果
用代数法解决文字应用题	

8.方程组(40 学时)

二元方程；二元线性方程；求解整数方程的示例。	判断一对数是否是给定的二元方程的解；给出求解二元方程的示例。
二元方程组；方程组的等价性；两个二元线性方程。	求解二元方程作为代数模型的问题；通过逐一思考找到整体解决方案；【求解线性整数方程和简单的二元二次整数方程】。
构成的方程组；代入法和相加法解题；【求解含一些变量的线性方程组的示例】。	
求解由线性方程、二次方程所构成的方程组；求解非线性方程组的示例。	求解在内容中所规定的由两个二元方程构成的方程组。【求解多元方组程】。
代数法解文字应用题。	通过代数方法求解文字应用题：通过构建方程组,由问题条件的口述表达转变为代数模型；求解构造出的方程组；解释结果。
平面笛卡儿坐标系；二元方程的图形解释。	
二元线性方程的图象；直线斜率；直线平行的条件。	【研究含有字母系数的二元方程组】。
【直线垂直的条件】。	
最简非线性方程的图象(抛物线、双曲线、圆)。	画出二元方程的图象；使用代数和几何语言构造等价的语言命题。
二元方程组的图形解释	基于函数图象表示来解决和研究方程及方程组

9.不等式(30 学时)

数值不等式及其性质；【不等式的证明】。	准确表述数值不等式的性质,在坐标轴上举例说明它们,用代数方法证明；利用不等式性质解决问题。
一元不等式；不等式的等价性；一元线性不等式；二次不等式；【求解有理分式不等式的示例】。一元不等式组。	【不等式的证明】。
	识别线性不等式和二次不等式；求解线性不等式及线性不等式组；求解二次不等式。
【二元不等式；不等式和二元不等式组的图形解释】	【在平面坐标上描绘出给定的二元不等式及其不等式组的点的集合；用代数法描述坐标平面的区域】

主题的主要内容	学生主要活动的特征（在教育活动方面）
10.数量之间的关系(20 学时)	
数量之间的关系；用公式描述数量之间的关系；用公式计算。 正比例关系：解析式，正比例系数；性质，正比例关系的示例。 反比例关系：解析式，反比例系数；性质，反比例关系的示例。 求解正比例和反比例关系的问题	建立数量之间关系的表达式，并按公式进行计算。 弄清楚正比例关系和反比例关系。 用正比例关系和反比例关系解决文字应用题(包括相关学科和现实生活中的问题)
11.数值函数(55 学时)	
函数概念；定义域和值域；函数表示法；函数图象；函数性质及其在图象上的描述：增函数和减函数，函数的零点，保持符号表达。读懂并画出函数图象。反映现实过程依赖关系的图象示例。 描述正反比例关系的函数及其图象与性质。 线性函数及其图象与性质。 二次函数及其图象与性质。 指数是自然数 2 和 3 的幂函数，它们的图象及其性质；函数 $y=\sqrt{x}$，$y=\sqrt[3]{x}$，$y=\|x\|$ 的图象。 【线性分式函数及图象】。 【图形沿坐标轴的平移及关于坐标轴的对称】	计算给定解析式的函数值(必要时使用计算器)；建立函数值的表格。 根据点画函数图象；基于函数的图象表示描述函数性质。 用式子和图象描述实际关系；读懂实际关系的图象。 运用函数符号来描述与所研究的函数相关的各种实际情况，同时丰富了完成符号运算的经验；运用函数术语建立语言结构。 借助计算机程序建立函数图象，根据解析式的系数来研究函数图象在坐标平面上的位置。(如根据系数 k 和 b 研究 $y=kx+b$ 的图象)。 建立所研究的函数图象并描述其性质。 【根据学习的函数图象构建更复杂的函数图象。例如，由不同的定义域区间、不同公式给定的函数图象。基于已知图象变换建立函数图象】
12.数列，算术级数和几何级数(20 学时)	
数列定义；数列递推公式和第 n 项公式的问题；【斐波那契数】。 算术级数和几何级数；算术级数和几何级数的第 n 项公式及前 n 项和公式；用坐标平面上的点描述算术级数和几何级数的项；线性增长和指数增长；复利	应用索引符号，借助与数列概念相关的术语构建语言命题。 计算给定第 n 项公式或者递推公式的数列的项；根据已知数列的前几项，确定数列建立的规律；在坐标平面上用点描述数列的项。 在各种问题情况下识别算术级数和几何级数；基于确凿的推论推导出算术级数和几何级数通项公式及前 n 项和公式；运用这些公式解决问题。 研究现实生活中的例子，用以说明算术级数和几

续表

主题的主要内容	学生主要活动的特征（在教育活动方面）
	何级数的变化；以图示描绘相应的依赖关系。 求解复利问题，包括现实的实践问题(必要时可使用计算器)

13.描述性统计(15 学时)	
用表格、图表、图形描述数据；随机变化；一组数据的统计特征：算术平均数、中位数、最大值和最小值、幅值【方差】；抽样调查报告	从图表中提取信息，按照表格中的数据完成计算。 根据图表确定最大数据和最小数据，比较数值。 用表格、柱形图和扇形图描述信息，包括借助计算机程序。 进行数据举例(如价格、身高、旅行时间等)，求一组数的算数平均数和幅值【方差】。 举例说明应用平均数、【方差】来描述数据(水库中的水位、体育表演、确定气候带的边界)

14.随机事件和概率(20 学时)	
随机试验和随机事件概念；基本事件；随机事件频率；概率概念的统计方法；【不相容事件，概率加法公式】；对立事件的概率；【独立事件，概率乘法】；必然事件和不可能事件；等可能事件；古典概率定义	进行随机试验，包括借助计算机模拟，解释其结果；计算随机事件的频率；通过频率和获得的经验评价概率；完成求解事件概率的问题。 举例说明随机事件，包括必然事件和不可能事件，小概率事件；举例说明对立事件、等概率事件

15.组合数学基础(15 学时)	
用不同的方案解决组合问题；组合的乘法定理；排列和阶乘	运用所有可能方法完成对象或组合的计算。 应用组合乘法定理来解决对象或组合数量的计算问题(如多角形的对角线、握手、代码、密码、暗号等)。 识别确定排列数的问题，并完成相应的计算。 运用组合数学的知识解决概率计算问题

16.集合，逻辑学基础(10 学时)	
集合，集合的元素；通过列举元素和特征属性来指定集合；数集通用记法；空集及记法；子集；集合并集和交集；集合的差；【分类的概念】。 利用欧拉—韦恩图描述集合间关系。 等价性、传递性的概念；会使用逻辑连接词"如果……那么……""当且仅当""且""或"；【必要条件和充分条件】	举例说明有限集和无限集；求集合的并集、交集和集合的差；提供生活中各个领域的简单分类的示例；运用欧拉圆说明集合论的概念。 在学习课程的各个部分时，运用集合论的符号和语言来解决问题。 举例说明数学概念和命题；在论证中使用例子和反例。

续表

主题的主要内容	学生主要活动的特征(在教育活动方面)
	利用逻辑连接词"如果……那么……""当且仅当""且""或"构造数学命题

预备学时(20 学时)

表 3-7　几何：7～9 年级(210 小时)

主题的主要内容	学生主要活动的特征(在教育活动方面)
1.直线和角(15 学时)	
点、线、面；线段、射线、角；直角、锐角和钝角、平角；垂直角和相邻角；角平分线及其性质；具有平行和垂直边的角的性质。 平面上直线的相互位置关系：平行直线和相交直线；垂直直线；两线平行和垂直定理；直线的垂线和斜线；线段的中垂线。 点的几何位置；角平分线性质和线段中垂线性质	建立定义并举例说明线段、射线、角、直角、锐角、钝角、平角、垂直角和相邻角、角平分线。 在图中识别、描述、建立平行直线定义；截两条平行直线所形成的角；垂直直线；直线的垂线和斜线；线段的中垂线。 解释什么是点的几何位置并举例。 准确描述平行线公理。 准确描述并证明垂直角和相邻角所表现的性质定理，平行直线的性质和特征，直线的垂线唯一性，垂线和斜线的性质，角平分线和线段中垂线的性质定理。 运用所学的定义和定理解决作图、证明和计算问题；区分条件题的条件和结论；根据条件题，进行必要的证明推理；将得出的结论与习题条件进行对比
2.三角形(65 学时)	
三角形；直角三角形、锐角三角形和钝角三角形；三角形的高、中线、角平分线、中位线；等腰三角形和等边三角形；等腰三角形性质和特征。 三角形全等的特征；三角形不等式；三角形边角关系；三角形内角和；三角形外角。 泰勒斯定理；相似三角形；相似比；三角形相似的特征。 毕达哥拉斯定理；直角三角形的锐角正弦、余弦、正切、余切，0° 到 180° 角的正弦、余弦、正切、余切；换算成锐角；解直角三角形；基本三角恒等式；两角的正弦、余弦、正切、余切关系公式；解三角形：正弦定理和余弦定理。 三角形的特殊点：中垂线、角平分线、中线、高线及其延长线的交点；【欧拉圆】	准确表述直角三角形、锐角三角形、钝角三角形、等腰三角形、等边三角形的定义；在平面图和图纸中识别并画出它们。 准确表述全等三角形；准确表述和证明三角形全等的特征定理。 解释并举例说明三角不等式。 准确描述并证明等腰三角形的特征和性质定理，三角形的边角关系、三角形内角和、三角形的外角、三角形中位线。 准确表述相似三角形定义。 准确描述并证明三角形相似的特征定理，泰勒斯定理。 准确表述并举例说明直角三角形锐角的正弦、余弦、正切和余切概念；通过直角三角形的边表示三角函

主题的主要内容	学生主要活动的特征（在教育活动方面）
	数的推导公式；准确描述并证明毕达哥拉斯定理。
	准确表述 0°到 180°角的正弦，余弦，正切和余切的定义；通过锐角三角函数表示 0°到 180°角的推导公式；确切地描述并解释基本三角恒等式。
	已知角的某一个三角函数值，计算此角的其他三角函数值；准确描述并证明正弦定理和余弦定理。
	准确描述并证明中垂线、角平分线、中线、高线及其它们延长线交于一点的定理；使用计算机程序探索三角形的性质。
	解决作图、证明和计算问题；区分条件题的条件和结论；借助平面图或图纸模拟条件题，在解决方案期间执行其他构建；根据条件题，进行必要的证明推理；解释获得的结论，将得出的结论与习题条件进行对比
3.四角形(20 学时)	
四角形；平行四边形及其性质和特征；长方形、正方形、菱形及其性质和特征；梯形，梯形中位线；等腰梯形	准确表述平行四边形、长方形、正方形、菱形、梯形、等腰梯形和直角梯形、梯形中位线的定义；在平面图和图纸上识别并画出它们。
	准确表述和证明四角形的性质及特征。
	使用计算机程序探索四角形的性质。
	解决作图、证明和计算问题；借助平面图或图纸模拟条件题，在解决方案期间执行其他构建。在图纸上分辨形状，进行必要逻辑论证；解释取得的结论，并将它同习题条件进行对比
4.多角形(10 学时)	
多角形；凸多角形；凸多角形内角和；正多角形	识别并举例说明多角形，准确描述其定义。
	准确描述和证明凸多角形内角和定理。
	使用计算机程序探索多角形的性质。
	解决证明和计算问题；借助平面图或图纸模拟条件题，在解决方案期间执行其他构建；解释取得的结论并将它同习题条件进行对比
5.圆周和圆(20 学时)	
圆周和圆；与圆相关的角；中心、半径、直径、弧、弦、扇形、弓形；【与圆周相关的角的测量定理】；直线与圆位置关系，两圆位置关系；圆的切线和割线及其性质。	准确定义与圆相关的概念，如圆的切线和割线，与圆相关的角等。
	准确描述和证明与圆相关的角的定理。
	画出、判断并描述直线和圆的位置关系。

续表

主题的主要内容	学生主要活动的特征(在教育活动方面)
内接和外切多角形；三角形内切圆和外接圆；【三角形的旁切圆】；正多角形的内切圆和外接圆；【内接和外切四角形】	画出并准确描述内接和外切的多角形及三角形；三角形内切圆和外接圆。准确描述并证明三角形和四角形的内切圆及外接圆定理。使用计算机程序探索与圆相关的图形性质。解决作图、证明和计算问题；借助平面图或图纸模拟条件题，在解决方案期间执行其他构建；在图纸上分辨形状，进行必要逻辑论证；解释取得的结论，并将它同习题条件进行对比
6.几何变换(10 学时)	
图形全等概念；变换概念：轴对称、中心对称、平移、旋转；图形相似和同位相似的概念	解释并举例说明图形全等和相似的概念；画出相等图形和对称图形，完成平移和转动。使用计算机程序探索运动性质。完成平面上几何变换的课题设计
7.尺规作图(5 学时)	
利用圆规和直尺画图；基本作图问题：平分线段，画与给定的角相等的角，根据三边画三角形；画直线的垂线；画角平分线；线段 n 等分	利用圆规和直尺解决画图问题。寻找解决方案存在的条件，完成画出一个图形所必需的点的构建，证明所作图形满足问题的条件；在每种尽可能选择数据的情况下，确定问题解决方案的数量
8.几何量的测量(25 学时)	
线段长度，折线长度；多角形周长。点到直线距离，平行线间距离。圆周长；圆周率 π；圆弧长。角的度数，圆心角的大小与圆弧长度之间的对应关系；【角的弧度制】。平面图形面积定义；全等图形和等积图形；长方形面积；平行四边形、三角形、梯形面积(基本公式)；用两边及其夹角表达的三角形面积公式；用周长和内切圆半径表达的三角形面积公式；【海伦公式】；多角形面积；圆面积和扇形面积；相似图形面积间的关系。运用所学公式解决计算和证明问题	解释并举例说明多角形周长的定义。准确描述点与点、点到直线、平行直线间的距离定义。准确描述并解释长度性质、角的度数、面积。准确描述圆心角的大小与圆弧长度之间的对应关系。解释并举例说明全等图形和等积图形的概念。描绘长方形、平行四边形、三角形和梯形的面积公式，以及用两边及其夹角表达的三角形面积公式；圆的周长和面积。通过将其分为三角形和四角形来求多角形的面积；解释并举例说明相似图形的面积关系。解决有关线性数值，角的度数，三角形、四角形、

主题的主要内容	学生主要活动的特征(在教育活动方面)
	多角形的面积，圆周长和面积的计算题；根据问题的给定条件找到可能应用的必要公式，对公式进行转换；在解决问题的过程中运用公式来论证确凿的推理。解释取得的结论，并将它同习题条件进行对比
9.坐标(10 学时)	
坐标；笛卡儿平面坐标系；点坐标；线段中点坐标；平面上两点间距离公式；直线方程，直线斜率，直线平行的条件；圆的方程	解释并举例说明笛卡儿坐标系概念。 描绘并运用线段中点坐标公式，平面上两点间距离公式，直线方程和圆的方程。 完成有关运用坐标法解决计算和证明问题的课题设计
10.向量(10 学时)	
向量(平面上)；向量坐标；向量长度(模)；向量的相等；向量的夹角；向量运算：向量与数的乘法、向量和、向量的数量积	建立定义，并说明向量概念，向量长度(模)，共线向量，向量的夹角，相等向量。 计算向量长度和坐标。 求解向量的夹角。 完成向量运算。 完成有关运用向量法解决计算和证明问题的课题设计
11.逻辑学基础(5 学时)	
定义；公理和定理；证明；反证法；逆定理；例子和反例	复述公式化定义，独立构造简单的定义，复述所学定理的公式化和证明，能独立进行简单的证明，在论证中引用定义、定理、公理
预留学时(15 学时)	

七、强化学习过程的建议

数学示范性大纲最后对学习过程中使用的参考书、学习工具、实验设备等给出了合理化建议，并给出达到正常教学最低配置的一般性说明。例如，藏书量，各年级的教科书，教学方法，各类参考书以及教师参考书，信息化方法，电脑、屏幕和互动黑板等学习工具，制图工具、面积体积演示仪等实践工具和方法。

第三节 中俄初中数学课程难度比较

我们依据史宁中教授提出的课程难度模型[①]，把俄罗斯初中数学课程内容与中国《义务教育数学课程标准(2011年版)》内容进行了难度对比，选择了如下知识团。

一、"不等式"知识团[②]

根据统计计算出来的课程时间、课程广度、课程深度等数据，以及选定的课程难度模型(取 $\alpha=0.5$)，可计算出中俄两个国家关于"不等式"知识团的课程难度(表3-8)：

$$N_1 = \alpha \frac{S_1}{T_1} + (1-\alpha)\frac{G_1}{T_1} \approx 0.5 \times \frac{2.4}{10.333} + (1-0.5) \times \frac{5}{10.333} \approx 0.358$$

$$N_1 = \alpha \frac{S}{T} + (1-\alpha)\frac{G}{T} \approx 1.304 - 1.056\alpha$$

表3-8 中俄"不等式"知识团的难度比较

国家	课程时间	课程广度	可比广度	课程深度	可比深度	难度
中国	$T_1 = 10.333$	$G_1 = 5$	$\frac{G_1}{T_1} \approx 0.484$	$S_1 = 2.4$	$\frac{S_1}{T_1} \approx 0.232$	0.520
俄罗斯	$T_2 = 25$	$G_2 = 8$	$\frac{G_2}{T_2} \approx 0.32$	$S_2 = 2.5$	$\frac{S_2}{T_2} \approx 0.1$	0.310

研究结果显示，中国"不等式"知识团的课程难度比俄罗斯"不等式"知识团的课程难度大。中国课程标准中无论是知识团深度、广度，还是时间，都比俄罗斯低，但由于中国的课程时间远低于俄罗斯，中国课程的可比深度和可比广度反而比俄罗斯高。

二、"方程与方程组"知识团

根据统计计算出来的课程时间、课程广度、课程深度等数据，以及选定的课程难度模型(取 $\alpha=0.5$)，可以计算出中俄两个国家关于"方程与方程组"知识团的课程难度(表3-9)：

$$N_1 = \alpha \frac{S_1}{T_1} + (1-\alpha)\frac{G_1}{T_1} \approx 0.5 \times \frac{2.5}{42.667} + (1-0.5) \times \frac{8}{42.667} \approx 0.123$$

$$N_2 = \alpha \frac{S_2}{T_2} + (1-\alpha)\frac{G_2}{T_2} \approx 0.5 \times \frac{2.5}{74} + (1-0.5)\frac{22}{74} \approx 0.166$$

① 史宁中，孔凡哲，李淑文. 课程难度模型：我国义务教育几何课程难度的对比[J].东北师大学报(哲学社会科学版)，2005(6)：151-155.
② 张雪. 中俄初中代数课程难度比较研究[D]. 长春：吉林师范大学，2019.

表 3-9 中俄"方程与方程组"知识团的难度比较

国家	课程时间	课程广度	可比广度	课程深度	可比深度	难度
中国	$T_1 = 42.667$	$G_1 = 8$	$\dfrac{G_1}{T_1} \approx 0.187$	$S_1 = 2.5$	$\dfrac{S_1}{T_1} \approx 0.059$	0.123
俄罗斯	$T_2 = 74$	$G_2 = 22$	$\dfrac{G_2}{T_2} \approx 0.297$	$S_2 = 2.545$	$\dfrac{S_2}{T_2} \approx 0.034$	0.166

　　研究结果显示，中国"方程与方程组"知识团的课程深度与俄罗斯的相差不大，但在课程广度上，中国要远远低于俄罗斯，导致中国的可比广度仍然要低于俄罗斯；由于"方程与方程组"课程内容的丰富，所以俄罗斯的课程时间约是中国课程时间的 2 倍，受此影响，中国的可比深度反而要比俄罗斯高一点；最终俄罗斯的课程难度比中国略高，两国"方程与方程组"知识团课程难度相差不大。

三、"四边形"知识团

　　根据统计计算出来的课程时间、课程广度、课程深度等数据，以及选定的课程难度模型，可以计算出中俄两个国家关于"四边形"知识团的课程难度(表 3-10)：

$$N_1 = \frac{\alpha \times 2.667 + (1-\alpha) \times 15}{18.333} \approx 0.818 - 0.673\alpha$$

$$N_2 = \frac{\alpha \times 2.429 + (1-\alpha) \times 14}{20} \approx 0.7 - 0.579\alpha$$

　　其中，$0 < \alpha < 1$，于是 $0.145 < N_1 < 0.818$ $0.121 < N_2 < 0.7$；如果取 $\alpha = 0.5$，那么，$N_1 \approx 0.482$，$N_2 \approx 0.411$。

表 3-10 中俄"四边形"知识团的难度比较

国家	课程时间	课程广度	可比广度	课程深度	可比深度	难度
中国	$T_1 \approx 18.333$	$G_1 = 15$	$\dfrac{G_1}{T_1} \approx 0.818$	$S_1 = 2.667$	$\dfrac{S_1}{T_1} \approx 0.232$	0.482
俄罗斯	$T_2 = 20$	$G_2 = 14$	$\dfrac{G_2}{T_2} = 0.7$	$S_2 = 2.429$	$\dfrac{S_2}{T_2} \approx 0.1$	0.411

　　研究结果显示，中国"四边形"课程的可比深度、可比广度及整体课程难度均略大于俄罗斯"四角形"课程，但与其他学者用同样模型计算的结果相比，中国《义务教育数学课程标准(2011 年版)》"四边形"课程难度与《义务教育数学课程标准(2011 年版)》的 0.489 和 2000 年大纲的 0.523 相比，难度逐渐降低。[①]

---

① 孔凡哲，史宁中. 四边形课程难度的定量分析比较[J]. 数学教育学报，2006(1):11-15.

四、"圆"知识团

根据统计计算出来的课程时间、课程广度、课程深度等数据，以及选定的课程难度模型，可以计算出中俄两个国家关于"圆"知识团的课程难度(表 3-11)：

$$N_1 = \frac{2.071 \times \alpha + (1-\alpha) \times 14}{15667} \approx 0.894 - 0.761\alpha$$

$$N_2 = \frac{2.333 \times \alpha + (1-\alpha) \times 15}{23.5} \approx 0.638 - 0.539\alpha$$

其中，$0 < \alpha < 1$，则 $0.133 < N_1 < 0.894$，$0.099 < N_2 < 0.638$，若 $\alpha = 0.5$，则 $N_1 = 0.514$，$N_2 = 0.369$。进一步分析，我们可以发现，无论 α 取何值，中国"圆"知识团的课程难度都比俄罗斯"圆"知识团的课程难度大。

表 3-11　中俄"圆"知识团难度的比较

国家	课程时间	课程广度	可比广度	课程深度	可比深度	难度
中国	$T_1 \approx 15.667$	$G_1 = 14$	$\frac{G_1}{T_1} \approx 0.894$	$S_1 = 2.071$	$\frac{S_1}{T_1} \approx 0.133$	0.514
俄罗斯	$T_2 = 23.5$	$G_2 = 15$	$\frac{G_2}{T_2} \approx 0.638$	$S_2 = 2.333$	$\frac{S_2}{T_2} \approx 0.099$	0.369

研究结果显示，中国"圆"知识团虽然在课程广度和课程深度方面都比俄罗斯的课程广度和课程深度低，但是中国的课时相对略少，所以在可比广度和可比深度上中国大于俄罗斯，中国"圆"知识团的课程难度比俄罗斯的课程难度要大。

第四节　俄罗斯初中数学课程的特点及启示

俄罗斯初中数学课程无论是教育标准还是示范性大纲，总体上是对小学数学课程内容的延续、提升与拓展，但课程门类更为丰富、课程难度更为艰深，对我国义务教育阶段数学课程的设置与改革有一定的启示意义。

一、合理设置学段学习与教学内容，科学处理分科课程与综合课程

从学制学段上看，各个国家、地区中小学学制学段多样并存，学业年限也不尽相同。总体上各个国家、地区中小学学制以"六三三"学制为主，这也与 20 世纪以来美国"六三三"学制的巨大影响有关。但随着中小学学龄儿童生活环境和文化条件的改善，中小学生的生理、心理发展水平都有所提前，目前美国很多州逐渐施行"五三四"学制。有的国家

和地区开始缩短小学学业年限，如俄罗斯和德国的小学只有 4 年，法国小学只有 5 年。①俄罗斯中小学学制总体上是 11 年，前 9 年为义务教育。1～4 年级是小学阶段，也称为初等普通教育；5～9 年级是不完全中等教育阶段，也称为基础普通教育；10～11 年级相当于我国的高中阶段。初中(5～9 年级)的数学示范性大纲中分成 5～6 年级和 7～9 年级两个学段，分别给出课时计划和内容说明。5～6 年级学习"数学"课程(一体化课程)，7～9 年级同时学习"代数"和"几何"课程，分别给出了两套示范性课程计划方案。5～6 年级的数学教科书也不分科编排，仍然与小学阶段综合性课程名称一致，称为"数学"，而 7～9 年级分为"代数"和"几何"两个科目的编排和学习。

二、课程内容的设置具有较大的广度，课程内容的深度与难度也较高

俄罗斯初中数学课程覆盖了算术、代数、函数、概率和统计学、几何的内容。算术内容不仅要培养初中阶段与有理数和无理数密切相关的数观念，形成实数的基本认识，还要系统完成数的主线学习(实数和复数系统化知识)，甚至要完成更加复杂的算术问题(如欧几里得算法、算术基本定理)，为将来高中教育阶段的学习打好基础。代数内容则强调数学作为构建现实世界过程和现象数学模型语言的意义，特别是掌握信息学课程和演绎推理技能所必需的算术思维发展成为代数研究问题。函数内容则致力于让学生获得作为描述和研究各种过程最重要数学模型的函数具体知识。统计学和概率的学习则是为了拓宽世界现代描述和研究方法的认识，形成统计学作为社会信息重要意义源泉这一角色的观点，并为学生形成概率思维打下基础。几何内容则通过对平面和空间几何图形性质系统的学习，发展学生空间想象力和逻辑思维能力。同样，俄罗斯初中数学课程还列入了逻辑学和集合、数学发展史两部分内容，这与课程标准预期实现提高学生整体智力水平和文化水平的目的密切相关。在学时数量要求更高的第二套课程计划方案中，难度较高的补充学习内容用方头括号给出，供学校选用，致力于提高学生的数学素养水平。

第五节　俄罗斯初中数学教科书简介

俄罗斯小学学段为 1～4 年级，数学不分科编排。初中学段为 5～9 年级，其中 5～6 年级数学教科书不分科编排，7～9 年级分为代数和几何两个科目编排和学习。下面我们选取俄罗斯初中教育标准、示范性教学大纲指导下的教科书内容进行简要介绍，以期为我国初中数学教科书编写带来启示。

一、数学(5～6 年级)

关于俄罗斯《数学》(5～6 年级)教科书，我们选取了由穆拉维奇、穆拉维娜编写，由

---

① 刘鹏飞. 义务教育数学课程学段划分研究[M]. 北京：清华大学出版社，2016：26-27.

德洛法出版社于 2014 年出版，是俄罗斯联邦教育部推荐使用的教科书，其中 5 年级《数学》教科书第 3 次再版[①]，6 年级《数学》教科书第 2 次再版[②]。

图 3-4　俄罗斯《数学》(5～6 年级)教科书

　　5 年级《数学》教科书共分六章，前五章为新知识课程的学习与习题练习，其中第一章是自然数和零，第二章是数值表达式和字母表达式，第三章是单位分数和分数，第四章是分数运算，第五章是十进制分数，第六章是复习，然后是夏季业余时间的练习题、答案、建议、解题方法、附加的文献清单、主题索引。

　　6 年级《数学》教科书共分五章，前四章内容为知识的讲解与习题练习，其中第一章是比例，第二章是数的整除，第三章是负数，第四章是公式和方程，第五章是复习，包括数学发展史和计算用的学科知识；然后是解文字题用的学科知识，几何学科知识，发展空间想象力学科知识，答案、建议、解题方法和主题索引。与 5 年级《数学》教科书相同的是，最后一章同样为对前四章的复习，不同的是，6 年级《数学》教科书的复习章节更加具体、详细，并搭配大量类型题的练习题。书后附数学发展史与计算用的学科知识精简。两本教科书开篇都有作者寄语。

　　俄罗斯《数学》(5～6 年级)教科书目录见表 3-12。

表 3-12　俄罗斯《数学》5～6 年级教科书目录

项目	5 年级《数学》教科书目录	6 年级《数学》教科书目录
作者寄语		
教材结构	共 6 章 33 节	共 5 章 24 节
章结构	第一章　自然数和零 §1　十进位计数制 §2　数的比较 §3　刻度盘和坐标	第一章　比例 §1　图形相似 §2　比例尺 §3　比和比例

① Муравин Г К, Муравина О В. Математика[M]. 5 класс, М.: Дрофа, 2014.
② Муравин Г К, Муравина О В. Математика[M]. 6 класс, М.: Дрофа, 2014.

项目	5 年级《数学》教科书目录	6 年级《数学》教科书目录
章结构	§4　几何图形 §5　图形的全等 §6　角的测量 第二章　数值表达式和字母表达式 课程设计的主题 §7　数值表达式及其值 §8　矩形面积 §9　直平行六面体体积 §10　字母表达式 §11　公式与方程 第三章　单位分数和分数 §12.单位分数和分数定义 §13.同分母分数加减法,分数与自然数之积 §14.三角形 第四章　分数运算 §15　分数相当自然数除法的结果 §16　分数与自然数的除法,分数基本性质 §17　分数比较 §18　分数加法和减法 §19　分数乘法 §20　分数除法 第五章　十进制分数 §21　十进制分数定义 §22　十进制分数比较 §23　十进制分数加法和减法 §24　十进制分数乘法 §25　十进制分数与自然数除法 §26　无限的十进制分数 §27　数的取整 §28　十进制分数除法 §29　百分数计算 §30　算术平均数 第六章　复习 §31　自然数和零 §32　常见的分数	§4　比值 §5　给定关系的除法 第二章　数的整除 §6　约数和倍数 §7　数的和、差、积的整除性质 §8　自然数的整除特征 §9　质数和合数 §10　互质 §11　集合 第三章　负数 §12　中心对称 §13　负数及其在数轴上的表示 §14　数的比较 §15　数的加法和减法 §16　数的乘法 §17　数的除法 第四章　公式和方程 §18　解方程 §19　解百分数问题 §20　圆的周长和面积 §21　轴对称 §22　坐标 §23　几何体 §24　统计图 第五章　复习 数学发展史(这部分内容包括以下内容的发展历程:自然数、数的整除、算术计算的法则、百分数、分数、负数、方程、几何的产生、角度、图形全等、图形相似、体积、坐标系) 计算用的学科知识(这部分内容包括以下内容:自然数、常见的分数、十进制分数、整数、有理数) 解文字题用的学科知识 几何学科知识

项目	5 年级《数学》教科书目录	6 年级《数学》教科书目录
章结构	§33　十进制分数 夏季业余时间的练习题 答案、建议、解题方法 附加的文献清单 主题索引	发展空间想象力学科知识 答案、建议、解题方法 主题索引

俄罗斯初中《数学》(5～6 年级)教科书内容丰富多彩，呈现方式与我国《数学》教科书存在着很大的不同。下面我们从中选取一些内容进行简要的介绍。

(一) 平面几何图形

1. 圆

5 年级《数学》教科书第一章"§4　几何图形"内容中，呈现了圆的概念。但在给出圆的概念之前，给出的是关于线段长度的测量方法及比较，不需通过测量线段长度就可以比较它们的大小，可以借助圆规，将圆规的脚分别放在点 C 和点 D 上(图 3-5)。这样圆规就记录了两点间的距离。现在将圆规的一个脚放在点 K 上，如果在不改变圆规张角的情况下，第二个脚可以置于点 L，那么 $CD = KL$；如果需要增加圆规张角，则第二条线段长；如果需要减少圆规张角，则第二条线段短。在圆规张角增加的情况下，线段 KL 比线段 CD 长。

接着借助圆规给出圆的直观呈现(图 3-6)，我们将带尖的圆规脚放在点 O，用另一侧带石笔的圆规脚画一条封闭曲线，则得到一个圆周，并标出圆周、半径、直径。随后给出圆的概念：圆周上所有的点到点 O 的距离都相等，点 O 称为圆心。圆心和圆周上任何一点所连的线段叫作圆的半径，两个半径组成的线段叫作圆的直径。

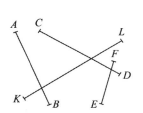  

图 3-5　线段长度的测量方法及比较　　　　图 3-6　圆的画法及表示

2. 平行线

5 年级《数学》教科书第一章"§4　几何图形"中设置了"平行线"的内容，并渗透了"平行"一词的数学史资料，即"平行"一词的来源。首先，给出了以点 A 和点 B 为端点的线段只有一条。如图 3-7 所示，如果用直尺在它的端点两侧继续无限延长，那么会得到直线 AB。经过点 A 和点 B 有且只有一条直线 AB。由于直线是无限的，即向两个方向无限延长，所以我们只能画出它的一部分。接着指出平面上两条直线有两种位置关系：或相交于某点，或一个公共点也没有。同时，给出平行线的定义，即平面上的两条直线没有公共点，称两直线平行。最后对"平行"这个词的来源进行介绍，即"平行"这个术语来源于古希腊语"平行"——《并行》，这个词大约在 2500 年前就由伟大的古希腊学者毕达哥拉斯开始使用。

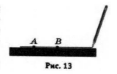

Существует единственный отрезок с концами в точках *A* и *B*. Если бесконечно продолжать этот отрезок по линейке за его концы (рис. 13), то получится прямая *AB*.

Через две точки *A* и *B* проходит *единственная прямая AB*. 🌐

Рис. 13

图 3-7　平行线概念的引入

3. 平行四边形

5 年级《数学》教科书第一章"§4　几何图形"中设置了"平行四边形"的内容，首先给出了平行线段的定义：位于平行线上的线段称为平行线段。(图 3-8)

Отрезки, лежащие на параллельных прямых, называют *параллельными отрезками*. Каждый раз, глядя на прямоугольник, мы видим две пары параллельных отрезков. На рисунке 18 изображён четырёхугольник *ABCD*, противоположные стороны которого параллельны.

Четырёхугольник, противоположные стороны которого попарно параллельны, называют *параллелограммом*.

Поставим на прямой *AB* точку *C* между точками *A* и *B* (рис. 19). Точка *C* разбила прямую *AB* на два луча *CA* и *CB* с общим *началом* в точке *C*. Начало луча в его названии всегда указывается на первом месте. 📖 35

112. Проведите луч *AB* и отметьте на нем точки *C* и *D*. Сколько образовалось лучей; отрезков? Запишите их названия.

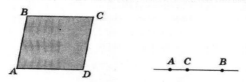

图 3-8　平行四边形概念的引入

然后观察长方形，可以观察到长方形有两组平行线段。通过直观图可以直观地发现四角形 *ABCD* 相对应的边是相互平行的，由此给出了平行四边形的定义：两组对边相互平行的四角形叫作平行四边形。接着给出了在直线 *AB* 上有一点 *C*，点 *C* 位于点 *A* 和点 *B* 中间，那么点 *C* 就将直线 *AB* 分成以 *C* 为公共起点的两条射线 *CA* 和 *CB*，并且射线起点永远位于名称的第一个位置。

4. 角

5 年级《数学》教科书第一章"§4　几何图形"中设置了"角"的概念，与小学数学中利用图形直观呈现角的概念不同，此处利用射线的旋转给出角的概念，并给出"垂直"这一术语的来源。围绕点 *C* 进行旋转，射线 *CA* 和射线 *CB* 形成不同的角度，其中几种角你们已经见过，图 3-9(a)、图 3-9(b)、图 3-9(c)分别是大家知道的钝角、直角、锐角，图 3-9(d)中的角∠*ACB*

是平角，它由射线 *CA* 和射线 *CB* 组成，并且互补成一直线。这样的射线被称为互补的。

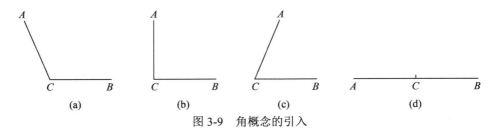

图 3-9　角概念的引入

接着给出可以借助长方形来建立直角。同时给出垂直直线的定义，即两相交直线所形成的角是直角时，称两直线垂直。最后给出"垂直"这个术语来自拉丁语"perpendicularis"——《垂直》。在俄罗斯《数学》教科书中可以发现，很多概念给出后，在其后面会补充这些概念词语的来源。比如，在给出"对顶角"的概念后，后面补充"对顶角"这个术语来自拉丁语"verticalis"——《对顶》。

5. 矩形面积

在 5 年级《数学》教科书第二章"§8　矩形面积"内容中，我们可以利用直尺测量线段长度，用量角器测量角的度量。通常要计算另一个主要的几何量——面积。面积单位采用边长是单位长度的正方形的面积。如图 3-10 所示，正方形的边长为 1cm，因此面积称为平方厘米。比如，教科书页的面积以平方厘米为单位更恰当，住房面积常以平方米为单位，农业用地以公顷为计量单位，而对于国家的面积通常使用平方千米。接着给出一个长为 3cm，宽为 2cm 的矩形 *ABCD*，这个矩形是由 6 个边长是 1cm 的小正方形组成的。由此，可直观地让学生知道矩形面积等于 6cm²。

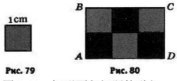

图 3-10　矩形面积问题的引入

接着给出矩形面积计算方法的文字描述：矩形面积等于它的长与宽的乘积。同时指出，计算矩形面积时，其长与宽应该用同一单位表达。为加深对矩形面积计算方法的认识和理解，举出一个例子：如果矩形长是 3cm，宽是 25mm，那么矩形面积是多少？这里涉及单位换算：3cm = 30mm，进而求出这个矩形的面积：$30 \times 25 = 750 \, \text{mm}^2$。

(二) 立体几何图形

1. 空间几何体

5 年级《数学》教科书第二章"§9　直平行六面体的体积"的引入，呈现方式是图文并茂，既有文字描述，又有图片的直观呈现。教科书中呈现了圆、画出对角线的四角形和六角形。让学生有一个直观的感受，然后再将这些图形涂上颜色，正如艺术家们所说，它们获得了体积。也就是说，它们从平面图形过渡到了空间图形。

　　接着教科书给出空间几何体的概念，指出图 3-11 中描绘的每个图形都是由某些表面限定的空间的一部分，这种空间图形叫作几何体。在这个概念的基础上，教科书又给出球体、球面、三角锥体、三角锥体的面、三角锥体的棱、多面体、多面体的棱、多面体的面、多面体的顶点、直平行六面体的描述。以直平行六面体为模型，直观介绍其顶点、面、棱。(图 3-12)

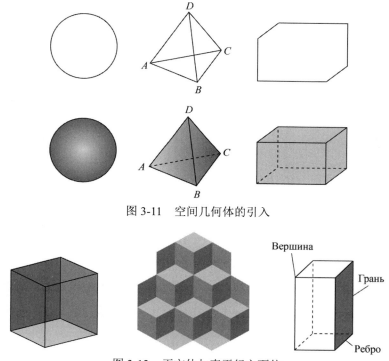

图 3-11　空间几何体的引入

图 3-12　正方体与直平行六面体

　　在对空间几何体认知的基础上，相继给出正方体和锥体的概念，叙述如下：如果直平行六面体的所有面都是正方形，那么称为正方体；如果这个多面体的底面是多角形，所有的侧面是有公共顶点的三角形，那么称为锥体，并给出六棱锥(图 3-13)的直观图，同时指出六棱锥的底面和侧面。

　　几何体的一个重要特征是体积。体积的测量单位采用棱长为单位长度的单位立方体的体积。这样，棱长为 1cm 的正方体就是 $1cm^3$。对空间几何体的体积计算，教科书给出关于直平行六面体体积的计算方法，根据直平行六面体图形模型(图 3-14)，标出其三个维度(长、宽、高)，最后给出直平行六面体体积的计算方法。图中给出直平行六面体的长、宽、高分别是 4cm、3cm 和 5cm，为了计算它由多少个立方体组成，我们将其分成 5 层，每层厚度为 1cm，每层由 4×3=12 个单位正方体组成，即这个直平行六面体总共由 12×5=60 个单位正方体组成，因此，它的体积等于 $60cm^3$。求直平行六面体的体积时，我们将它的长、宽、高相乘，它们被称为直平行六面体的测量值，叙述为：直平行六面体体积等于它的测量值之积，即长、宽、高之积。

图 3-13　六棱锥及其底面、侧面

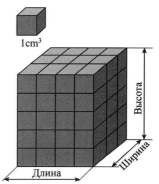

图 3-14　直平行六面体的维度

2. 多面体

关于空间几何体知识在 5 年级《数学》教科书中已有呈现，6 年级《数学》科书第四章"§23　几何体"内容则是在 5 年级对几何体认知基础上编排的多面体内容(图 3-15)，具体情况如下：指出几何体是空间的一部分，它由封闭的表面围成。紧接着给出文字定义，叙述为：如果物体表面由多角形构成，那么这个物体叫作多面体。

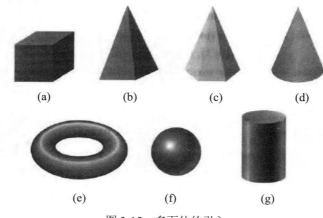

图 3-15　多面体的引入

在对多面体有了认识之后，在 6 年级《数学》教科书第 215 页引入"正多面体"内容，通过观察书中给出的一组多面体(图 3-16)指出，图中这 5 种多面体都是正多面体，并给出这些正多面体的名称：(a)四个面都是等边三角形的正多面体称为正四面；(b)六个面都是正方形的多面体称为立方体或正六面体；(c)八个面都是正三角形的多面体称为正八面体；(d)二十个面都是正三角形所围成的多面体称为正二十面体；(e)十二个面都是正五角形所围成的多面体称为正十二面体。同时指出这些美丽的名称由古希腊词组成：四面体由(тетра-《четыре》，эдра-《грань》)组成，六面体由(гекса-《шесть》)组成，十二面体由(додека-《двенадцать》)组成。

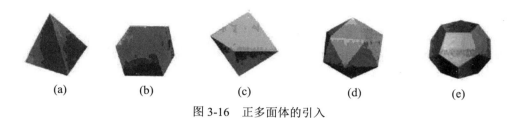

(a)   (b)   (c)   (d)   (e)

图 3-16　正多面体的引入

（三）旋转体

1. 球体

在 6 年级《数学》教科书中设置了球体相关内容，这是继对几何体认识之后引入的内容。直接给出球面的文字定义，叙述为：球体的表面叫作球面。除了这种描述之外，还给出另一种球面的描述，即球面是到球心距离相等的空间点的集合。如图 3-17 所示，这是在集合基础上加以描述的。对于球体的描述采取的是旋转描述，即半圆围绕其直径进行旋转就可以得到球体。

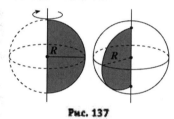

图 3-17　球体形成过程

2. 圆柱体与圆锥体

在 6 年级《数学》教科书第 213 页设置了圆柱体的认识的内容，它是通过旋转给出的，教科书指出：如果将矩形围绕它的一条边进行旋转，就会得到一个圆柱体(图 3-18)。与球体形成的引入一样，都是通过旋转动态得到的，加深学生对圆柱体的认识。在对圆柱体的旋转认识的同时，也给出了圆锥体的旋转过程。教科书指出：如果围绕直角三角形的一条直角边进行旋转，就会得到一个圆锥体(图 3-19)。根据球体、圆柱体、圆锥体的形成过程，教科书明确这三种几何体为旋转体。

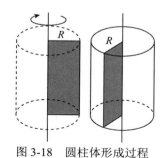
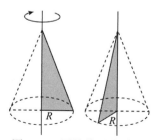

图 3-18　圆柱体形成过程   图 3-19　圆锥体形成过程

为了使学生对旋转体有更好的认识和理解，教科书配备了一道例题。

如图 3-20 所示，让给定的平面几何图形绕轴 P 进行旋转，画出旋转后得到的立体图形，并说出组成它的每一个几何体的名称。

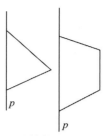

图 3-20　旋转体形成过程的习题

（四）负数

俄罗斯 6 年级《数学》教科书中第三章"§13　负数及其在数轴上的表示"中给出关于负数概念的呈现，采用图文并茂的引入方式，通过对温度计的介绍来引入负数，俄罗斯教科书中的温度计指的是酒精温度计(图 3-21)，而不是我们常见的水银温度计。这是因为俄罗斯环境寒冷，而酒精很耐寒，在零下一百多摄氏度才会凝结，不会失去流动性。具体情况如下：首先对酒精温度计加以介绍，酒精温度计由两部分组成——红色和蓝色。零刻度标记与水结冰时的温度 0℃相匹配。温度计通常使用着色的酒精，冷冻温度为零下 100℃。随着温度计中酒精温度的增加，其体积膨胀，温度计的水柱上升；当温度降低时，温度计的水柱就会下降。然后指出，当温度高于 0℃时，我们用熟悉的正数来描述它；当温度小于 0℃时，我们用负数来描述它。接着给出了负数的定义，即小于零的数叫作负数。

> Шкала термометра (рис. 67) состоит из двух частей — красной и синей. Нулевая отметка шкалы соответствует температуре 0°, при которой вода замерзает. В термометрах обычно используют подкрашенный спирт, температура замерзания которого 100° мороза. При повышении температуры спирт в термометре расширяется, его объём увеличивается, и столбик термометра поднимается, а при понижении температуры — опускается.
>
> Когда температура больше нуля, её записывают с помощью хорошо вам знакомых *положительных* чисел, а в случаях, когда температура оказывается меньше нуля, используют *отрицательные* числа. 🕐 🖾 88
>
> **Числа, меньшие нуля, называют *отрицательными*.**

图 3-21　酒精温度计的介绍及负数定义

接着教科书给出了负数的书写方式，借助符号"−"来表示，如-1，-25.7，$-\dfrac{2}{7}$ 等。了解负数及其书写方式之后，又对正数的表示和零进行解读，即大于零的数叫作正数。有时在正数前面填上符号"+"来书写正数，如+3 = 3。同时说明零既不是正数也不是负数。还给出了正数和负数的阅读规则，符号名称"+"和"−"不按格进行变格，如 $x = -3$，表示 x 等于负 3；$c = +5.2$，表示 c 等于正 5.2；$A\left(-\dfrac{3}{7}\right)$，表示带坐标负 $\dfrac{3}{7}$ 的点 A。

最后教科书给出正数和负数在数轴上的描述，指出：带有坐标原点、正方向和单位线段的直线称为数轴。坐标是 O 的点称为原点，原点将数轴分为两部分，分别描述正数和负数，原点左侧表示负数，右侧表示正数。通常水平放置数轴，数字 1 描述在数轴上原点的右侧。接着给出在数轴上描述数的例子，即 1；–1；2；–2；7；–7。与数–2 和 2 对应的点(可以读为点–2 和点 2)是关于原点 O 对称的。同样，点 1 和点–1、点–7 和点 7 也关于原点 O 对称。(图 3-22)

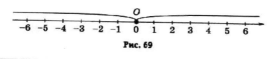

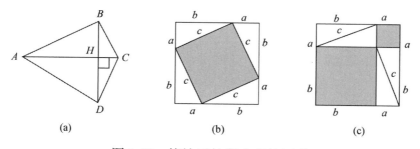

图 3-22　正数和负数在数轴上的描述

(五) 毕达哥拉斯定理

5 年级《数学》教科书首先指出直角三角形与一个最著名的几何定理有着密切的关系，即毕达哥拉斯定理。教科书明确"定理"一词的来源，即古希腊"定理"一词的意思是"被证明的论断"。毕达哥拉斯定理给出了直角三角形直角边 a 和 b 及斜边 c 的关系，并证明了它。图 3-23 中边长为 $a + b$ 的正方形可用两种方法分割。如果从每一个正方形中拿走四个相等的白色直角三角形，那么正方形剩余的面积相等。图 3-23(b)中剩下的是边长为 c 的正方形，而图 3-23(c)中剩下的是边长分别为 a 和 b 的两个正方形。也就是说，$c^2 = a^2 + b^2$。这证明了直角三角形三边的关系。紧接着，教科书给出了毕达哥拉斯定理的证明内容：直角三角形斜边的平方等于它两直角边的平方和。

图 3-23　毕达哥拉斯定理的证明

(六) 两集合的交集

6 年级《数学》教科书第 93 页给出两个集合交集的描述，引入过程渗透数学史内容。具体情况如下：首先，对集合的一种表示方法给出史料，即 18 世纪著名数学家欧拉建议用圆周表示集合，而集合的元素是这些圆周内部的点。用 A 表示由 12 的因数构成的集合，

而用 B 表示由 18 的因数构成的集合。借助欧拉圆周表示出图 3-24 中这些集合的关系。将属于集合 A 且属于集合 B 的数放到两个圆的公共部分，然后给出定义：由集合 A 和集合 B 公共元素构成的集合叫作集合 A 与集合 B 的交集。

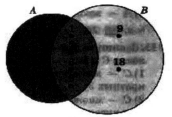

图 3-24　两个集合交集的描述

给出一些可以被视为寻找集合交集的几何问题。例如，我们考虑一个由边 AB=2.5cm，BC=3cm，AC=2cm 所构成的△ABC。(图 3-25)首先，我们画出边 AC，然后寻找三角形的第三个顶点，即点 B。点 B 必须与点 A 相距 2.5cm，即离点 A 有 2.5cm 远的点集的元素，这些点的集合是以点 A 为圆心、2.5cm 为半径的圆周。另一条边，点 B 与点 C 的距离应该是 3cm，即应属于以点 C 为圆心、3cm 为半径的圆周。这样，原来点 B 就是两个圆周上点集的元素，即点 B 属于它们的相交之处。此时，相交之处有两个元素——点 B_1 和点 B_2，这些点中的任何一点都可以作为三角形的第三个顶点，然后将所选的点与点 A 和点 C 连接起来，这样就构造出了△ABC。这种作图是通过集合的交集来实现的，这也是我们在几何作图方面可以借鉴之处。

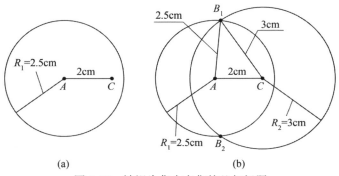

图 3-25　被视为集合交集的几何问题

最后，为了表示集合的交集，给出了交集符号"∩"，并指出"A∩B"读作：集合 A 和集合 B 的交集。(图 3-26)

Для обозначения пересечения множеств знак объединения переворачивают: «∩».

A ∩ *B* читается: «пересечение множеств *A* и *B*».

图 3-26　集合交集的符号表达

(七) 网格的运用

方格网是俄罗斯《数学》教科书的编写特色，如 6 年级《数学》教科书中方格网在面积中应用的例子。叙述如下：①如果方格的边长是 0.5cm，求图中方格网里的正方形面积；②在纸上画出正方形的方格，使其面积等于 2，4，5，8，9，10，16，17 个方格。(图 3-27) 在网格中求正方形的面积的好处在于能使图形数据化，不用借助任何工具就能快速、准确地求出正方形的面积，学生能充分体会到方格网的作用。

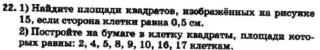

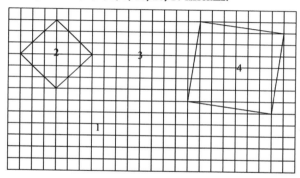

图 3-27　方格网在面积中应用的例子

此外，像描述数轴上点的坐标问题，将其数轴置于方格网中，根据不同的单位长度，如图 3-28(a)中以 1 个方格边长为单位长度，去描述数轴上其他点的坐标；图 3-28(b)中是以 5 个方格边长为单位长度，去描述数轴上其他点的坐标；图 3-28(c)中是以 2 个方格边长为单位长度，去描述数轴上其他点的坐标。这样可以让学生更直观、更深刻地理解单位长度，加强对在数轴上描述点坐标的认识。

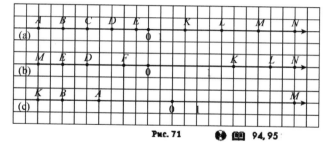

图 3-28　方格网在坐标轴中应用的例子

(八) 习题的设计

一本优秀的教材不单是教学内容的叙述,习题的编排同样重要。习题是教学内容的复习与记忆,好的习题编排可以循序渐进地引导学生,由易到难、由浅到深、由粗到细、由简到精。穆拉维奇、穆拉维娜主编的俄罗斯5~6年级《数学》教科书习题适用于基础水平,习题量的安排根据章节难易有所差别。

5年级和6年级这两本教科书的每一章的每一节除了正文中的例题和练习题之外,都还配有"灵活性应用题"("Задачи на смекалку")和"检测性问题和任务"("Контрольные вопросы и задания")两种习题。前者主要是让学生能够灵活运用本节所学到的数学知识和理论来解决问题而配备的习题;后者则是为了监督检测学生对数学知识理解、掌握及应用情况而配备的问题和学习任务,具有评估检验的功能。另外,教科书中还编写了"实践性问题"("Практическая работа")这样的实践类习题。

二、代数(7~9年级)

俄罗斯 7~9 年级选取的《代数》教科书,是在吉洪诺夫院士的科学指导下,由阿利莫夫、科利亚金、西多罗夫、特卡切瓦、费多罗瓦、沙本宁共同编写的,2011 年由莫斯科教育出版社出版,是俄罗斯联邦教育部推荐使用的教科书,其中 7 年级《代数》教科书为第 18 次再版[1],8 年级《代数》教科书为第 18 次再版[2],9 年级《代数》教科书为第 16 次再版[3]。

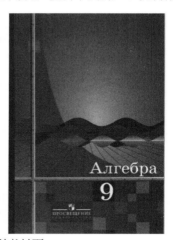

图 3-29　俄罗斯 7~9 年级《代数》教科书封面

7 年级《代数》共分为 8 章 40 小节,内容涉及代数式及其运算、一元方程的解法、单项式和多项式的定义与算法、代数分式的含义与算法、一次函数及其图象、二元一次方程组的解法、组合数学等相关知识。7 年级《代数》与 5~6 年级《数学》不同的是,每章后面都配有相应知识点的练习题,有助于加强学生对知识点的记忆,提高学生对知识点熟练

① Алимов Ш А, Колягин Ю М., Сидоров Ю В. Алгебра[M].7 класс. М.: Просвещение, 2011.

② Алимов Ш А, Колягин Ю М., Сидоров Ю В. Алгебра[M]. 8 класс. М.: Просвещение, 2011.

③ Алимов Ш А, Колягин Ю М., Сидоров Ю В. Алгебра[M]. 9 класс. М.: Просвещение, 2011.

运用的程度，知识与实战相结合。如果说章、节的练习题巩固了知识点，那么此书末尾搭配的"7 年级代数课程复习题"便起到了穿针引线的作用，将整本书的知识点串联起来，让学生们融会贯通，提高对知识点的综合运用能力。本书后附习题答案，无具体解题过程。7 年级《代数》目录见表 3-13。

表 3-13　7 年级《代数》目录

教科书结构	7 年级《代数》教科书目录	
	共 8 章 40 节	
章结构	第一章　代数式	第五章　代数分式
	§1　数值表达式	§24　代数分式，最简分式
	§2　代数式	§25　分式通分
	§3　代数等式，公式	§26　代数分式加法和减法
	§4　算术运算性质	§27　代数分式乘法和除法
	§5　去括号法则	§28　代数分式综合运算
	章末练习题	章末练习题
	第二章　一元方程	第六章　一次函数及其图象
	§6　方程及其根	§29　平面直角坐标系
	§7　解一元线性方程	§30　函数
	§8　利用方程解决问题	§31　函数 $y=kx$ 及其图象
	章末练习题	§32　一次函数及其图象
	第三章　单项式和多项式	章末练习题
	§9　自然数指数幂	第七章　含两个二元方程的方程组
	§10　自然指数幂性质	§33　二元一次方程，方程组
	§11　单项式，单项式标准形式	§34　代入法
	§12　单项式乘法	§35　相加法
	§13　多项式	§36　图示法解方程组
	§14　合并同类项	§37　利用方程组解决问题
	§15　多项式加法和减法	章末练习题
	§16　单项式与多项式乘法	第八章　组合数学基础
	§17　多项式与多项式乘法	§38　三个元素的各种组合
	§18　单项式除法及单项式与多项式除法	§39　种类表格和乘法原理
		§40　借助图示计算种类数
	章末练习题	章末练习题
	第四章　多项式的因式分解	七年级代数课程复习题
	§19　提取公因子	课外作业习题
	§20　分组法	七年级代数课程内容扼要(包括：1.代数式；2.一元方程；3.单项式与多项式；4.多项式的因式分解；5.代数分式；6.一次函数及图象；7.含两个二元方
	§21　平方差公式	
	§22　和的平方，差的平方	

7 年级《代数》教科书目录	
教科书结构	**共 8 章 40 节**
章结构	§23　几种多项式因式分解方法的应用 章末练习题	程的方程组；8.组合数学) 习题答案 主题索引

8 年级《代数》教科书共 6 章 43 小节，其中第一章分 10 小节，内容主要为不等式相关知识；第二章分 9 小节，内容为误差与计算器的运用；第三章课程相对较少，只有 5 小节，主要涉及平方根的知识；第四章共 10 小节，主要包含二次方程、韦达定理与复数等知识点，其中复数为星标课程，表示"高于正常难度的内容"；第五章分为 5 小节，内容为二次函数及其图象；第六章只有 4 节课，内容主要有二次不等式、二次不等式图象以及区间法等知识点，最后一节课同样为星标课程。每章末尾都配有练习题，教科书末尾搭配了整本书的复习题与课外作业题，书后附有总结的精简内容，包括不等式性质、数的模、二次方程的根、平方根、韦达公式、二次函数、二次不等式。8 年级《代数》目录见表 3-14。

表 3-14　8 年级《代数》目录

8 年级《代数》教科书目录			
教科书结构	**共 6 章 43 节**		
章结构	第一章　不等式		§29　简化的二次方程，韦达定理
	§1　正数和负数		§30　可简化为二次方程形式的方程
	§2　数值不等式		§31　应用二次方程解决问题
	§3　数值不等式基本性质		§32　解简单的二次方程组
	§4　不等式加法和乘法		§33*　复数
	§5　严格不等式和非严格不等式		§34*　含复数未知元的二次方程
	§6　一元不等式		章末练习题
	§7　解不等式		第五章　二次函数
	§8　一元不等式组，数值区间		§35　二次函数定义
	§9　解不等式组		§36　函数 $y=x^2$
	§10　数的模，含模的方程和不等式		§37　函数 $y=ax^2$
	章末练习题		§38　函数 $y=ax^2+bx+c$
	第二章　近似计算		§39　画二次函数图象
	§11　量的近似值，近似误差		章末练习题
	§12　误差评估		第六章　二次不等式
	§13　数的四舍五入		§40　二次不等式及其解
	§14　相对误差		§41　应用二次函数图象解二次不等式
	§15　近似计算的实际应用		§42　区间法
	§16　利用计算器简单计算		§43*　二次函数的研究

8 年级《代数》教科书目录		
教科书结构	**共 6 章 43 节**	
章结构	§17 以标准形式记录的数的运算	章末练习题
	§18 用计算器计算幂和倒数	八年级代数课程复习题
	§19 在计算器上按顺序执行操作	课外作业练习题
	章末练习题	七年级代数课程内容拒要(包括：1.代数式；
	第三章 平方根	2.一元一次方程；3.单项式和多项式；4.多项
	§20 算术平方根	式因式分解；5.代数分式；6.线性函数及其图
	§21 实数	象；7.两个二元方程构成的方程组；8.组合数
	§22 幂的平方根	学)；
	§23 乘积的平方根	八年级代数课程内容拒要(包括：1.不等式；
	§24 分数的平方根	2.近似计算；3.平方根；4.二次方程；5.二次函
	章末练习题	数；6.二次不等式)
	第四章 二次方程	答案
	§25 二次方程及其根	主题索引
	§26 不完全二次方程	
	§27 完全平方法	
	§28 解二次方程	

　　9 年级《代数》教科书共有 7 章 35 节，主要涵盖代数方程与非线性方程组、有理数指数幂、幂函数、级数、随机事件与概率、随机变量、集合等知识点。与 7～8 年级《代数》教科书相同，每章末尾均配有练习题，以求巩固章节知识，加深学生对知识点的记忆和理解。作为初中《代数》最后一本教科书，本书文末除了配有本书的章节复习题，还搭配了 7～9 年级《代数》教科书的所有复习题。本书后附 7～9 年级《代数》教科书理论知识点精简，为初中《代数》画上了完美的句号。9 年级《代数》目录见表 3-15。

表 3-15　9 年级《代数》目录

9 年级《代数》教科书目录		
教科书结构	**共 7 章 35 节**	
章结构	第一章 代数方程，非线性方程组	第五章 随机事件
	§1 多项式除法	§22 事件
	§2 解代数方程	§23 事件概率
	§3 可简化为代数形式的方程	§24 利用组合数学解概率问题
	§4 二元非线性方程组	§25 几何概率
	§5 解方程组的不同方法	§26 相对频率和大数定律
	§6 应用方程组解决问题	章末练习题
	章末练习题	第六章 随机变量

教科书结构	9 年级《代数》教科书目录	
	共 7 章 35 节	
章结构	第二章 有理数指数幂 §7 整数指数幂 §8 自然数指数幂的算术根 §9 算术根的性质 §10 有理数指数幂 §11 数值不等式的乘方 章末练习题 第三章 幂函数 §12 函数定义域 §13 递增函数和递减函数 §14 函数奇偶性 §15 函数 $y = \dfrac{k}{x}$ §16 含乘方的不等式和方程 章末练习题 第四章 级数 §17 数列 §18 算术级数 §19 算术级数的前 n 项和 §20 几何级数 §21 几何级数的前 n 项和 章末练习题	§27 分布表 §28 频率多边形 §29 总体和抽样 §30 振幅和中心趋势 章末练习题 第七章 集合，逻辑学 §31 集合 §32 命题，定理 §33 圆方程 §34 直线方程 §35 平面坐标系中点的集合 章末练习题 九年级代数课程复习题 7～9 年级代数课程复习题 课外作业练习题 7～9 年级代数课程理论知识的内容扼要(包括：数与数值表达式，代数式，级数，乘方和根，方程，不等式，函数和图象，组合数学，随机事件，随机变量) 答案 主题索引

下面我们选取俄罗斯 7～9 年级《代数》教科书中有代表性的概念和内容进行简要的介绍。

(一) 平方差公式

俄罗斯 7 年级《代数》教科书第四章"§21 平方差公式"中引入采用的是图文并茂的呈现方式(图 3-30)。具体情况如下。

首先，运用代数式乘法运算性质推导出两数和与差的乘积，即

$$(a+b)(a-b) = a^2 - ab + ab - b^2 = a^2 - b^2$$

则

$$(a-b)(a+b) = a^2 - b^2 \tag{1}$$

或

$$a^2 - b^2 = (a-b)(a+b) \tag{2}$$

从而引出平方差公式：两数的平方差等于这两数的差与它们和的乘积。

下面是对平方差公式的说明和举例，指出式(1)和式(2)中的 a 和 b 可以是任意的数或者代数式。例如：

(1) $(nm+3k)(nm-3k)=n^2m^2-9k^2$；

(2) $4a^4b^2-25=(2a^2b-5)(2a^2b+5)$；

(3) $(a+b)^2-16=(a+b-4)(a+b+4)$．

Умножим сумму двух чисел на их разность:

$$(a+b)(a-b)=a^2-ab+ab-b^2=a^2-b^2,$$

т. е.

$$(a+b)(a-b)=a^2-b^2 \qquad (1)$$

или

$$a^2-b^2=(a-b)(a+b). \qquad (2)$$

Разность квадратов двух чисел равна произведению разности этих чисел и их суммы.

В равенствах (1) и (2) a, b — любые числа или алгебраические выражения, например:

1) $(nm+3k)(nm-3k)=n^2m^2-9k^2$；

2) $4a^4b^2-25=(2a^2b-5)(2a^2b+5)$；

3) $(a+b)^2-16=(a+b-4)(a+b+4)$.

图 3-30 "平方差公式"的引入

随后又利用几何图形对平方差公式进行直观的描述，给定正方形 $ABCD$ 和正方形 $AEFG$ 的边长分别为 a 和 b，则有 $S_{ABCD}=a^2$，$S_{AEFG}=b^2$。由图 3-31 可知：$S_{GFEBCD}=S_{EBHL}$，而 $S_{GFEBCD}=a^2-b^2$，$S_{EBHL}=(a-b)(a+b)$，这样利用面积相等就可以得到平方差公式：$a^2-b^2=(a-b)(a+b)$，公式(1)叫作乘法的简化公式，它用于计算的简化。例如：① $63\times57=(60+3)\times(60-3)=3600-9=3591$；② $98\times10=(100-2)\times(100+2)=100^2-2^2=9996$。公式(2)叫作平方差公式，它用于多项式的因式分解。例如：① $a^2-9=(a-3)(a+3)$；② $4b^4-0.64c^2=(2b^2)^2-(0.8c)^2=(2b^2-0.8c)(2b^2+0.8c)$；③ $(a-b)^2-1=(a-b-1)(a-b+1)$；④ $(a+b)^2-(a-c)^2=(a+b-a+c)(a+b+a-c)=(b+c)(2a+b-c)$。

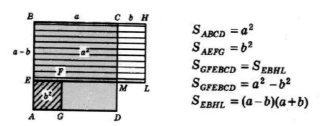

图 3-31 平方差公式的几何描述

（二）指数幂

俄罗斯 7 年级《代数》教科书第三章 "§9 自然数指数幂" 概念的引入，借助平面和

立体几何图形直观呈现。(图 3-32)

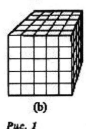

Посмотрите на рисунок 1. Квадрат со стороной 5 единиц содержит 5·5=25 единичных квадратиков. Куб со стороной 5 единиц содержит 5·5·5=125 единичных кубиков.

Вы знаете, что произведение 5·5 обозначают 5^2 (читается: «Пять в квадрате»); произведение 5·5·5 обозначают 5^3 (читается: «Пять в кубе»):

$$5 \cdot 5 = 5^2, \qquad 5 \cdot 5 \cdot 5 = 5^3.$$

Аналогичные обозначения вводится для произведения любого числа одинаковых множителей, например:

$$\underbrace{3 \cdot 3 \cdot 3 \cdot 3 \cdot 3}_{5\ раз} = 3^5, \qquad \underbrace{\frac{1}{7} \cdot \frac{1}{7} \cdot \frac{1}{7} \cdot \ldots \cdot \frac{1}{7}}_{9\ раз} = \left(\frac{1}{7}\right)^9.$$

Вообще $\underbrace{a \cdot a \cdot a \cdot \ldots \cdot a}_{n\ раз} = a^n$. Выражение a^n читается так: «Степень числа a с показателем n» — или коротко: «a в степени n».

Степенью числа a с натуральным показателем n, большим 1, называется произведение n множителей, каждый из которых равен a:

$$a^n = \underbrace{a \cdot a \cdot a \cdot \ldots \cdot a}_{n\ раз}.$$

Рис. 1

图 3-32 自然指数幂 a^n 的引入

具体情况如下：边为 5 个单位的正方形包含 5×5=25 个单位正方形，棱为 5 个单位的立方体包含 5×5×5=125 个单位立方体；5×5 的乘积可表示为 5^2(读作：5 的平方)，5×5×5 的乘积可表示为 5^3(读作：5 的立方)，即 $5×5=5^2$，$5×5×5=5^3$。随后指出任何数量的相同因子的乘积都可进行类似的表示，如 $\underbrace{3×3×3×3×3}_{5个} = 3^5$，$\underbrace{\frac{1}{7}×\frac{1}{7}×\frac{1}{7}×\cdots×\frac{1}{7}}_{9个} = \left(\frac{1}{7}\right)^9$，一般地 $\underbrace{a×a×a×\cdots×a}_{n个} = a^n$，式子 a^n 读作："指数为 n 的数 a 的幂"或者"数 a 的 n 次幂"。接着给出定义：数 a 的自然指数 $n(n>1)$ 次幂是 n 个因数之积，且每一个因数都等于 a，即 $a^n = \underbrace{a×a×a×\cdots×a}_{n个}$。

随后指出：数 a 的一次幂是它本身，即 $a^1 = a$。在表达式 a^n 中，数 a 叫作幂的底数，数 n 叫作幂的指数。例如，$3^4 = 3×3×3×3 = 81$，这里 3 就是幂的底数，4 就是幂的指数，81 就是 3^4 的幂值。我们可以注意到，底数可以是任何数，如 $2^5 = 2×2×2×2×2 = 32$；$\left(\frac{2}{5}\right)^3 = \frac{2}{5}×\frac{2}{5}×\frac{2}{5} = \frac{8}{125}$；$\left(-\frac{2}{3}\right)^4 = \left(-\frac{2}{3}\right)×\left(-\frac{2}{3}\right)×\left(-\frac{2}{3}\right)×\left(-\frac{2}{3}\right) = \frac{16}{81}$；$0.2^3 = 0.2×0.2×0.2 = 0.008$；$(-1)^6 = (-1)×(-1)×(-1)×(-1)×(-1)×(-1) = 1$；$0^3 = 0×0×0 = 0$；$10^4 = 10×10×10×10 = 10000$。计算幂的值称为幂的运算。这个是三级运算，同时给出计算不含括号的表达式值时的运算顺序：首先要进行三级运算，其次进行二级运算(乘法和除法)，最后进行一级运算(加法和

减法)。在介绍完自然数指数幂相关概念之后，在之后的章节里又介绍了自然数指数幂的相关运算性质。

俄罗斯 9 年级《代数》教科书第二章设置了"§7 整数指数幂"和"§10 有理数指数幂"的内容。在"§7 整数指数幂"中，通过自然数指数幂的除法运算性质，引入整数指数幂的概念。(图 3-33)

Пpи рассмотрении свойств степени с натуральным показателем отмечалось, что свойство деления степеней

$$a^n : a^m = a^{n-m} \qquad (1)$$

справедливо при $n > m$ и $a \neq 0$.

Если $n \leqslant m$, то в правой части равенства (1) показатель степени $n - m$ отрицателен или равен нулю. *Степень с отрицательным и с нулевым показателями* определяют так, чтобы равенство (1) было верно не только при $n > m$, но и при $n \leqslant m$. Например, если $n = 2$, $m = 5$, то по формуле (1) получаем:

$$a^2 : a^5 = a^{2-5} = a^{-3}.$$

С другой стороны,

$$a^2 : a^5 = \frac{a^2}{a^5} = \frac{a^2}{a^2 a^3} = \frac{1}{a^3}.$$

Поэтому считают, что $a^{-3} = \dfrac{1}{a^3}$.

图 3-33 整数指数幂概念的引入

具体情况如下：

(1) 在考虑自然指数幂性质时，指出幂的除法性质 $a^n : a^m = a^{n-m}$ 在 $n > m$ 且 $a \neq 0$ 的情况下是正确的。若 $n \leqslant m$，那么上述等式中幂指数 $n - m$ 是负数或 0。

(2) 将其定义为负指数幂和零指数幂，指出不仅当 $n > m$ 时，而且 $n \leqslant m$ 时，等式 $a^n : a^m = a^{n-m}$ 仍是成立的。例如，当 $n = 2$，$m = 5$ 时，按此公式可得 $a^2 : a^5 = a^{2-5} = a^{-3}$，另外，$a^2 : a^5 = \dfrac{a^2}{a^5} = \dfrac{a^2}{a^2 a^3} = \dfrac{1}{a^3}$，因此 $a^{-3} = \dfrac{1}{a^3}$。

(3) 给出负指数幂定义：如果 $a \neq 0$，n 为自然数，那么 $a^{-n} = \dfrac{1}{a^n}$；

零指数幂定义：如果 $a \neq 0$，那么 $a^0 = 1$，同时给出相应的例子。负指数幂可以利用标准形式进行数的书写，如 $0.00027 = 2.7 \times \dfrac{1}{10^4} = 2.7 \times 10^{-4}$，并指出所有自然数指数幂的性质对于任何整数指数幂都是成立的，接着给出整数指数幂的运算性质。

(三) 多项式及其运算

俄罗斯 7 年级《代数》教科书第三章"§13 多项式"的引入同样借助平面几何图形直观呈现。(图 3-34)

Многочленом **называется алгебраическая сумма нескольких одночленов.**

Одночлены, из которых составлен многочлен, называют *членами этого многочлена*. Например, членами многочлена $5nm^2 - 3m^2k - 7nk^2 + 4nm$ являются одночлены $5nm^2$, $-3m^2k$, $-7nk^2$, $4nm$.

(a) (b)

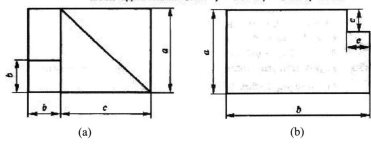

图 3-34 多项式的引入

具体情况如下：

(1) 代数里一些代数式经常被看作一些单项式的和或差的呈现。如图 3-34(a)中，涂色区域的面积是$\frac{1}{2}ac+b^2$，而图 3-34(b)中涂色区域的面积是$ab-c^2$。表达式$\frac{1}{2}ac+b^2$可看作两个单项式$\frac{1}{2}ac$与b^2的和；表达式$ab-c^2$可看作两个单项式ab与c^2的差，或者看作两个单项式ab与$(-c^2)$的和。这些表达式是一些单项式的代数和，这样的表达式称为多项式。

(2) 利用平面几何图形面积的表达式引出多项式的概念，即将某些单项式的代数和称为多项式。构成多项式的单项式称为这个多项式的项。例如：多项式$5nm^2-3m^2k-7nk^2+4nm$的项是单项式$5nm^2$，$-3m^2k$，$-7nk^2$，$4nm$。

(3) 由两项构成的多项式称为二项式，由三项构成的多项式称为三项式，等等。二项式举例：$a^2-b^2, 5ac+4c$；三项式举例：$a+2b-3c, \frac{1}{2}-bc+3ab$。(图 3-35)单项式可看作由一项构成的多项式。如果多项式的某些项未以标准形式书写，则该多项式可以简化成将其所有项以标准形式书写。

Многочлен, состоящий из двух членов, называют двучленом; многочлен, состоящий из трех членов, называют трехчленом и т. д.
Примеры двучленов: $a^2 - b^2$, $5ac + 4c$.
Примеры трехчленов: $a + 2b - 3c$, $\frac{1}{2} - bc + 3ab$.

Одночлен считают многочленом, состоящим из одного члена.
Если некоторые члены многочлена записаны не в стандартном виде, то этот многочлен можно упростить, записав все его члены в стандартном виде.

图 3-35 二项式与三项式的概念及例子

俄罗斯 7 年级《代数》教科书第三章“§15 多项式加法和减法”的引入，利用三角形周长的表达式开始引入多项式的加减法运算。(图 3-36)

Рассмотрим треугольник, размеры которого указаны на рисунке 4. Его периметр P равен сумме длин сторон: $P=(2a+3b)+(4a+b)+(2a+4b)$. Это выражение является суммой трех многочленов: $2a+3b$, $4a+b$, $2a+4b$.
Раскроем скобки:

$$P=2a+3b+4a+b+2a+4b.$$

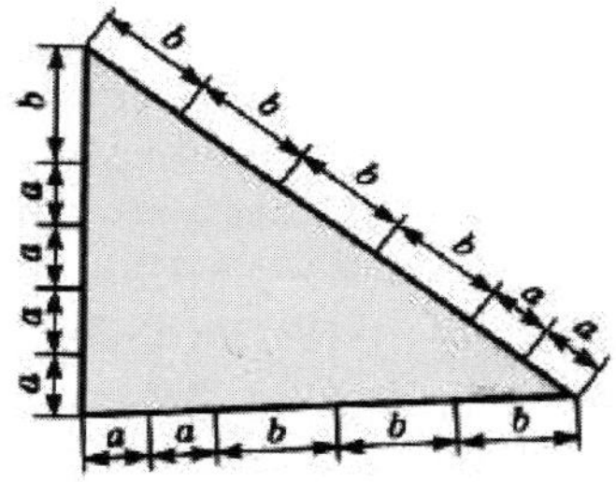

Приведя подобные члены, получим:
$P=8a+8b.$
Точно так же любую алгебраическую сумму многочленов можно преобразовать в многочлен стандартного вида. Например:

$$(2n^2-m^2)-(n^2-m^2+3q^2)$$
$$=2n^2-m^2-n^2+m^2-3q^2$$
$$=n^2-3q^2;$$
$$(3ab-4bc)+(bc-ab)-(ac-3bc)$$
$$=3ab-4bc+bc-ab-ac+3bc$$
$$=2ab-ac.$$

В результате сложения и вычитания нескольких многочленов снова получается многочлен.
Чтобы записать алгебраическую сумму нескольких многочленов в виде многочлена стандартного вида, нужно раскрыть скобки и привести подобные члены.

Рис. 4

图 3-36 多项式加减法的引入

具体情况如下：

(1) 观察图中给定边长的三角形，它的周长 P 等于各边长度之和，即 $P=(2a+3b)+(4a+b)+(2a+4b)$。该表达式是三个多项式 $2a+3b$, $4a+b$, $2a+4b$ 的和；打开括号，则有 $P=2a+3b+4a+b+2a+4b$；再合并同类项，得 $P=8a+8b$。同样，任何多项式的代数和都可以转换成标准形式的多项式。例如：

$$(2n^2-m^2)-(n^2-m^2+3q^2)=2n^2-m^2-n^2+m^2-3q^2=n^2-3q^2$$
$$(3ab-4bc)+(bc-ab)-(ac-3bc)=3ab-4bc+bc-ab-ac+3bc=2ab-ac$$

通过多个多项式的加减，再次得到一个多项式。

(2) 为了将某些多项式的代数和书写成标准形式的多项式，可以去括号和合并同类项。

(3) 给出多项式加减法的一种运算方法，指出有时多项式的加法和减法可以类比数的加减法，通过列出竖式来进行计算，将多项式的同类项对齐，再进行计算。(图 3-37)

Иногда сумму или разность многочленов удобно находить «столбиком» (по аналогии со сложением и вычитанием чисел).
При этом подобные члены располагаются друг под другом, например:

$$\begin{array}{r} +\;\begin{array}{r}5a^2b-4bc+3ac\\3bc-7ac\end{array}\\\hline 5a^2b-bc-4ac\end{array}\qquad\begin{array}{r}-\;\begin{array}{r}5abc-2ab+4ac-\;bc\\3abc-3ab-\;ac+3bc\end{array}\\\hline 2abc+\;ab+5ac-4bc\end{array}$$

图 3-37 通过列竖式进行多项式加减法运算

俄罗斯 7 年级《代数》教科书第三章"§16　多项式乘法和除法"是利用实际楼体的体积开始引入多项式的乘除法运算的。(图 3-38)

На рисунке 5 указаны размеры дома, имеющего форму прямоугольного параллелепипеда. Его объем равен произведению высоты и площади основания: $(a+2b+c)\cdot(3ab)$. Это выражение является произведением многочлена $a+2b+c$ и одночлена $3ab$. Применив распределительное свойство умножения, можно записать:

$$(a+2b+c)\cdot(3ab) = a\cdot 3ab + $$
$$+ 2b\cdot 3ab + c\cdot 3ab = $$
$$= 3a^2b + 6ab^2 + 3abc.$$

Точно так же выполняется умножение любого многочлена на одночлен, например:

$$(2n^2m - 3nm^2)(-4nm) = $$
$$= (2n^2m)(-4nm) + (-3nm^2)\times$$
$$\times(-4nm) = -8n^3m^2 + 12n^2m^3;$$
$$(3a^2 - 4ab + 5c^2)(-5bc) = $$
$$= 3a^2(-5bc) - 4ab(-5bc) + $$
$$+ 5c^2(-5bc) = -15a^2bc + $$
$$+ 20ab^2c - 25bc^3.$$

Рис. 5

Чтобы умножить многочлен на одночлен, нужно каждый член многочлена умножить на этот одночлен и полученные произведения сложить.

图 3-38　多项式乘法的引入

具体情况如下：

(1) 图中给定了具有直平行六面体性质的楼体的大小，它的体积等于高与底面积的乘积，即 $(a+2b+c)\times(3ab)$。该表达式是多项式 $a+2b+c$ 与单项式 $3ab$ 的乘积。运用乘法分配律性质可以写成：

$$(a+2b+c)\times(3ab) = a\times 3ab + 2b\times 3ab + c\times 3ab = 3a^2b + 6ab^2 + 3abc$$

同样，可计算任何多项式与单项式的乘积，并给出两个例子。

(2) 为计算多项式与单项式的乘积，可以将多项式的每一项与该单项式相乘，并将得到的乘积相加。

(3) 通过多项式与单项式的乘积，再次得到一个多项式。(图 3-39)得到的多项式可以化简，并书写成标准形式。中间结果可以不写，可直接写答案，并口头完成单项式乘法。例如 $(-3ab + 2a^2 - 4b^2)\times\left(-\dfrac{1}{2}ab\right) = \dfrac{3}{2}a^2b^2 - a^3b + 2ab^3$。

(4) 按法则同样可以计算单项式与多项式的乘积，因为交换因式位置，乘积并不改变，如 $4pq(3p^2 - q + 2) = 12p^3q - 4pq^2 + 8pq$。

В результате умножения многочлена на одночлен снова получится многочлен. Получившийся многочлен можно упростить, записав его в стандартном виде. Промежуточный результат можно не записывать, а сразу писать ответ, выполняя умножение одночленов устно, например:

$$(-3ab + 2a^2 - 4b^2)\left(-\frac{1}{2}ab\right) = \frac{3}{2}a^2b^2 - a^3b + 2ab^3.$$

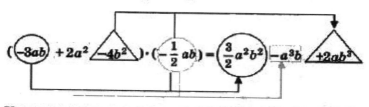

Умножение одночлена на многочлен производится по тому же правилу, так как при перестановке множителей произведение не меняется, например:

$$4pq(3p^2 - q + 2) = 12p^3q - 4pq^2 + 8pq.$$

图 3-39　单项式与多项式乘积的引入

(四) 不完全二次方程

关于俄罗斯 8 年级《代数》教科书第四章 "§26　不完全二次方程" 的引入(图 3-40),中国教科书没有单独的章节介绍不完全二次方程。

Квадратное уравнение $ax^2 + bx + c = 0$ называют *неполным*, если хотя бы один из коэффициентов b или c равен нулю. Таким образом, неполное квадратное уравнение есть уравнение одного из следующих видов:

$$ax^2 = 0, \qquad\qquad (1)$$
$$ax^2 + c = 0, \ c \neq 0, \qquad\qquad (2)$$
$$ax^2 + bx = 0, \ b \neq 0. \qquad\qquad (3)$$

Заметим, что в уравнениях (1), (2), (3) коэффициент a не равен нулю.
Покажем, как решаются неполные квадратные уравнения.

图 3-40　不完全二次方程的引入

在本节知识的前面已经介绍了什么是一元二次方程,即像 $ax^2 + bx + c = 0$ 这样的式子,接下来对这里面的系数进行了讨论,最后得出不完全二次方程的定义,即如果系数 b 或 c 等于 0,那么二次方程 $ax^2 + bx + c = 0$ 称为不完全二次方程。这样,不完全二次方程有下列形式:

$$ax^2 = 0 \qquad\qquad\qquad\qquad (1)$$
$$ax^2 + c = 0 (c \neq 0) \qquad\qquad\qquad (2)$$
$$ax^2 + bx = 0 (c \neq 0) \qquad\qquad\qquad (3)$$

值得注意的是，在上述三个方程中系数 a 不为零。接着给出求解不完全二次方程的例子，如解方程 $5x^2 = 0$，$3x^2 - 27 = 0$，$2x^2 + 7 = 0$，$-3x^2 + 5x = 0$。

（五）数轴与网格的运用

俄罗斯 8 年级《代数》教科书第一章"不等式"部分系统介绍了多种不等式、不等式组及其解法，其中设置了"§8　数值区间"介绍了其相关的概念，并在数轴上以网格形式生动地描述了数值区间和不等式之间的关系。(图 3-41)

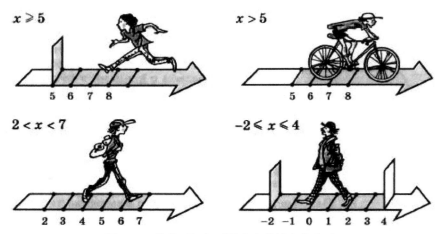

图 3-41　数值区间与不等式在数轴上的表示

俄罗斯 7 年级《代数》教科书中方格网在平面直角坐标系里应用的例子很多，第六章"§30　函数"内容中，将直角坐标系和函数图象置于方格网中，如课后习题第 547 题。

给定函数 $y(x)$ 的图象：

(1) 求 $y(0)$，$y(2)$，$y(4)$，$y(-1)$。

(2) 自变量 x 取哪些值时，函数值等于 1，2，0。

(3) 说出自变量 x 取哪些值时，其函数值为正。

(4) 说出自变量 x 取哪些值时，其函数值为负。

方格网在平面直角坐标系里应用，使函数图象更加清晰、直观、方便计算，能较快速地求出满足条件的自变量、因变量、最大值、最小值等。

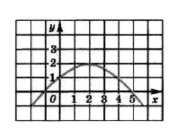

547 Функция $y(x)$ задана графиком (рис. 14, *a*).

1) Найти $y(0)$, $y(2)$, $y(4)$, $y(-1)$.

2) При каком значении x значение функции равно 1, 2, 0?

3) Назвать несколько значений x, при которых значение функции положительно.

4) Назвать несколько значений x, при которых значение функции отрицательно.

图 3-42　方格网在平面直角坐标系中的应用

(六) 习题的设计

俄罗斯初中《数学》教科书选择的习题量非常大。俄罗斯教科书中例题难度适中，既能让学生理解和巩固新知识，又能激发学生的数学兴趣和数学思维。"Задача"表示的是选取的书上的例题，教科书中习题作为正文知识的补充与检测，能进一步锻炼学生掌握新知识的能力。在教科书中，习题设置连续编号，且习题题目编号标以颜色背景，习题设置 4 个等级(必解题、附加题、难题、趣味题)，每种等级习题用不同背景颜色表示，其中：

灰色 ▨ 表示必解题，难度相对较小，数量相对较多，适合绝大多数学生。

粉色 ▨ 表示附加题，该部分习题数量一般比必解题数量稍少，但是比必解题难度稍大，能更好地锻炼学生分析问题和解决问题的能力。

红色 ▨ 表示难题，数量较少，但是难度较大，学生很难独立完成，适合学习成绩优秀的学生研究完成。

带有 Ne 的题为趣味题。

教科书每一节的后面都设置了练习题(упражнение)，这些练习题又被适当分成上述 4 个等级中的某些等级。每一章的后面也都设置练习题，还会单独设置一个习题模块，即"Проверь себя"，意思是"相信自己"，这部分习题有一定难度，适合学生挑战自己，真正检测自己的学习效果。此外，还设有一些古代历史名题，即"Старинные задачи"，也是数学史资料的呈现。最后为回顾复习整个年级所学的知识而设置的习题，在 9 年级《数学》教科书后面还设置了复习 7～9 年级所学知识的习题，并附有习题答案。

三、几何(7～9 年级)

俄罗斯 7～9 年级《几何》教科书选取了由阿塔纳相担任主编，布图佐夫、卡多姆采夫、波兹尼亚克、尤迪纳共同编制的 7～9 年级合编本，2014 年由莫斯科教育出版社出版，是俄罗斯联邦教育部推荐使用的教科书。(图 3-43)本书是在俄罗斯教育科学院吉洪诺夫院士的科学领导下编制的，教科书获得俄罗斯科学院(No10106-5215/583，2011 年 10 月 14 日)和俄罗斯教育科学院(No01-5/7д-346，2011 年 10 月 17 日)非常好的鉴定评价。[①]

阿塔纳相·勒沃·谢尔盖耶维奇(Атанасян Левон Сергеевич，1921－1998)，曾担任莫斯科国立师范大学教授，数学物理副博士；担任过莫斯科国立师范大学几何教研室主任，他一生著有 40 多部著作以及为师范院校学生编写的几何方面的教学参考书。他的几何教科书受到俄罗斯教师界以及学生的推崇，是优秀教科书的典范。

---

① Атанасян Л.С., Бутузов В.Ф., Кадомцев С.Б.Геометрия, 7－9 класс. М.: Просвещение, 2014.

图 3-43　阿塔纳相主编《几何》(7～9 年级)教科书封面

7～9 年级《几何》教科书共分为 14 章，其中 1～4 章为 7 年级《几何》，主要涉及线、角、尺规作图、平行线、三角形边角关系、全等三角形等内容，每章的章末都设置复习题与补充题，在第四章结尾配有第 1～4 章的难度提升题。5～9 章为 8 年级《几何》，主要涉及四角形、多角形、面积、毕达哥拉斯定理、相似三角形、圆及其相关性质、向量等内容，每章的章末均设置复习题与补充题，在第九章结尾配有第 5～9 章的难度提升题。10～14 章为 9 年级《几何》，主要涉及向量坐标、圆的方程、直线方程、三角形边角关系、向量运算、圆的周长和面积、图形变换、立体几何等内容，每章的章末仍都设置复习题与补充题，在第十四章结尾配有第 10～14 章的难度提升题。此外，书末配置了 7～9 年级的探究题、摘要主题、平面几何学的公理、几何学发展的相关知识、习题答案和提示、主题索引和文献清单。

表 3-16　7～9 年级《几何》教科书目录

7 年级	8 年级	9 年级
第一章　几何知识初步	第五章　四角形	第十章　坐标法
§1　直线和线段	§1　多角形	§1　向量坐标
1.点、直线、线段	40.多角形	89.将向量分解成两不共线向量
2.地面线的定线	41.凸多角形	90.向量坐标
实践应用题	42.四角形	习题
§2　射线和角	习题	§2　坐标中最简单的问题
3.射线	§2　平行四边形和梯形	91.向量坐标与向量起点和终点
4.角	43.平行四边形	坐标的关系

续表

7 年级	8 年级	9 年级
实践应用题	44.平行四边形定理	92.坐标中最简单的问题
§3　线段和角的比较	45.梯形	习题
5.几何图形的全等	习题	§3　圆的方程和直线方程
6.线段和角的比较	§3　长方形，菱形，正方形	93.平面上线的方程
习题	46.长方形	94.圆的方程
§4　线段测量	47.菱形和正方形	95.直线方程
7.线段长度	48.轴对称和中心对称	96.两圆位置关系
8.测量单位，测量仪器	习题、章末复习题、补充题	习题、章末复习题、补充题
实践应用题、习题	第六章　面积	第十一章　三角形边角关系，向
§5　角的测量	§1　多角形面积	量的数量积
9.角度大小	49.多角形面积定义	§1　角正弦、余弦、正切、余切
10.地面角的测量	50*.正方形面积	97.正弦、余弦、正切、余切
实践应用题、习题	51.长方形面积	98.基本三角恒等式，诱导公式
§6　垂直直线	习题	99.点坐标计算公式
11.邻角和对顶角	§2　平行四边形、三角形、	习题
12.垂直直线	梯形面积	§2　三角形边角关系
13.地面上绘制直角	52.平行四边形面积	100.三角形面积定理
实践应用题、习题	53.三角形面积	101.正弦定理
章末复习题、补充题	54.梯形面积	102.余弦定理
第二章　三角形	习题	103.解三角形
§1　三角形全等的第一个特征	§3　毕达哥拉斯定理	104.测量工作
14.三角形	55.毕达哥拉斯定理	习题
15.三角形全等的第一个特征	56.毕达哥拉斯逆定理	§3　向量的数量积
实践应用题、习题	57.海伦公式	105.向量间的夹角
§2　三角形中线、角平分线和高	习题、章末复习题、补充题	106.向量的数量积
16.直线的垂线	第七章　相似三角形	107.向量数量积的坐标形式
17.三角形中线、角平分线和高	§1　相似三角形定义	108.向量数量积性质
18.等腰三角形性质	58.比例线段	习题、章末复习题、补充题
实践应用题、习题	59.相似三角形定义	第十二章　圆周长和圆面积
§3　三角形全等的第二个和第三	60.相似三角形面积关系	§1　正多角形
个特征	习题	109.正多角形
19.三角形全等的第二个特征	§2　相似三角形特征	110.正多角形外接圆
20.三角形全等的第三个特征	61.相似三角形第一特征	111.正多角形内切圆
习题	62.相似三角形第二特征	112.正多角形面积、边和内切圆
§4　作图问题	63.相似三角形第三特征	半径的计算公式
21.圆	习题	113.正多角形作图

7 年级	8 年级	9 年级
22.尺规作图	§3 应用相似性进行定理证明及问题求解	习题
23.作图问题举例	64.三角形中线	§2 圆周长和圆面积
习题、章末复习题、补充题	65.直角三角形中比例线段	114.圆周长
第三章 平行线	66.相似三角形实际应用	115.圆面积
§1 两线平行的特征	67.关于任意图形的相似性	116.扇形面积
24.平行线定义	习题	习题、章末复习题、补充题
25.两线平行的特征	§4 直角三角形边角关系	**第十三章 移动**
26.平行线作图的实际方法	68.直角三角形的锐角正弦、余弦、正切	§1 移动定义
习题	69.关于 30°、45°、60°角的正弦值、余弦值、正切值	117.平面到自身的映射
§2 平行公理		118.移动定义
27.几何公理		119.叠加和移动
28.平行公理	习题、章末复习题、补充题	习题
29.由两平行线和一条割线形成的角定理	**第八章 圆**	§2 平移和旋转
30.分别平行或垂直边的角	§1 圆的切线	120.平移
习题、章末复习题、补充题	70.直线和圆位置关系	121.旋转
第四章 三角形边角关系	71.圆的切线	习题、章末复习题、补充题
§1 三角形内角和	习题	**第十四章 立体几何知识初步**
31.三角形内角和定理	§2 圆心角和圆周角	§1 多面体
32.锐角三角形、直角三角形、钝角三角形	72.圆的弧度	122.立体图形
习题	73.圆周角定理	123.多面体
§2 三角形边角关系	习题	124.棱柱
33.三角形边角关系定理	§3 三角形的四个显著点	125.平行六面体
34.三角形不等式	74.角平分线性质	126.物体体积
习题	75.线段中垂线性质	127.直平行六面体性质
§3 直角三角形	76.三角形高的相交定理	128.锥体
35.直角三角形一些性质	习题	习题
36.直角三角形全等的特征	§4 内切圆和外接圆	§2 旋转体和表面
37*.反射角	77.内切圆	129.圆柱体
习题	78.外接圆	130.圆锥体
§4 由三个元素构造三角形	习题、章末复习题、补充题	131.球面和球体
38.点到直线距离，平行线间距离	**第九章 向量**	习题、章末复习题
39.由三个元素构造三角形	§1 向量定义	补充题、难度提升题
习题、章末复习题	79.向量定义	第十章练习题
补充题、难度提升题	80.向量相等	第十一章练习题
	81.从给定的点引出向量	第十二章练习题
		第十三章练习题

7 年级	8 年级	9 年级
第一章练习题	实践应用题	第十四章练习题
第二章练习题	习题	探究题
第三章和第四章练习题	§2　向量加法和减法	摘要主题
	82.两个向量和	附件
	83.向量加法法则，平行四边	1.平面几何学的公理
	形法则	2.几何发展的一些知识
	84.几个向量和	答案及提示
	85.向量减法	主题索引
	实践应用题、习题	文献清单
	§3　向量与数的乘积，应用	
	向量解决问题	
	86.向量与数的乘积	
	87.应用向量解决问题	
	88.梯形中位线	
	实践应用题、习题	
	章末复习题、补充题	
	难度提升题	
	第五章练习题	
	第六章练习题	
	第七章练习题	
	第八章练习题	
	第九章练习题	

俄罗斯 7～9 年级《几何》教科书内容呈现部分丰富多彩，呈现方式与我国初中几何存在着很大的不同。下面我们选取 7 年级《几何》教科书中"三角形"、8 年级《几何》教科书中"梯形"的概念、全等定理等内容进行简要介绍。

(一) 三角形

俄罗斯 7 年级《几何》教科书第二章"三角形"内容中采用图文并茂的方法直接给出定义。(图 3-44)

具体情况如下：

(1) 任意不共线的三个点，把它们用线段连接起来，我们将得到一个几何图形，此图形就叫作三角形。

(2) 介绍三角形顶点、边、角及其记法，三个点叫作三角形的顶点，线段叫作三角形的边。用字母 A、B、C 表示三个顶点；用 AB、BC、CA 表示三条边；用符号△ABC 表示三角形(读作：三角形 ABC)，也可以表示成△BCA，△CBA 等；用 $\angle BAC$, $\angle CBA$, $\angle ACB$ 表示角，或者用一个字母来表示，即 $\angle A, \angle B, \angle C$；三条边长之和叫作三角形的周长。

14 Треугольник

Отметим какие-нибудь три точки, не лежащие на одной прямой, и соединим их отрезками (рис. 49, *а*). Получим геометрическую фигуру, которая называется **треугольником**. Отмеченные три точки называются **вершинами**, а отрезки — **сторонами** треугольника. На рисунке 49, *б* изображён треугольник с вершинами *A*, *B*, *C* и сторонами *AB*, *BC* и *CA*. Такой треугольник будем обозначать так: △*ABC* (читается: «треугольник *ABC*»). Этот же треугольник можно обозначить иначе, записав буквы *A*, *B*, *C* в другом порядке: △*BCA*, △*CBA* и т. д.

Три угла — $\angle BAC$, $\angle CBA$ и $\angle ACB$ — называются углами треугольника *ABC*. Часто их обозначают одной буквой: $\angle A$, $\angle B$, $\angle C$.

Сумма длин трёх сторон треугольника называется его периметром.

Напомним, что две фигуры, в частности два треугольника, называются равными, если их можно совместить наложением. На рисунке 50 изображены равные треугольники *ABC* и $A_1B_1C_1$.

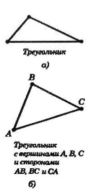

Треугольник

а)

Треугольник
с вершинами *A*, *B*, *C*
и сторонами
AB, *BC* и *CA*

б)

Рис. 49

图 3-44 三角形概念的引入

(3) 给出全等三角形的相关描述，如果两个三角形叠加起来完成重合，那么这两个三角形全等。(图 3-45)如果两个三角形全等，那么一个三角形的所有元素都要与另一个三角形的所有元素对应相等，即等边对等角，等角对等边，并举例进行说明，同时给出了全等的两个三角形的表示方法，即△ABC=△$A_1B_2C_3$。之后又给出三角形全等的相关定理。

стятся, т. е. попарно совместятся их вершины и стороны. Ясно, что при этом совместятся попарно и углы этих треугольников.

Таким образом, если два треугольника равны, то элементы (т. е. стороны и углы) одного треугольника соответственно равны элементам другого треугольника.

Отметим, что в равных треугольниках против соответственно равных сторон (т. е. совмещающихся при наложении) лежат равные углы, и обратно: против соответственно равных углов лежат равные стороны. Так, например, в равных треугольниках *ABC* и $A_1B_1C_1$, изображённых на рисунке 50, против соответственно равных сторон *AB* и A_1B_1 лежат равные углы *C* и C_1.

Равенство треугольников *ABC* и $A_1B_1C_1$ обозначается так: △*ABC*=△$A_1B_1C_1$. Оказывается, что равенство двух треугольников можно установить, не накладывая один треугольник на другой, а сравнивая только некоторые их элементы. Как это сделать, мы обсудим в следующих пунктах.

Такая возможность — установить равенство двух фигур, не производя наложения одной на другую, а измеряя и сравнивая лишь некоторые элементы этих фигур, важна для практики, например для сравнения двух земельных участков, которые, конечно, нельзя наложить друг на друга.

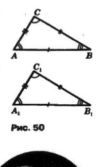

Рис. 50

图 3-45 全等三角形的引入

（二）角平分线的作图

俄罗斯 7 年级《几何》教科书的第二章"§4　作图问题"的内容涉及圆、尺规作图、作图问题的举例。(图 3-46)其中，作图举例里包括作与给定角相等的角、作角平分线、作直线的垂线、作线段的中点。俄罗斯教科书中很关注尺规作图问题，在此节的后面还设置了很多作图的习题。针对线段中点作图问题的引入举例如下：

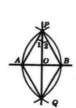

图 3-46　线段中点作图问题的引入

（1）给出问题：作给定线段的中点。

（2）解决问题，给定一条线段 AB，分别以点 A、点 B 为圆心，以线段 AB 长度为半径，作两个圆，这两个圆相交于点 P 和点 Q，连接直线 PQ，与线段 AB 交于点 O，即可得到所求的线段 AB 的中点。

（3）给出了证明，根据三边可知△APQ 和△BPQ 是全等的，因此∠1=∠2。从而，线段 PO 是等腰三角形△APB 的角平分线，也就是中线，所以点 O 是线段 AB 的中点。

（三）平行线

俄罗斯 7 年级《几何》教科书的第三章引入"平行线"的内容。(图 3-47)

图 3-47　平行线的引入

具体情况如下。

(1) 指出：若两条直线有一个公共点，那么两线相交；若两条直线一个公共点都没有，那么两线不相交。

(2) 给出平行线的定义：平面上如果两条直线不相交，那么称两直线是平行线。同时，给出两线平行的表示方法，即 $a /\!/ b$。如果图中的两条直线 a 和 b 都垂直于直线 c，那么我们确定这样的两条直线不相交，它们是平行的。

(3) 指出：与平行线一样通常考虑平行线段。如果两条线段在平行直线上，那么这两条线段平行。例如，图中的线段 AB 和线段 CD 是平行的，即 $AB /\!/ CD$，而线段 MN 和线段 CD 是不平行的。类似地，可以明确线段与直线的平行，射线与直线的平行，线段与射线的平行，两条射线的平行。(图 3-48)

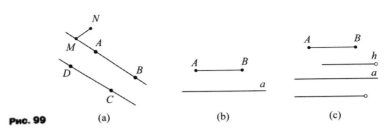

Рис. 99

определяется параллельность отрезка и прямой (рис. 99, *б*), луча и прямой, отрезка и луча, двух лучей (рис. 99, *в*).

图 3-48　平行直线、线段与射线

(四) 梯形

俄罗斯教科书中关于梯形概念的呈现，选自 8 年级《几何》教科书的第五章 "§2　平行四边形和梯形"(图 3-49)，采用图文并茂的方法直接给出定义，并介绍了梯形的底和侧边，结合右边的三幅图对梯形进行了分类，指出：有两边平行，而另两边不平行的四角形叫作梯形。梯形两条平行的边叫作底，而另两条边叫作侧边。如果两条侧边相等，梯形就叫作等腰梯形。如果梯形有一个角是直角，那么就叫作直角梯形。

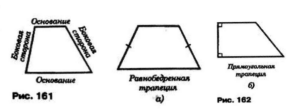

45 Трапеция

Трапецией называется четырёхугольник, у которого две стороны параллельны, а две другие стороны не параллельны. Параллельные стороны трапеции называются её основаниями, а две другие стороны — боковыми сторонами (рис. 161).

Трапеция называется равнобедренной, если её боковые стороны равны (рис. 162, *а*).

Трапеция, один из углов которой прямой, называется прямоугольной (рис. 162, *б*).

图 3-49　梯形概念的引入

(五) 海伦公式

俄罗斯 8 年级《几何》教科书的第六章 "§3　毕达哥拉斯定理" 的内容涉及毕达哥拉

斯定理、毕达哥拉斯逆定理、海伦公式。在毕达哥拉斯定理部分指出：在直角三角形中，斜边的平方等于两直角边的平方和，并给出了相关证明，最后渗透关于毕达哥拉斯定理的历史资料，以史学为背景，能让学生更好地理解此定理的来龙去脉。此部分内容还设有毕达哥拉斯的逆定理：如果三角形一边的平方等于另两条边的平方和，那么三角形为直角三角形。同时，给出了相关的定理证明。

下面介绍海伦公式在俄罗斯 8 年级《几何》教科书中的呈现(图 3-50)，具体情况如下。

(1) 给出一个求三角形面积的定理：边长为 a、b、c 的三角形的面积

$$S = \sqrt{p(p-a)(p-b)(p-c)}$$

其中，$p = \dfrac{1}{2}(a+b+c)$ 是三角形的半周长。

(2) 给出此定理的证明，$\triangle ABC$ 中，$AB=c$，$BC=a$，$AC=b$。在任何三角形中，至少两个角是锐角。让 $\angle A$ 和 $\angle B$ 是 $\triangle ABC$ 中的两个锐角，CH 是边 AB 的高，令 $CH=h$，$AH=y$，$HB=x$。根据毕达哥拉斯定理，有 $a^2 - x^2 = h^2 = b^2 - y^2$，从而 $y^2 - x^2 = b^2 - a^2$，$(y-x)(y+x) = b^2 - y^2$。因为 $y+x=c$，所以 $y-x = \dfrac{1}{c}(b^2 - a^2)$。把最后两个等式加起来，再除以 2，得到 $y = \dfrac{b^2 + c^2 - a^2}{2c}$。因此，有

$$
\begin{aligned}
h^2 = b^2 - y^2 &= (b+y)(b-y) \\
&= \left(b + \frac{b^2 + c^2 - a^2}{2c}\right)\left(b - \frac{b^2 + c^2 - a^2}{2c}\right) \\
&= \frac{(b+c)^2 - a^2}{2c} \times \frac{a^2 - (b-c)^2}{2c} \\
&= \frac{(b+c+a)(b+c-a)(a-b+c)(a+b-c)}{4c^2} \\
&= \frac{2p(2p-2a)(2p-2b)(2p-2c)}{4c^2} \\
&= \frac{4p(p-a)(p-b)(p-c)}{c^2}
\end{aligned}
$$

从而，$h = \dfrac{2\sqrt{p(p-a)(p-b)(p-c)}}{c}$。又因 $S = \dfrac{1}{2}hc$，所以也就得到了 $S = \sqrt{p(p-a)(p-b)(p-c)}$。

(3) 指出：所得到的这个公式即海伦公式，是根据大约公元 1 世纪古希腊亚历山大时期的数学家海伦而命名的。

Доказательство

Рассмотрим треугольник ABC, в котором $AB=c$, $BC=a$, $AC=b$. В любом треугольнике по крайней мере два угла острые. Пусть A и B — острые углы треугольника ABC. Тогда основание H высоты CH треугольника лежит на стороне AB. Введём обозначения: $CH=h$, $AH=y$, $HB=x$ (рис. 187). По теореме Пифагора $a^2-x^2=h^2=b^2-y^2$, откуда $y^2-x^2=b^2-a^2$, или $(y-x)(y+x)=b^2-a^2$. Так как $y+x=c$, то $y-x=\dfrac{1}{c}(b^2-a^2)$. Сложив два последних равенства и разделив на 2, получим:

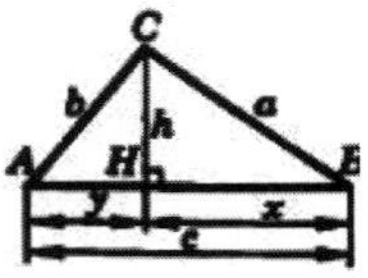

Рис. 187

$$y=\frac{b^2+c^2-a^2}{2c}.$$

Поэтому

$$h^2=b^2-y^2=(b+y)(b-y)=$$
$$=\left(b+\frac{b^2+c^2-a^2}{2c}\right)\left(b-\frac{b^2+c^2-a^2}{2c}\right)=$$
$$=\frac{(b+c)^2-a^2}{2c}\cdot\frac{a^2-(b-c)^2}{2c}=$$
$$=\frac{(b+c+a)(b+c-a)(a-b+c)(a+b-c)}{4c^2}=$$
$$=\frac{2p(2p-2a)(2p-2b)(2p-2c)}{4c^2}=$$
$$=\frac{4p(p-a)(p-b)(p-c)}{c^2}.$$

Следовательно, $h=\dfrac{2\sqrt{p(p-a)(p-b)(p-c)}}{c}$.

Но $S=\dfrac{1}{2}hc$, откуда и получаем:

$$S=\sqrt{p(p-a)(p-b)(p-c)}.$$

图 3-50　海伦公式及其证明

俄罗斯高中数学课程与教科书研究

2011 年 4 月 15 日，俄罗斯联邦教育部教育标准网站上发布《联邦国家中等(完全)普通教育标准(草案)》(10～11 年级)征求意见，修订后的高中第二代标准(草案)数学部分相较于 2004 年的第一代标准有较大的变化。[1]将原来的数学和信息学两个学科课程合并设置为一个课程领域——"数学与信息学"，并设置了"数学与信息学"(整体课程)和基础、专业两个水平的"数学""信息学"课程。

2011 年 7 月 5—6 日，俄罗斯联邦教育部普通教育司在俄罗斯的车里雅宾斯克举行协调委员会例行会议，针对高中国家教育标准的绪论和实施等问题统一部分意见。

2012 年 6 月 7 日，俄罗斯教育部公布《联邦国家中等(完全)普通教育标准》(10～11 年级)(图 4-1)及其实施法令(2012 年 5 月 17 日，NO.413)，标准中第 9.3 部分为《数学与信息学》领域，但与修改草案相比，

图 4-1 《联邦国家教育标准：中等(完全)普通教育》(10～11 年级)[3]

正式标准删去了草案时的《数学与信息学》(整体课程)部分，新的高中数学教育标准给出了《数学与信息学》领域总体要求和基础、深入[2]两个水平的"数学""信息学"课程学习要求。[3]

---

① 徐乃楠. 中俄高中数学教科书中的数学史研究[M]. 长春：东北师范大学出版社，2014.(本章内容在我博士论文及后续出版的专著中有过介绍，此次又进行了若干内容丰富与拓展)。

② 俄罗斯高中第二代教育标准在公布草案征求意见时将第一代标准的"水平"(уровень)改成了"课程"(курс)一词，但在公布正式标准时还是改成了"水平"(уровень)，同时把"专业的"(профильный)一词改成了"深入的、进一步的"，俄语是"углубленный"，故译为"深入水平"。

③ Министерство просвещения Российской Федерации. Федеральный государственный образовательный стандарт среднего(полного) общего образования[M]. М.: Просвещение, 2012. 教育标准电子版可见俄罗斯教育标准网站：https://fgos.ru/.该标准在 2012 年 5 月 17 日第 413 号令颁布实施后，于 2014 年 12 月 29 日由时任俄罗斯教育部部长富尔先科(А.Фурсенко)签署 1645 号法令修改过一次。其中，"полного"一词指的是完全中学。

第一节　俄罗斯高中数学教育标准

俄罗斯联邦教育部(10～11 年级)总体上包括总则、基础教学大纲需要掌握的结果要求、基础教学大纲的结构要求、基础教学大纲实施条件要求四部分,这里我们重点介绍前两部分。

一、总则

1. 俄罗斯联邦教育部是实施中等普通教育基础教学大纲所必需的一套要求。该标准包括以下要求:

(1) 基础教学大纲需要掌握的结果。

(2) 基础教学大纲的结构,包括对基础教学大纲各部分的比例及其课时量要求,以及该基础教学大纲的必修部分与参与者在教育过程中所占的部分比例。

(3) 实施基础教学大纲的条件,包括人力、财力、物力和技术等条件。

(4) 对基础教学大纲需要掌握的结果及其结构和实施条件的要求,需要考虑到接受中等普通教育学生的年龄和个人特征,包括身体健康能力有限和残疾学生的教育需求,以及该普通教育水平对于在从事教育活动、专业活动和成功的社会化组织中继续接受教育的重要性。

2. 该标准是客观评估是否符合既定教育活动要求和对已经掌握基础教学大纲的学生进行培训的基础,无论获得教育的形式和教学形式如何。

可获得中等普通教育:

(1) 在从事教育活动的组织中(面授、面授—函授和函授)。

(2) 不受从事教育活动组织的约束,以家庭教育和自我教育的形式进行。

(3) 允许将不同形式的教育和培训形式结合起来。

(4) 中等普通教育期限为两年,针对身体健康能力有限和残疾的人,根据经改编的中等普通教育基础教学大纲进行学习,以及以面授—函授或函授形式掌握基础教学大纲的学生,无论应用何种教育技术,增加期限不超过一年。

3. 该标准的制定考虑到了俄罗斯联邦人民的区域性、民族性和民族文化需求,旨在确保:

(1) 学生俄罗斯公民身份的形成。

(2) 通过对实施基础教学大纲的结果、结构和条件建立统一的要求,使俄罗斯的教育空间保持统一。

(3) 保护和发展俄罗斯多民族的文化多样性和语言遗产,实现学习母语的权利,掌握俄罗斯多民族人民的精神价值和文化。

(4) 获得优质的中等普通教育的平等机会。

(5) 在基础教学大纲范围内的中等普通教育阶段实施免费教育,其中包括列入教学计划的必修学科(从必修课程领域选择的学科、附加学科、选修课程和列入所有教学计划的通识学科，包括深入水平)，以及课外活动。

(6) 借助对社会和公民形成具有重大意义的个人与公共活动，包括通过实施基础教学大纲中相关的教学大纲，对学生进行教育和社会化，实现他们的自我认同。

(7) 学前、小学、初中、高中、职业教育的基础教学大纲具有连续性。

(8) 发展国家——公共教育管理。

(9) 形成学生掌握基础教学大纲的结果、教育工作者的活动、从事教育活动组织的评价基础。

(10) 为学生的发展和自我实现创造条件，为学生形成健康、安全和无害环境的生活方式创造条件。

(11) 国家保障为通过规定活动和课外活动实施的基础教学大纲提供适当资金。

4. 该标准的方法论基础是系统活动方法，该方法提供：

(1) 培养学生为自我发展和继续教育的准备。

(2) 为开展教育活动的组织设计构建一个不断发展的教育环境。

(3) 积极开展学生的教育认知活动。

(4) 考虑到学生个体、年龄、心理、生理特征和学生健康，开展教育活动。

该标准是以下内容的基础：

(1) 中等普通教育示范性基础教学大纲的制定。

(2) 学科、课程、教育文献、检验评估大纲的制定。

(3) 在实施基础教学大纲从事教育活动的组织中开展教育活动，无论其组织和法律形式以及从属地位如何。

(4) 制定与实施基础教学大纲，从事教育活动的组织，提供财政支持标准，为教育机构形成国家(州)的任务。

(5) 监测和监督在教育领域俄罗斯联邦法律的遵守情况。

(6) 对学生进行国家最终和中期认证。

(7) 在从事教育活动组织中建立对教育质量的内部监测体系。

(8) 组织教学服务工作的活动。

(9) 教育工作者的认证。

(10) 组织教育工作者的培训、专业进修和提高业务能力的培训。

5. 该标准侧重于毕业生个人特征的形成("学校毕业生的肖像")，包括：

(1) 热爱自己的土地和祖国，尊重自己的人民，尊重自己的文化和精神价值。

(2) 了解到并接受家庭、俄罗斯民间社会、多民族的俄罗斯人民、人类的传统价值观，意识到自己对祖国命运的参与。

(3) 具有创造性和批判性的思维，积极并有目的地认识世界，认识到教育和科学、劳动和创造力对人类和社会的价值。

(4) 掌握周围世界认知的科学方法基础。

(5) 促进创造力和创新性活动。

(6) 准备好合作，有能力实施教学研究、设计和信息认知等活动。

(7) 自觉积极开展社交，尊重法律秩序，意识到对家庭、社会、国家、人类的责任。

(8) 尊重他人意见，能进行建设性对话，达成相互理解并成功互动。

(9) 有意识地履行和促进健康、安全和无害环境的生活方式规则。

(10) 为有意识地选择职业做好准备，了解职业活动对个人和社会的重要性。

(11) 激励一生的教育和自我教育。

二、基础教学大纲需要掌握的结果要求

6. 该标准规定了学生掌握基础教学大纲的结果要求：

(1) 个人结果要求。个人结果要求包括：学生自我发展和自我决定的准备与能力，学生的学习动机和有目的认知活动的形成，重要的社会和人际关系体系，价值观意义的态度，反映个人和公民在活动中的立场、法律意识、生态文化，设定目标和建立人生规划的能力，多元文化社会中俄罗斯公民身份意识的能力。

(2) 跨学科结果要求。跨学科结果要求包括：学生掌握跨学科概念和通识教育行为(调控、认知、沟通)，并在认知和社会实践过程中运用它们的能力，规划和实施教育活动的独立性以及与教师和同伴组织教育合作的能力，建立个人教育轨迹的能力，具有教学研究、设计和社交活动的技能。

(3) 学科结果要求。学科结果要求包括：学生在学科学习过程中掌握的技能，该课程的特定领域，在学科范围内获取新知识的活动类型，在教学、教学设计和社会设计情况下转化与应用新知识的活动，形成科学的思维类型，掌握科学术语、关键概念、方法和技术。

7. 掌握基础教学大纲的个人结果应反映：

(1) 俄罗斯公民身份，爱国主义，尊重自己的人民，对祖国的责任感，对自己的土地、祖国的自豪感，多民族俄罗斯人民的过去和现在，对国家象征(国徽、国旗、国歌)的尊重。

(2) 公民态度是作为俄罗斯社会积极和负责任的成员，了解其宪法的权利和义务，尊重法律秩序，具有尊严感，自觉接受传统的民族和普遍的人文与民主价值观。

(3) 准备服务于祖国、捍卫祖国。

(4) 基于文化对话以及各种形式的社会意识，认识其在多元文化世界中的地位，形成与科学和社会实践的现代发展水平相适应的世界观。

(5) 根据人类普遍的价值观和公民社会的理想，形成自我发展和自我教育的基础，愿意并有能力进行独立的、创造性的、负责任的活动。

(6) 多元文化世界中宽容意识和行为，愿意并有能力与他人进行对话，在其中实现相互理解，找到共同目标并实现合作。

(7) 与同龄人、幼儿、成年人在从事对社会有用的教育、研究、设计和其他类型的活动中的合作技能。

(8) 掌握基于全人类价值基础的道德意识和行为。

(9) 终生准备和接受教育的能力，包括自我教育；对终身教育的自觉态度是成功进行职业和社交活动的条件。

(10) 对世界的审美态度，包括日常生活的审美观、科技创造力、体育、社会关系。

(11) 接受并执行健康安全生活方式的价值观，身体自我完善的需要，开展运动保健活动，拒绝不良习惯：吸烟、酗酒、吸毒。

(12) 对自己和他人身心健康的谨慎、负责和称职的态度，提供急救的能力。

(13) 有意识地选择未来的职业，并有可能实现自己的人生规划；对职业活动的态度，作为参与解决个人、社会、国家、民族问题的可能性。

(14) 形成环保思维，了解社会经济进程对自然和社会环境状态的影响；在环境导向的活动中获得经验。

(15) 在有意识地接受家庭生活价值观的基础上以负责任的态度建立家庭。

8. 掌握基础教学大纲的跨学科结果应反映：

(1) 具有独立确定活动目标和制订活动计划的能力；独立开展、监测和调整活动；使用所有可能的资源来实现既定目标和实施活动计划；在各种情况下选择成功的策略。

(2) 在联合活动过程中进行有效沟通和互动的能力，考虑到其他参与者在活动中的立场并有效解决冲突。

(3) 具备认知、教学研究、设计活动、解决问题的技能；有能力和愿意独立地寻找解决实际问题的方法，并能运用各种认知方法。

(4) 对独立信息认知活动的准备和能力，具备从不同类型的词汇中获取必要信息的技能，能认清各种信息源，批判性地评价和解释，从各种信息源中获得的信息。

(5) 能使用信息和通信技术(ICT)来解决认知、通信和组织任务，符合人类工程学、安全技术、卫生学、资源保护、法律和道德标准、信息安全标准的要求。

(6) 能确定各种社会机构的目的和职能。

(7) 在考虑公民和道德价值观的情况下，能独立评价和制定决定行为策略。

(8) 拥有语言技能——能够清晰地、逻辑地、准确地表达自己的观点，运用适当的语言手段。

(9) 具备认知反思的技能，作为对行动和思维过程、其结果和基础、其知道和不知道的界限、新的认知任务以及实现它们的手段的认识。

9. 基础教学大纲掌握的学科结果是为基础水平和深入水平的学科设定的。其学科结果应反映：

(1) 针对基础水平学科的基础教学大纲所要掌握的学科结果主要是提供普通教育和普通文化培训。

(2) 针对深入水平学科的基础教学大纲所要掌握的学科结果主要是为后续职业教育做准备，通过比基础课程提供的更深入的课程发展学生个人能力，掌握该学科固有的科学基础、系统知识和行动方法。

(3) 综合性学科的基础教学大纲所要掌握的学科结果侧重于通过掌握系统的科学知识和基于跨学科的行为方式，形成关于世界和学生一般文化的整体观念。

(4) 基础教学大纲所要掌握的学科结果应确保能够取得进一步成功的职业培训或职业活动。

三、具体学科结果要求

该标准给出了具体学科结果要求，包括基础水平的和深入水平的。下面我们仅介绍 9.3 "数学与信息学"的内容，对于 9.1 语言学和外语，9.2 社会科学，9.4 自然科学(物理、化学、生物、自然科学)，9.5 体育、生态学和生命安全基础等方面的内容从略。

"数学与信息学"课程领域的学习应保证学生掌握的结果要求如下：

(1) 形成对数学与信息形成的相关社会、文化和历史因素的认识。

(2) 形成逻辑、算法和数学思维基础。

(3) 形成学以致用的能力，以解决各种问题。

(4) 形成数学是人类文化组成部分的观念，是用来描述、研究现实过程与现象的科学通用语言的观念。

(5) 形成信息学和信息通信技术在当代社会中作用的认识，了解使用计算机语言程序及其互联网上工作的法律基础。

(6) 形成信息技术对人类社会生活影响的认识，了解信息技术的社会、经济、政治、文化、法律、自然、人类工程学、医学和生理背景。

(7) 接受信息技术的伦理问题，认识到参与创建和使用信息系统、传播信息者的责任。

"数学与信息学"课程领域学习的学科结果包括教学课程学习的学科结果。

（一）"数学：代数与数学分析初步，几何"(基础水平)

对数学基础水平掌握的学科结果要求如下：

(1) 形成数学是世界文化组成部分的认识，形成数学在现代文明中地位的认识，形成数学语言是描述现实世界现象的方法的认识。

(2) 形成数学概念是能够描述和研究不同过程与现象的重要数学模型的认识，理解数学理论公理化建构的可能性。

(3) 掌握证明方法和解题算法，能将其应用到问题解决的过程中并进行推理证明。

(4) 掌握有理、无理、指数、幂、三角的方程和不等式及其方程组和不等式组的标准解题方法；利用现成的计算机程序探索方程和不等式求解的途径与方案。

(5) 形成对数学分析基本观念、思想和方法的认识。

(6) 掌握平面和空间几何图形的基本概念及基本性质；形成对平面图、模型和现实世界中几何图形的识别能力；运用所研究的几何图形性质和公式来解决几何问题和联系生活实际的问题。

(7) 形成关于概率性质的过程和现象、现实世界里的统计模式、初等概率论中基本概念的认识；能够探寻和评估在简单现实情境中事件发生概率和随机变量的基本特征。

(8) 掌握利用现有计算机程序解决问题的技能。

（二）"数学：代数与数学分析初步，几何"(深入水平)

对数学深入水平掌握的学科结果要求应包括对基础水平掌握的结果要求和另外补充

的要求如下：

(1) 形成在数学命题论证中证明的必要性以及公理学在演绎推理中作用的认识。

(2) 根据数学课程主要分支建立概念工具；掌握基本定理、公式的知识并能够运用它们；能证明定理和找到解决问题的非标准方法。

(3) 能对现实情境进行模拟，研究构造模型，解释得到的结果。

(4) 形成对数学分析基本概念及其性质的认识，掌握描述函数特征的能力，利用所获得的知识描述、分析与现实的密切联系。

(5) 掌握根据问题条件建立概率模型并计算事件发生概率的能力，包括运用概率论组合公式和基本定理；根据其分布来研究随机变量。

（三）"信息学"(基础水平)

对信息学基础水平掌握的学科结果要求如下：

(1) 形成关于信息在周围世界中的作用和与其相关过程的认识。

(2) 掌握算法思维的技能，理解运用算法进行描述的必要性。

(3) 具有理解被选择用于研究的高级通用算法语言编写程序的能力，掌握基本的程序设计知识，使用框图分析算法的能力。

(4) 具有使用算法语言来编写程序的标准技术，以使用基本编程结构来解决标准问题并调试此类程序；将现有应用计算机程序用于所选专业。

(5) 形成计算机数学模型的思想，以及模型与模拟对象(过程)的一致性分析需求；形成存储数据和最简单的数据处理方法；了解数据库和访问数据库的方法，具有与数据库合作的能力。

(6) 掌握用于数据表示和分析的计算机工具。

(7) 在使用信息化手段时，形成符合安全、卫生和资源节约要求的基本技能与能力；了解使用计算机程序和互联网工作的法律方面的基础知识。

（四）"信息学"(深入水平)

对信息学深入水平掌握的学科结果要求应包括对基础水平掌握的结果要求和另外补充的要求如下：

(1) 掌握反映信息学对现代世界科学图景形成所起作用的基本知识体系。

(2) 掌握算法复杂性的概念，掌握处理数字和文本信息的基本算法、搜索算法及筛选算法。

(3) 掌握通用的高级编程语言(可选)，掌握对数据基础类型和数据结构的认识；善于利用主要的控制结构。

(4) 掌握在所选定的编程环境中开发程序的技能和经验，包括测试和调试程序；掌握将实际问题程序化和记录程序的基本技能。

(5) 形成对离散对象最重要的类型及其最简单性质的认识，用于分析这些对象的算法；形成有关数据编码、解码以及传输过程中数据失真原因的认识；把与信息学中数学对象有关的知识系统化；能建立信息学的数学对象，包括逻辑公式。

(6) 形成对现代计算机结构、计算机技术发展趋势的认识；形成关于"操作系统"概念和操作系统主要功能的认识；形成关于互联网应用程序开发和运行一般原则的认识。

(7) 形成对计算机网络及其在现代世界中作用的认识；了解计算机网络组织和运行的基本原则、信息伦理和法律规范、确保信息安全的原则、确保信息通信技术工具可靠运行的方法和手段。

(8) 掌握有关数据库、数据库结构以及创建和使用数据库的基本信息。

(9) 掌握构建和使用计算机数学模型的经验，借助计算机进行实验和数据统计处理，解释在模拟现实过程中获得的结果；能评价模拟对象和过程的数值参数，能运用数据库和查询系统。

(10) 形成使用程序库的能力；具有使用计算机工具进行数据表示和分析方面的经验。

第二节　俄罗斯高中数学示范性教学大纲

俄罗斯第二代高中课程标准设置了综合的数学与信息学领域，并给出总体要求和"数学""信息学"分课程要求，但只是宏观的教育目的要求，并没有第一代标准那样细致的教学内容和毕业水平要求，可能与俄罗斯开始新的国家统一教育评价改革有关，在联邦普通教育标准下可以灵活编写"数学：代数与数学分析初步，几何"和"信息学"课程分别的示范性大纲。

这里我们选取由俄罗斯联邦教育科学院主席团成员赛多瓦(E.A.Седова)、普契列柴夫(C.B.Пчелинцев)、米先科(T.M.Мищенко)、特罗伊茨卡娅(C.Д.Троицкая)、赛多夫(C.A.Седов)等人共同编写的《中学(完全)普通教育示范性大纲——数学：代数与数学分析初步，几何》(10~11年级)，该示范性大纲由俄罗斯教育科学院院士雷亚科夫(M. B. Рыжаков)审定，由俄罗斯教育科学院推荐使用，于2012上由莫斯科"温塔纳——格拉夫"出版中心出版。(图4-2)

图4-2　俄罗斯联高中数学示范性大纲①

---

① Седова Е А, Пчелинцев С В, Мищенко Т М, Троицкая С Д, Седов С А. Примерные программы среднего (полного) общего образования. Математика: Алгебра и начала Математического Анализа, Геометрия. 10－11 классы. М.: Вентана－Граф, 2012.

该大纲是依据俄罗斯联邦教育科学部2012年413号实施法令和《联邦国家普通中等(完全)教育标准》而编写的，在扉页介绍中指出数学示范性大纲是编写教科书和教学计划的指南，供不同学校、不同专业的数学教学使用，为教师和教法研究者提供参考，该大纲确定了数学课程教学必学的内容，同时，为方便作者编写提供可能的选取范围。

该大纲共计136页，分"综合课程、代数与数学分析初步、几何"三大部分。每部分都包含解释性说明、示范性大纲的基本描述、对中学(完全)普通教育目的的学科贡献、学科的基本描述、教学计划中学科的位置、学科掌握的效果、教学内容、模块和主题的学时计划、教学过程中在教学方法和物质技术上的保障等内容。

三部分内容中有一些内容是重复的，有些内容则在阐述上非常相近。例如，教学计划中学科的位置三部分是相同的，从表4-1可以看出，不同学校和专业可以选择四种不同水平搭配、不同学时的课程。最少为180学时，最多可达到420学时。三大部分内容中的"代数与数学分析初步、几何"两部分内容的教学内容、学时计划还分为基础水平和深入水平两个层次。

表4-1　不同水平搭配的四类数学课程方案的学时计划情况

方案	学科	学习水平	听课的学时数	
			两年内全部的教学学时数	其中包含教师的自由时间
1	数学	基础	210	30
2	代数与数学分析初步	基础	210	30
	几何	基础	140	20
3	代数与数学分析初步	深入	280	40
	几何	基础	140	20
4	代数与数学分析初步	深入	280	40
	几何	深入	210	30

下面对三个部分最主要的教学内容和学时计划情况进行简要的介绍。

一、综合课程

(一) 教学内容

一元多项式；多项式的根；多重根。

带余除法；贝祖定理；整系数多项式的有理根；整系数多项式的因式分解。

利用多项式理论解代数方程。

复数基础知识介绍，复数集的特征。

复数的实部和虚部，复数的模和幅角。

复平面，复数的几何解释。

复数算术运算：加、减、乘、除；共轭复数。

复数的应用；代数基本理论(无证明)。 [1]

函数基本性质：单调增区间和减区间，最大值点和最小值点，有界性、奇偶性。

多项式，多项式图象。

函数连续性的概念；连续函数的保号区间；区间方法。

整数幂的根；分数指数幂；无理数指数幂的概念；幂运算。

对数基础知识介绍；对数概念；对数运算。

数 e。

含根式、幂和对数表达式的变换。

整数和分数指数幂函数，图象及其性质；反函数概念；指数函数和对数函数，性质及其图象。

三角函数：正弦、余弦、正切、余切。

同一角三角函数间的关系；推导公式；加法公式；二倍角公式；三角函数表达式变换。

三角函数的图象及其性质。

理解函数构造。

数的反正弦、反余弦、反正切、反余切；*解简单的三角函数方程和不等式。*

函数图象变换：平移、沿纵坐标轴的伸缩变换。

数列极限概念；无穷递减的几何级数和；*数学归纳法的概念。*

自变量增量、函数增量；函数在一点处的导数概念；导数的几何意义和物理意义。

函数 $y = x^\alpha (\alpha \in R)$；$y = e^x$；$y = \sin x$；$y = \cos x$ 的导函数。

和、积和商的微分法则；函数 $y = f(kx + b)$ 的导数。

函数增(减)的充分条件。

最大值和最小值的必要条件。

最大值和最小值的充分条件。

函数研究，画函数图象(简单的情况)。

基于曲边梯形面积的定积分概念；原函数的概念；牛顿—莱布尼茨公式；定积分的几何和物理应用。

抽样，排列组合；二项式系数；牛顿二项式；帕斯卡三角形及其性质。

贝努利试验定义和实例；重复贝努利试验成功数的可能性公式；贝努利试验成功数的数学期望。

随机变量的基本实例；随机变量的数学期望。

随机变量和事件的独立性。

对独立试验序列大数定律的认识；大数定律的自然科学应用。

立体几何学的基本概念(点、线、面、空间)。

空间直线的位置关系；相交直线、平行直线、异面直线。

空间两直线所成的角；直线的正交性。

---

① 这里用倾斜体表示的部分是单独设置的教学资料，但不适用于国家教育评价(译者注：这里是对示范性教学大纲页脚注解的原文翻译，指的是倾斜体的知识内容作为教学资料在教育标准和示范性教学大纲中均给出了，但不作为该水平课程国家教育考试的考核内容)。

点到直线的距离，两平行线间的距离，两异面直线间的距离。

线面的位置关系；线面平行和线面垂直；线面平行和线面垂直的判定。

垂线和倾斜线。

线面所成的角。

点到平面的距离；直线到与它平行平面间的距离。

平面与平面的位置关系；面面的平行和垂直；面面的平行和垂直的判定与性质。

二面角；二面角的平面角。

平行射影；平行射影的性质。

正交射影；多边形正交射影的面积。

中心射影(透视)。

空间图形的映像。

多面体及其元素：顶点、棱、面；多面体的表面；展开图。

多面角。

凸多面体。

正多面体(正四面体、正六面体、正八面体、正十二面体、正二十面体)；多面体的截面。

正方体和平行六面体。

棱柱及其元素：底面、侧棱、高、对角线、侧面；直棱柱和斜棱柱；正棱柱。

正方体、平行六面体、棱柱的截面。

棱锥体；顶点、底面、侧棱、高、斜高、侧面；正棱锥；平街头棱锥体；棱锥的截面。

圆柱体；底面、母线、高、轴、侧面、圆柱的展开图。

圆锥体；顶点、底面、母线、轴、高、侧面、圆锥的展开图。

平截头圆锥体。

球体，球面；球体和球面的心、半径、直径；用平面截球(球面)的截面；球体(球面)与直线和平面的接触；内切球和外接球。

空间运动，空间运动的类型。平移、对称(中心对称、轴对称、镜面对称)。

空间图形全等的概念。

多面体和圆形体的对称基本原理；现实世界中对称的实例。

旋转图形。

空间图形相似的概念。

体积及其性质；平行六面体、棱柱体、棱锥体体积公式；圆锥体、圆锥体、球体体积公式。

相似物体的体积比。

多面体表面积；圆柱体、圆锥体、球体的表面积公式。

(二) 学时计划

综合课程方案的模块主要包含代数、空间的直线和平面、函数、几何体、数学分析、概率与统计、空间的变换、测量和计算八个模块，总计 180 学时，另外机动学时为 30 学时。

有的模块包含若干主题内容,有的模块则笼统给出。每一个模块的列表中都包含"模块的问题、模块的内容和教学活动的设想"三部分内容。综合课程的模块、主题学时计划见表 4-2。

表 4-2　综合课程的模块、主题学时计划

模块	主题	学时	总学时
代数	1. 多项式	15	20
	2. 复数	5	
空间的直线和平面	1. 立体几何学基本概念	1	15
	2. 空间直线位置关系	4	
	3. 直线和平面的位置关系	4	
	4. 平面的位置关系	4	
	5. 空间图形的变换	2	
函数		30	30
几何体	1. 多面体	2	20
	2. 棱柱	6	
	3. 棱锥	6	
	4. 圆形体	6	
数学分析	1. 导数	15	20
	2. 积分	5	
测量和计算		60	60
空间的变换		5	5
概率与统计		10	10
总计		180	180

二、代数与数学分析初步

(一) 教学内容

1. 基础水平

一元多项式;多项式的根;多重根。

带余除法;贝祖定理;整系数多项式的有理根;整系数多项式的因式分解。

利用多项式理论解代数方程。

复数基础知识介绍,复数集的特征。

复数的实部和虚部,复数的模和幅角。

复平面;复数的几何解释。

复数的算术运算:加、减、乘、除;共轭复数。

复数的应用;代数基本理论(无证明)。

函数基本性质;单调性、有界性、奇偶性、周期性;最大值点和最小值点。

函数连续性的概念；连续函数的保号区间；区间方法。

多项式，多项式图象。

整数幂的根；分数指数幂；无理数指数幂的概念；幂运算。

对数基础知识介绍；对数概念；对数运算。

数 e。

含根式、幂和对数表达式的变换。

整数和分数指数幂函数，图象及其性质；反函数概念；指数函数和对数函数及其性质与图象。

解含根式、幂、对数和指数函数的方程；解简单的指数和对数不等式。

三角函数、性质及其图象。

同一角三角函数间的关系；推导公式；加法公式，二倍角公式；三角函数表达式变换。

数的反正弦、反余弦、反正切、反余切；解简单的三角函数方程和不等式。

函数图象变换：平移、沿纵坐标轴的伸缩变换。

理解函数构造。

数列极限概念；无穷递减的几何级数的和。

自变量增量，函数增量；函数在一点处的导数概念；导数的几何意义和物理意义。

函数 $y = x^\alpha (\alpha \in R)$; $y = a^x$; $y = \sin x$; $y = \cos x$; $y = \ln x$ 的导数。

和、积和商的微分法则。

数学归纳法。

函数 $y = f(ax + b)$ 的导数。

函数增(减)的充分条件。

最大值和最小值的必要条件。

最大值和最小值的充分条件。

函数研究和画函数图象(简单的情况)。

利用函数性质解物理和几何问题。

基于曲边梯形面积的定积分概念；牛顿－莱布尼茨公式；原函数概念。

定积分的物理和几何应用。

抽样，排列组合；二项式系数；牛顿二项式；帕斯卡三角形及其性质。

贝努利试验定义和实例。重复贝努利试验成功数的可能性公式；贝努利试验成功数的数学期望。

随机变量的实例；随机变量的数学期望。

随机变量和事件的独立性。

对独立试验序列大数定律的认识。大数定律的自然科学应用。

2. 深入水平

一元多项式；多项式的根；多重根。

带余除法；贝祖定理；霍纳法则。

整系数多项式的有理根；整系数多项式整数根和有理增根定理。

整系数多项式的低次幂因式分解。

利用多项式理论解代数方程。

复数基础知识介绍，复数集的特征。

复数的实部和虚部，复数的模和幅角。

复平面；复数的几何解释。

复数的代数形式和三角形式；复数的指数形式；欧拉公式。

不同形式的复数算术运算；共轭复数；共轭复数的性质。

求自然数次幂(棣莫弗公式)，研究自然数次根。

复数的应用；代数基本理论(无证明)。

函数基本性质；单调性、最大值点和最小值点、有界性、奇偶性、周期性。

函数连续性的概念；连续函数的保号区间；区间方法。

理解函数构造；反函数的概念。

函数图象变换：平移、沿坐标轴的伸缩变换；坐标轴反射变换，坐标原点反射变换，带有绝对值的函数图象变换。

多项式，多项式图象；插值法的认识。

整数幂的根；分数指数幂和无理数指数幂；幂运算。

对数基础知识介绍；对数概念；对数运算。

数 e。

含根式、幂和对数表达式的变换。

整数、分数、无理数指数幂函数及其图象与性质。

指数函数和对数函数，性质及其图象。

解幂、对数和指数函数的方程和不等式。

三角函数的定义。

三角函数的性质：奇偶性和周期性；三角函数图象。

同一角三角函数间的关系；推导公式；加法公式，二倍角公式；和化积变换公式；辅助变量公式。

三角函数表达式变换。

反函数及其图象。

三角函数方程和不等式，三角函数方程组和不等式组。

数列极限概念；单调有界数列极限存在。

无穷递减的几何级数的和；基于数列极限的圆的周长和面积。

函数在一点处的极限概念；单调有界序列极限存在。

极限定理；函数在无穷大处的性态；渐近线。

自变量增量，函数增量；函数在一点处的导数概念；导数的几何意义和物理意义。

函数 $y = x^{\alpha} (\alpha \in R)$；$y = a^x$；$y = \sin x$；$y = \cos x$；$y = \log_a^x$ 的导数；和、积和商的微分法则。

数学归纳法。

函数 $y = f[g(x)]$ 的导数；反函数的导数。

二阶导数及其物理意义。

利用导数研究函数。

函数增(减)的充分条件。

最大值点和最小值点的必要条件。

最大值和最小值的充分条件。

求函数最大值和最小值的法则。

利用导数函数研究，画函数图象。

利用函数性质解物理和几何问题；解极大值和极小值的问题。

曲边梯形的面积；基于曲边梯形面积的定积分概念；牛顿－莱布尼茨公式；原函数；原函数表；求原函数的法则。

定积分应用。

抽样，排列组合；二项式系数；牛顿二项式；帕斯卡三角形及其性质。

贝努利试验定义和实例；重复贝努利试验成功数的可能性公式；贝努利试验成功数的数学期望。

随机变量的实例；随机变量的数学期望和方差。

独立的随机变量和事件。

对独立试验序列大数定律的认识；大数定律的自然科学应用；统计数据随机变量概率特征(数学期望、方差)的估计。

几何概率的概念；解简单实用的几何概率习题。

(二) 学时计划

代数与数学分析初步课程分为两个水平，不同水平的内容和学时不同。基础水平的代数与数学分析初步课程方案的模块主要包含代数、数学分析和概率与统计三个模块，总计 180 学时，另外机动学时为 30 学时。有的模块包含若干主题内容，有的模块则笼统给出。每一个模块的列表中都包含"模块的问题、模块的内容和教学活动的设想"三部分内容。基础水平"代数与数学分析初步"课程模块、主题的学时计划见表 4-3。

表 4-3　基础水平"代数与数学分析初步"课程模块、主题的学时计划

模块	主题	学时	总学时
代数	1. 多项式	15	25
	2. 复数	10	
数学分析	1. 初等函数	80	130
	2. 导数	40	
	3. 积分	10	
概率与统计		25	25
总计		180	180

深入水平的代数与数学分析初步课程方案的模块主要包含代数、数学分析和概率与统计三个模块，总计 240 学时，另外机动学时为 40 学时。有的模块包含若干主题内容，有的

模块则笼统给出。每一个模块的列表中都包含"模块的问题、模块的内容和教学活动的设想"三部分内容。另外，深入水平的代数与数学分析初步课程方案学时计划中，在每一个"主题"或没有具体主题的"模块"表格后边还分别列举了若干条推荐的研究课题。深入水平"代数与数学分析初步"课程模块、主题的学时计划情况见表4-4。

表4-4 深入水平"代数与数学分析初步"课程模块、主题的学时计划情况

模块	主题	学时	总学时
代数	1. 多项式	30	45
	2. 复数	15	
数学分析	1. 初等函数	90	160
	2. 导数	55	
	3. 积分	15	
概率与统计		35	35
总计		240	240

三、几何

(一) 教学内容

1. 基础水平

立体几何学的基本概念(点、线、面、空间)；立体几何学的公理。

相交直线、平行直线、异面直线。

空间两直线所成的角；直线的正交性。

点到直线的距离，两平行线间的距离，两异面直线间的距离。

线面平行和线面垂直。

线面平行和线面垂直的判定。

垂线和倾斜线；线面所成的角。

点到平面的距离；直线到与它平行平面间的距离。

面面平行和垂直。

面面平行和垂直的判定及性质。

二面角；二面角的平面角。

平行平面间的距离。

平行射影；平行射影的性质。

正交射影；多边形正交射影的面积。

中心射影(透视)。

空间图形的映像。

多面体及其元素：顶点、棱、面。

多面体的表面；展开图。

多面角。

凸多面体。

正多面体(正四面体、正六面体、正八面体、正十二面体、正二十面体)。

多面体的截面。

正方体和平行六面体。

棱柱及其元素：底面、侧棱、高、对角线、侧面。

直棱柱和斜棱柱。

正棱柱。

画正方体、平行六面体、棱柱的截面。

棱锥体：顶点、底面、侧棱、高、斜高、侧面。

正棱锥。

平截头棱锥体。

棱锥的截面。

旋转体：旋转体的概念；旋转轴；圆柱曲面和圆锥曲面的概念。

圆柱体：底面、母线、高、轴、侧面、圆柱的展开图。

用平行于底面或轴的平面截直圆柱的截面。

圆锥体：顶点、底面、母线、轴、高、侧面、底面半径、圆锥的展开图。

用平行于底面或经过顶点的平面截直圆锥的截面；与圆锥体密切相关的平面。

平面截头圆锥体。

球体，球面，球体和球面的心、半径、直径。

用平面截球(球面)的截面。

球体(球面)与直线和平面的接触。

球面的接触。

内切球和外接球。

空间运动的类型。

平移，对称(中心对称、轴对称、镜面对称)。

空间图形全等的概念。

空间图形相似的概念。

多面体和圆形体的对称基本原理。

现实世界中对称的实例。

体积及其性质；平行六面体、棱柱体、棱锥体体积公式；圆锥体、圆锥体、球体体积。

相似物体的体积比。

多面体表面积。

直棱柱和斜棱柱的侧面积定理。

正棱锥侧面积定理。

圆锥体、圆锥体、球体表面积公式。

空间笛卡儿坐标系；线段中点坐标。

两点间距离公式。

球面方程。

向量；向量的模；向量相等；向量加法和数与向量相乘；向量所成的角。

向量坐标；向量的数量积。

2. 深入水平

三角形的角平分线性质。

计算三角形的角平分线、中线、高、内切圆和外接圆的半径。

三角形面积公式；海伦公式。

赛瓦定理和梅涅劳斯定理。

借助三角形内切圆和外接圆半径的三角形面积表达式。

与圆相关的角：顶点在圆内的角，顶点在圆外的角，弦切角；与圆相关的角的度数定理。

相交线定理；切割线定理。

尺规作图；无法解决的经典作图题。

立体几何学的基本概念(点、线、面、空间)；直线和平面问题的方法；立体几何学的公理。

几何基本概念和公理；几何公理的建立；欧氏几何和非欧几何。

球面几何。

罗巴切夫斯基几何。

相交直线、平行直线、异面直线。

异面直线特征。

空间两直线所成的角；直线的正交性。

点到直线的距离，两平行线间的距离，两异面直线间的距离。

线面平行和线面垂直。

线面平行和线面垂直的判定；线面垂直的性质。

垂线和倾斜线；线面所成的角。

点到平面的距离；直线到与它平行的平面间的距离。

平面的平行和垂直。

平面的平行和垂直的判定和性质。

二面角；二面角的平面角。

平行平面间的距离。

平行射影；平行射影的性质。

正交射影；多边形正交射影的面积。

中心射影(透视)。

空间图形的映像。

多面体及其元素：顶点、棱、面。

多面体的表面；展开图。

多面角。

凸多面体和凹多面体；欧拉定理。

正多面体(柏拉图多面体)：正四面体、正六面体、正八面体、正十二面体、正二十面体。

半正多面体(阿基米德多面体)。

多面体的截面。

正方体和平行六面体；平行六面体的面和对角线性质；直平行六面体的对角线性质。

平行六面体的对称。

棱柱及其元素：底面、侧棱、高、对角线、侧面。

直棱柱和斜棱柱。

正棱柱；正棱柱的性质。

棱柱的映像；画正方体、平行六面体、棱柱的截面。

棱锥体：顶点、底面、侧棱、高、斜高、侧面。

正棱锥；正棱锥的轴。

平截头棱锥体。

棱锥的映像；棱锥的截面。

旋转体；旋转体的概念；旋转轴；圆柱曲面和圆锥曲面的概念。

圆柱体：底面、母线、高、轴、侧面、圆柱的展开图。

圆柱体的映像：用平行于底面或轴的平面截直圆柱的截面。

圆柱体的内接直棱柱；圆柱体的外切直棱柱。

圆柱体的对称。

圆锥体：顶点、底面、母线、轴、高、侧面、底面半径、圆锥的展开图。

圆锥体的映像；用平行于底面或经过顶点的平面截直圆锥的截面；与圆锥体密切相关的平面。

圆锥体的内接直棱锥；圆锥体的外切直棱锥。

平截头圆锥体。

圆锥体的对称。

球体，球面，球体和球面的心、半径、直径。

球体的映像；用平面截球(球面)的截面。

球体(球面)与直线和平面的接触。

球面的接触。

内切球和外接球。

球体的对称。

空间运动；空间运动的类型。

平移，对称(中心对称、轴对称、镜面对称)。

空间图形全等的概念。

空间图形相似的概念。

多面体和圆形体的对称基本原理。

现实世界中对称的实例。

体积及其性质。

平行六面体、棱柱体、棱锥体体积公式。

圆锥体、圆锥体、球体体积。

相似物体的体积比。

多面体表面积。

直棱柱和斜棱柱的侧面积定理。

正棱锥的侧面积定理。

圆锥体、圆锥体、球体表面积公式。

空间笛卡儿坐标系。

线段中点坐标；两点间距离公式。

球面方程和平面方程；点到平面的距离公式。

向量；向量的模；向量相等。

向量加法和数与向量相乘。

向量所成的角。

共线向量。

共面向量；将向量分解成三个不共面向量。

向量坐标。

向量的数量积。

(二) 学时计划

"几何"课程分为基础水平与深入水平两个水平，不同水平的内容和学时不同。基础水平的几何课程方案的模块主要包含空间直线和平面、几何体、空间的变换、几何量的测量、空间坐标和向量五个模块，总计 120 学时，另外机动学时为 20 学时。模块中包含若干主题内容，有的模块则笼统给出。每一个模块的列表中都包含"模块的问题、模块的内容和教学活动的设想"三部分内容。基础水平"几何"课程模块、主题的学时计划情况见表 4-5。

表 4-5　基础水平"几何"课程模块、主题的学时计划情况

模块	主题	学时	总学时
空间直线和平面	1. 立体几何学基本概念	2	30
	2. 空间直线位置关系	8	
	3. 直线和平面的位置关系	8	
	4. 平面的位置关系	8	
	5. 空间图形的变换	4	
几何体	1. 多面体	5	40
	2. 棱柱	6[①]	

---

① 译者注：此处大纲中标为 6 学时，但是和其他主题的学时相加与该模块 40 学时的总数不符，参考专业水平棱柱为 15 学时，以及其他内容的学时分配情况，笔者以为，这里可能是作者疏忽，此处学时应该为 10 学时。

续表

模块	主题	学时	总学时
几何体	3. 棱锥	10	40
	4. 圆形体	15	
空间的变换		10	10
几何量的测量		25	25
空间坐标和向量		15	15
总计		120	120

　　深入水平的几何课程方案的模块主要包含面积测量学、公理体系空间直线和平面、几何体、空间的变换、几何量的测量、空间坐标和向量七个模块，总计 180 学时，另外机动学时为 30 学时。模块中包含若干主题内容，有的模块则笼统给出。每一个模块的列表中都包含"模块的问题、模块的内容和教学活动的设想"三部分内容。另外，深入水平的几何课程方案学时计划中，在每一个"模块"的表格后边还分别列举了若干条推荐的研究课题。深入水平"几何"课程模块、主题的学时计划情况见表 4-6。

表 4-6　深入水平"几何"课程模块、主题的学时计划情况

模块	主题	学时	总学时
补充的一章：面积测量学		25	25
公理体系	1. 立体几何学的基本概念	5	10
	2. 公理的理论体系	5	
空间直线和平面	1. 空间直线的位置关系	8	30
	2. 直线和平面的位置关系	8	
	3. 平面的位置关系	8	
	4. 空间图形的变换	6	
几何体	1. 多面体	5	50
	2. 棱柱	15	
	3. 棱锥	10	
	4. 圆形体	20	
空间的变换		15	15
几何量的测量		30	30
空间坐标和向量		20	20
总计		180	180

第三节　中美俄高中数学课程难度比较

一、立体几何知识团[①]

根据计算得出的数据，以及选定的课程难度模型[②]，可以计算出中国、美国、俄罗斯三个国家"立体几何"知识团的难度系数(表 4-7)：

$$N_1 = \frac{\alpha \times 2.238 + (1-\alpha) \times 21}{22.333} \approx 0.940 - 0.840\alpha$$

$$N_2 = \frac{\alpha \times 2.571 + (1-\alpha) \times 7}{7} \approx 1 - 0.633\alpha$$

$$N_3 = \frac{\alpha \times 1.962 + (1-\alpha) \times 52}{95} \approx 0.547 - 0.527\alpha$$

$$N_4 = \frac{\alpha \times 2.064 + (1-\alpha) \times 78}{129} \approx 0.605 - 0.589\alpha$$

其中，当 $0 < \alpha < 1$ 时。则 $0.100 < N_1 < 0.940$，$0.367 < N_2 < 1.000$，$0.020 < N_3 < 0.547$，$0.014 < N_4 < 0.605$；当 $\alpha = 0.5$ 时，则 $N_1 \approx 0.520$，$N_2 \approx 0.684$，$N_3 \approx 0.284$，$N_4 \approx 0.310$。

表 4-7　中国、美国、俄罗斯三个国家"立体几何"知识团的难度对比

国家	课程时间	课程广度	可比广度	课程深度	可比深度	难度系数
中国	$T_1 = 22.333$	$G_1 = 21$	$\frac{G_1}{T_1} \approx 0.940$	$S_1 \approx 2.238$	$\frac{S_1}{T_1} \approx 0.100$	0.520
美国	$T_2 = 7$	$G_2 = 7$	$\frac{G_2}{T_2} \approx 1.000$	$S_2 \approx 2.571$	$\frac{S_2}{T_2} \approx 0.367$	0.684
俄罗斯基础水平	$T_3 = 95$	$G_3 = 52$	$\frac{G_3}{T_3} \approx 0.541$	$S_3 \approx 1.962$	$\frac{S_3}{T_3} \approx 0.021$	0.284
俄罗斯深入水平	$T_4 = 125$	$G_4 = 78$	$\frac{G_4}{T_4} \approx 0.605$	$S_4 \approx 2.064$	$\frac{S_4}{T_4} \approx 0.016$	0.310

研究结果显示，在"立体几何"课程广度方面，俄罗斯深入水平包含 78 个知识点，俄罗斯基础水平包含 52 个知识点，中国包含 21 个知识点，美国包含 7 个知识点；在"立体几何"课程深度方面，美国"立体几何"课程深度最高，其次是中国，俄罗斯基础水平和深入水平课程深度最小，且基础水平比深入水平深度小，中国和美国的课程标准处于"掌握"水平的知识点最多，俄罗斯基础水平和深入水平的课程标准处于"理解"水平的较多；

① 王妍. 中美俄高中几何课程难度比较研究[D]. 长春：吉林师范大学，2019.
② 史宁中，孔凡哲，李淑文. 课程难度模型：我国义务教育几何课程难度的对比[J]. 东北师大学报(哲学社会科学版)，2005(6)：151-155.

在"立体几何"知识团的整体难度上，美国比中国"立体几何"课程要难，中国比俄罗斯基础水平和深入水平"立体几何"课程要难。由此可知，美国"立体几何"知识团是"窄而深"的，俄罗斯基础水平和深入水平"立体几何"课程难度是"广而浅"的，中国"立体几何"知识团难度介于两国之间。

二、函数知识团[①]

根据计算得出的数据，以及选定的课程难度模型，可以计算出中国、美国、俄罗斯三个国家"函数"知识团的难度系数(表 4-8)。

中国：$N_1 = \alpha \dfrac{S}{T} + (1-\alpha)\dfrac{G}{T} \approx 1.304 - 1.056\alpha$

美国：$N_2 = \alpha \dfrac{S}{T} + (1-\alpha)\dfrac{G}{T} \approx 0.833 - 0.745\alpha$

俄罗斯基础水平：$N_3 = \alpha \dfrac{S}{T} + (1-\alpha)\dfrac{G}{T} \approx 0.567 - 0.487\alpha$

俄罗斯深入水平：$N_4 = \alpha \dfrac{S}{T} + (1-\alpha)\dfrac{G}{T} \approx 0.571 - 0.502\alpha$

其中，当 $0 < \alpha < 1$ 时，$0.248 < N_1 < 1.304$，$0.112 < N_2 < 0.667$，$0.086 < N_3 < 0.467$，$0.069 < N_4 < 0.571$。当 $\alpha = 0.5$ 时，$N_1 \approx 0.776$，$N_2 \approx 0.461$，$N_3 \approx 0.324$，$N_4 \approx 0.32$。根据上面的数据，可得 $N_1 > N_2 > N_3 > N_4$。

表 4-8　中国、美国、俄罗斯三个国家"函数"知识团的难度对比

国家	课程时间	课程广度	可比广度	课程深度	可比深度	难度系数
中国	8	10	1.304	1.9	0.248	0.776
美国	24	20	0.833	2.1	0.088	0.461
俄罗斯基础水平	30	17	0.567	2.4	0.08	0.324
俄罗斯深入水平	35	20	0.571	2.4	0.069	0.32

研究结果显示："函数"知识团的课程在广度方面，中国高中代数课程中的"函数"知识点较少，比美国和俄罗斯少将近一半；在深度方面，中国"函数"知识团课程深度比美国、俄罗斯基础水平和深入水平都低，中国和美国"理解"层次的知识点较多，俄罗斯基础水平和深入水平"函数"知识团"理解、应用"层次的知识点较多；在"函数"知识团的授课时间方面，中国的课时最少，与美国、俄罗斯基础水平和深入水平相差很大；在"函数"知识团的整体难度上，中国"函数"知识团的整体难度比美国、俄罗斯基础水平和俄罗斯深入水平要难。

---

① 张凤男. 中美俄高中代数课程难度比较研究——以"函数"为例[D]. 长春：吉林师范大学，2019.

三、概率统计知识团[①]

根据计算得出的数据，以及选定的课程难度模型，可以计算出中国、美国、俄罗斯三个国家"概率与统计"知识团的难度系数(表 4-9)。

中国：$N_1 = \dfrac{1.925}{46}\alpha + \dfrac{40}{46}(1-\alpha) \approx 0.042\alpha + 0.870(1-\alpha) \approx 0.870 - 0.828\alpha$

美国：$N_2 = \dfrac{2.148}{28}\alpha + \dfrac{27}{28}(1-\alpha) \approx 0.077\alpha + 0.964(1-\alpha) \approx 0.964 - 0.887\alpha$

俄罗斯基础水平：$N_3 = \dfrac{2.364}{25}\alpha + \dfrac{11}{25}(1-\alpha) \approx 0.095\alpha + 0.44(1-\alpha) \approx 0.44 - 0.345\alpha$

俄罗斯深入水平：$N_4 = \dfrac{2.846}{35}\alpha + \dfrac{13}{35}(1-\alpha) \approx 0.081\alpha + 0.371(1-\alpha) \approx 0.371 - 0.29\alpha$

于是有：

$N_2 - N_1 = 0.964 - 0.887\alpha - (0.870 - 0.828\alpha)$
$$= 0.094 - 0.059\alpha > 0.094 - 0.059 = 0.035 > 0$$

$N_2 - N_3 = 0.964 - 0.887\alpha - (0.44 - 0.345\alpha) = 0.524 - 0.542\alpha$

$N_2 - N_4 = 0.964 - 0.887\alpha - (0.371 - 0.29\alpha) = 0.593 - 0.597\alpha$

$N_1 - N_3 = 0.870 - 0.828\alpha - (0.44 - 0.345\alpha) = 0.43 - 0.483\alpha$

$N_1 - N_4 = 0.870 - 0.828\alpha - (0.371 - 0.29\alpha) = 0.499 - 0.538\alpha$

若令 $0.524 - 0.542\alpha > 0$，且 $0.593 - 0.597\alpha > 0$，$0.43 - 0.483\alpha > 0$，$0.499 - 0.538\alpha > 0$，则 $0 < \alpha < 0.890$。

由以上公式我们可以说明，美国"概率与统计"的难度系数比中国"概率与统计"的难度系数大；当 $0 < \alpha < 0.890$ 时，美国"概率与统计"的难度系数比俄罗斯基础水平难度系数大，同时比俄罗斯深入水平难度系数大，中国"概率与统计"的难度系数比俄罗斯基础水平难度系数大，同时比俄罗斯深入水平难度系数大。我们知道，当 $0 < \alpha < 1$ 时，并且课程难度可以反映出可比深度与可比广度的侧重程度；当 $\alpha > 0.890$ 时，则说明课程难度过于侧重可比深度，不太符合高中学生的教育模式。对于一个高中生来说，无论从知识点的个数来说，还是从知识点的要求程度来说，都同等重要，所以，为了让本研究更接近高中学生的教育理念，取 $\alpha = 0.5$，当 $\alpha = 0.5$ 时，则 $N_1 \approx 0.456$，$N_2 \approx 0.521$，$N_3 \approx 0.268$，$N_4 \approx 0.226$。

表 4-9　中国、美国、俄罗斯三个国家"概率与统计"知识团的难度比较

国家	课程时间	课程广度	可比广度	课程深度	可比深度	难度系数
中国	46	40	0.870	1.925	0.042	0.456
美国	28	27	0.964	2.148	0.077	0.521
俄罗斯基础水平	25	11	0.44	2.364	0.095	0.268

---

① 于雪. 中美俄高中概率与统计课程难度比较研究[D]. 长春：吉林师范大学，2019.

续表

国家	课程时间	课程广度	可比广度	课程深度	可比深度	难度系数
俄罗斯 深入水平	35	13	0.371	2.846	0.081	0.226

　　研究结果显示："概率与统计"知识团在课程广度方面，中国高中课程标准的知识点最多，相比美国多了将近一半，相比俄罗斯基础水平和深入水平多了三倍多；在课程深度方面，中国课程深度最低，"了解"层次知识点较多，美国"理解"层次知识点较多，俄罗斯基础水平和深入水平"应用"层次知识点较多；在课程时间方面，中国课时最多，其次是俄罗斯深入水平，再次是美国，最后是俄罗斯基础水平；在整体难度方面，中国"概率与统计"知识团的整体难度比美国要低，比俄罗斯基础水平和俄罗斯深入水平要高。俄罗斯深入水平比基础水平难度低，主要是由于课程时间较多。

第四节　俄罗斯高中数学课程的特点及启示

　　从第一代国家教育标准开始，在教育标准的基础上俄罗斯联邦教育部颁布了富有特色的示范性教学大纲。俄罗斯数学教育既有统一要求又有相对开放的空间，在保证国家数学基础教育统一性的前提下，允许地方和不同类型学校创造性地使用大纲和教科书。

　　从俄罗斯国家教育标准修订情况来看，第二代国家教育标准仍然保留了第一代国家教育标准的基本架构，各学段给出总体的国家教育标准，数学学科只是其中的部分，不像我国高中各科都有独立的课程标准。另外，俄罗斯仍然延续了教育标准基础上再给出示范性教学大纲的框架，不是仅仅给出一个课程标准。与第一代国家教育标准和示范性教学大纲不同的是二者之间不再有重复的内容要求和学生毕业学识水平要求。第二代国家教育标准比较宏观，给出的是学生数学学习的基本要求，而示范性教学大纲则要求得较为细致，涉及具体的数学知识内容要求和学时计划等。

　　从俄罗斯正在实施的第二代国家教育标准和示范性教学大纲中，我们能窥见俄罗斯数学教育的一些基本特点，对我国高中数学教育改革有一定的启示作用。

一、数学课程设计

　　具有区别化的数学课程设计，有利于为学生的进一步发展提供空间。俄罗斯当前实施的教育改革非常关注学生的生存选择，教育的区别化成为俄罗斯数学教育改革的重要方向之一。因为俄罗斯的中学生毕业后要么上大学，要么直接就业，所以俄罗斯高中通过分科教学体系实现学生发展的选择性。俄罗斯高中分为三种：普通高中、侧重专业的单科学校和侧重专业的多科学校。这样就使得俄罗斯的学生有四次选择机会：一是分科教学与普通教学的选择，二是分科教学的不同专业的选择，三是学习程度深浅的选择，四是学习范围宽窄的选择。

从课程管理的角度划分，俄罗斯课程可分为三级：联邦、地区和学校。为了实现教育的区别化，形成灵活机动的分科教学体系，2004 年俄罗斯以国家教育标准为依据制订的教学计划将课程分为基础课程、分科课程、选修课三种类型。[①]俄罗斯课程由基础课程和分科课程的组合构成，地区和学校课程只是选修课。基础课程是分科教学学生必修的，它以国家高中数学教育标准(基础水平)为主，保证学生获得最低水平的高中数学教育。分科课程强化了数学的专业化程度，它以国家高中数学教育标准(深入水平)为主，是按照高水平的国家高中数学教育标准设计的内容较多、要求较高的课程。

俄罗斯公布《普通教育高级阶段实行侧重专业式教学的构想》后，侧重专业式教学在普通学校的高中阶段逐步试行。在高年级实行侧重专业式的普通教育结构模式会形成对课程进行不同组合的可能性，这将保证侧重专业式教学体系的灵活性。这一体系包含普通教育的基本课程、侧重性专业课程和选择性课程。其中，普通教育的基本课程是所有的学生必修的；普通教育的侧重性专业课程决定着学生每一门具体专业方向提高水平的课程；普通教育的选择性课程即对于选择这类课程来说是必修的(选定后必须听课)，是高中阶段侧重性专业式教学的组成部分。[②]

俄罗斯的国家数学教育标准既有统一要求又有开放的空间，虽然它是编写个性化教学大纲和教科书的依据，但是它仅对每部分具体教学内容有统一的最少内容，以及最低水平的要求。教学大纲与教材编写者可以创造性地选择更多的教学内容，确定组织教学材料的方法。国家数学教育标准并不限定最后教学所要实现的上限水平。这就为俄罗斯的基础数学教育在保持统一的教育标准下呈现多样化的局面提供了广泛的可能性。

相比之下，我国高中只有一个综合性的课程标准，数学课程虽然分文理科，也分必修课与选修课模块，并且模块与专题异常丰富，尤其是选修系列 3 有 6 个专题，选修系列 4 有 10 个专题；[③]内容上也引进了大量的近、现代数学，涉及较多的数学分支，如信息安全与密码、球面上的几何、对称与群、欧拉公式与闭曲面分类、优选法与试验设计初步、统筹法与图论初步、风险与决策、开关电路与布尔代数等模块或专题内容，有的是俄罗斯数学课程所没有的。但是，现实的尴尬境地却是很多选修专题在多数高中并没有开课。

最为重要的原因是课程改革与教育评价改革不配套，许多选修专题目前并不列入高考的内容，高考指挥棒是这些选修课程难以付诸实施的主要影响因素。另外，我国高中数学师资的水平不均衡，很多学校的师资还不足以开设那么多专题，同时要考虑到数学教学与高考的紧密关系，以及学生是否有能力构建适合于自己未来发展的模块与专题学习序列，况且很多高中数学教师对这些内容也很陌生，很难把握。[④]我们应借鉴俄罗斯国家数学教育标准分水平、分模块的设置方式，将我国高中数学课程标准的教学内容模块适当简化，合并或削减过多的模块与专题，真正落实具有区别化的数学课程。不能总是用一把尺子衡量所有学生，不能再让 95%的学生陪着那少数的 5%去学习一样的数学内容。这样既可以

① 朱小蔓，H.E.鲍列夫斯卡娅，B.П.鲍列辛柯夫. 20—21 世纪之交中俄教育改革比较[M]. 北京：教育科学出版社，2006:507.
② 朱小蔓，李铁君. 当代俄罗斯教育理论思潮[M]. 北京：教育科学出版社，2009:108-109.
③ 中华人民共和国教育部. 普通高中数学课程标准(实验)[M]. 北京：人民教育出版社，2003:66.
④ 朱文芳. 俄罗斯《国家数学教育标准》的特征及其借鉴价值[J]. 比较教育研究，2008，224(9):83-86.

减轻学生的负担，又可以避免这些模块、专题的形同虚设，让学生的选择与自身的兴趣和未来发展需求真正有效地结合起来。

二、教育知识内容

教育标准虽为最低学习要求，知识内容有较大容量和难度。俄罗斯国家数学教育标准规定了学生必学的最少内容，但这只是给出了学生毕业必须达到的最低水平，并不限定最后教学所要实现的上限水平。全国性和地方性的不同类型学校可以创造性地使用各种数学教学大纲。为保证国家基础数学教育的统一性，2007年俄罗斯的国家统一考试(数学)开始以国家数学教育标准为依据编制试题，这样国家统一考试就成为教育标准的保证，为国家了解各个地区教学水平和存在的问题，提出改进教学的建议奠定了基础。当然，俄罗斯的国家数学教育标准中只规定了必学的最少内容以及要达到的最低标准，并未限定不能学习别的数学内容。但是，国家数学教育标准的深入水平与基础水平相比，其要求中包含了更多的数学内容(除了包含与基础水平数学教育标准一样的内容外)，其中很多学习内容是大学的高等数学、难度较高的数学内容，难度远高于我国高中数学课程。

俄罗斯高中数学课程设置上不论是第一代国家教育标准还是第二代国家教育标准都提出了基础和专业(深入)两个层次水平的、具有区别化的要求，既给出了一般基本公民需要的基本素质要求，也给予有志于数学学习的学生更大的学习和发展空间，这也可能是俄罗斯数学精英教育能够成功的地方。例如，基础水平只需学习立体几何，而深入水平(深入)不仅要学习与基础水平一样的立体几何内容，还要进一步学习平面解析几何，包括：三角形角平分线的性质，解三角形，计算三角形的角平分线、中线、高，三角形内切圆和外接圆的半径，三角形的面积公式——海伦公式，用三角形的内切圆和外接圆半径表示的三角形面积公式，圆内角和圆外角，弦切角的计算，相交弦定理，切割线定理，平行四边形的边与对角线的平方和定理，内切和外接多边形，内切和外接四边形的性质和特征，点的几何轨迹，借助几何变换和几何轨迹解决问题，赛瓦定理和梅涅劳斯定理，作为点的轨迹的椭圆、双曲线和抛物线，不可解的古典理论问题(古希腊三大尺规作图问题)。

高中数学教育在一个人的成长过程中至关重要，虽然我国学生长期以来在国际赛事和测试中成绩屡屡名列榜首，但不可否认的是我国对精英教育的重视还不够。我国高中数学课程标准数学内容要求与俄罗斯高中数学课程标准比较来看，我国的最高要求与俄罗斯的最低要求相比还略显少些。俄罗斯高中数学课程标准中专业(深入)水平的内容涵盖的一些知识点，包括："代数"中的整除，带余除法，求方程的整数解，一元多项式，多项式的整除，带余式的多项式，整系数多项式的有理根，余式定理，综合除法，多项式根的个数，二元多项式，多项式的因式分解，牛顿二项式，多元多项式，对称多项式，复合函数，求反函数，不等式证明，两个数的算术平均不等式和几何平均不等式、复数，等等；"数学分析初步"中的利用导数研究函数的凸性，积分的分部积分和换元积分，泰勒级数展开，等等；"几何"中的几何变换和几何轨迹，塞瓦定理、梅内劳斯定理，尺规作图题的不可解性，等等。与中国高中数学课程标准数学内容要求相比，俄罗斯课程难度是较大的，有些基本上是我国大学数学专业才能学习的内容。这可能也与俄罗斯的传统有关，俄罗斯专门有一些数学物理学校，为俄罗斯数学(科学)和世界数学(科学)领域输送了大量的创造性人才，在国际数学教育界和数学英才教育研究及实践中显现出很强的影响力。[①]俄罗斯一些数学经典教科书在全世界范围内具有深刻的影响。俄罗斯的英才教育内容对我国下一轮高中数学课程标准的修订有一定的启示意义，我们过度统一的标准和考试评价对英才教育不利，[②]我们要学习和参考俄罗斯高中数学课程标准，对于数学专业人才、精英人才的培养内容做好充分的考虑和合理的单独设置。

三、数学与信息技术的整合

重视数学与信息技术的整合，为现代信息技术应用提供空间。阿尔文·托夫勒曾指出人类发展的三个阶段：第一次浪潮是以农耕生产为代表的"农业文明"，第二次浪潮是以大规模工业生产为代表的"工业文明"，第三次浪潮则是以计算机和信息技术为代表的"信息社会"。[③]未来，人类社会仍会是高科技迅猛发展的时代，以计算机为基础的信息技术将是文明进程中的主角。以计算机为核心的信息技术越来越广泛地影响着人们的工作和学习，成为信息社会的一种背景文化，成为新世纪公民赖以生存的环境文化。[④]

各个学科的发展对计算机、信息技术、网络技术的依赖越来越强烈，科学家甚至普通人对以计算机为基础的信息技术的依赖也越来越强烈。当前高新技术的发展本质上就是数学技术的发展，而数学技术的发展又在相当大的程度上依赖于计算机、信息技术的发展。

从数学学科发展层面来看，数学学科中有很多分支已不再是传统的用一支笔、一张纸就能开展研究的了，尤其是非线性科学、随机科学等领域要依赖于计算机数值计算、随机模拟等现代方法。四色定理的计算机证明更是提升了以计算机为基础的数学实验科学的地位，实验方法成为数学研究中的重要方法，实验方法不再是其他自然科学的专有方法，数学研究领域诞生了一批"数学实验科学家"。

从教育层面来看，信息技术与各个学科的综合和相互渗透成为新世纪教育发展和改革的强大动力。世界各国都已开始探索计算机、信息技术与课程的整合，我国的普通高中数学课程标准也明确提出"注重信息技术与数学课程的整合"。但是，当前的高中数学课程与计算机、信息技术的整合效果并不是很好。这与数学课程标准中信息技术部分要求过低，高考又很少涉及有关，也与高中有单独的信息技术课程标准有关。当然，我国的教育发展还很不均衡，有些地区在信息技术应用上还只能停留在理论层面，很难转化为具体的教学实践。

俄罗斯第二代国家教育标准重视了数学与信息学的整合，提出了"数学与信息学"整体课程领域的内容和要求，重视算法思维和利用计算机进行数据实验与统计整理的教学。从中我们看到，俄罗斯高中课程改革认识到了现代数学技术的发展将在很大程度上依赖于计算机、信息技术的发展和应用，这对我们未来的高中数学课程标准修订有一定的借鉴和

① 姚芳. 数学英才教育之俄罗斯案例分析[C]//见丘成桐，杨乐，季理真. 数学与教育. 第五辑. 北京：高等教育出版社，2011:139.

② 张英伯，李建华. 英才教育之忧——英才教育的国际比较与数学课程[J]. 数学教育学报，2008,17(6):1-4.

③ 阿尔文·托夫勒. 第三次浪潮[M]. 朱志焱，译. 北京：生活·读书·新知三联书店，1984:10-15.

④ 何克抗.关于信息技术与课程整合的理论思考[J]. 中小学信息技术教育，2002(21):27-36.

启示作用。中国传统数学中最为显著的特色是算法化，为此，我国高中数学课标上一轮修订时特意加强了算法的教学内容和要求，但我们更重视的是算法基本结构和数学思维的训练，重视中国古代优秀算法的文化传统教育，在计算机和信息技术的数学应用与整合上尚待提高。为此，在高中数学课程中提高计算机、信息技术为依托的现代数学方法的教学和要求，对培养具有创新精神的人才是非常重要的。

　　总之，中俄两国除了有着深厚的政治渊源之外，教育传统也血脉相通，虽因各自国情和文化传统不同会表现出一定的差异，但两国课程改革所面临的问题却有着许多共同之处。例如，有着共同的课程改革价值取向，那就是"以人为本"的课程理念；有着相似的课程管理模式，即三级管理模式；有着同中见异的课程结构，即模块教学与分科教学。[①]当然，俄罗斯高中数学课程改革仍有很多独到之处，一些有益的经验值得我们思考和借鉴。

第五节　俄罗斯高中数学教科书简介

　　众所周知，苏联时期俄罗斯属于中央集权制国家，其课程模式属于统一计划、统一大纲、统一教材。21世纪以来，改善、充实基础教育的中心问题是推行国家规模的中小学课程改革。俄罗斯的数学教育也进入了现代改革时期，特别是1991年苏联解体之后，俄罗斯的数学教育开始从行政命令和强权思想中解放出来。[②]数学教育从体制、教材编制、教学方法和教学形式等方面呈现出多样化、个性化和人道化发展的趋势。

　　俄罗斯基础教育课程改革逐渐打破了以往教科书全国通用统一的局面，实现了教科书的多版本化。由数学家和大学教师主编的数学教科书种类丰富，但也都是遵照高中数学教育标准和示范性教学大纲编写的。俄罗斯高中数学课程内容、教科书是分科编排的，分"代数与数学分析初步"和"几何"两科。教科书有合订本的10～11年级的数学教科书，也有分册编写的10年级或11年级数学教科书，有基础水平的、深入水平的、人文倾向的，主要适用于不同类型的学校和学习者的不同选择。

一、代数与数学分析初步(10～11年级)

(一) 柯尔莫戈洛夫主编的《代数与数学分析初步》

　　柯尔莫戈洛夫·安德烈·尼古拉耶维奇(Колмогóров Андрей Николаевич，1903－1987)是莫斯科大学教授，20世纪苏联最杰出的数学家，也是20世纪世界上为数极少的几个影响巨大的数学家之一。(图4-3)他的研究几乎遍及数学的所有领域，做出许多开创性的贡献。主要研究概率论、算法信息论、拓扑学、直觉主义逻辑、湍流、经典力学和计算复杂性理论，最为人称道的当属他对概率论公理化所做出的贡献。他曾说："概率论作为数学学科，

---

① 朱小蔓，鲍列夫斯卡娅，鲍列辛柯夫. 20—21世纪之交中俄教育改革比较[M]. 北京：教育科学出版社，2006:210-211.

② Черкасов Р С. История отечественного школьного математического образования[J]. Математика в школе, 1997г. №2,3,4.

可以而且应该从公理开始建设，和几何、代数的路一样。"概论中的三个公理以他的名字命名。他曾获得过斯大林奖、列宁奖和沃尔夫奖。更为难能可贵的是，他十分重视中学数学教育。他曾指导全国中学生数学奥林匹克竞赛，编写辅导书籍，亲自给学生讲课。他创办了数学物理寄宿学校，培养了大批优秀中学生他先后担任苏联科学院科学教育委员会数学部主任和教育部中学教科书委员会数学部主任，主持编写中学数学教学大纲和教科书，从事各种教学改革试验。

柯尔莫戈洛夫(图 4-3)编写的教科书《代数与数学分析初步》在俄罗斯数学教育界影响深远、使用广泛，该书的质量得到数学家、数学教育人士、一线教师和学生的认可，在俄罗斯联邦教育部组织开展的中学数学教科书编写竞赛活动中曾获得二等奖(当时没有获得一等奖的《代数与数学分析初步》教科书)。[1]

柯尔莫戈洛夫虽然 1987 年就去世了，但这本书一直由其他数学家联名再版。这里选用的《代数与数学分析初步》(10～11 年级)合订本，是俄罗斯联邦国家教育和科学部批准使用的普通教育高中数学教科书，2008 年由莫斯科教育(Просвещение)出版社出版的已是第 17 版。[2](图 4-4)另外四位作者分别是阿布拉莫夫、杜德尼茨、伊夫列夫、施瓦茨布特。

图 4-3　柯尔莫戈洛夫·安德烈·尼古拉耶维奇

图 4-4　柯尔莫戈洛夫主编的《代数与数学分析初步》(10～11 年级)教科书封面

全书共有六章，其中前四章是具体的知识内容，主要包括三角函数、导数及其应用、原函数与积分、指数函数和对数函数。与我国各版本教科书不同的是，该书是从三角函数入手引入的函数概念，进而开展函数相关性质讨论的。教科书最后两章为习题，且区分了不同的难度。[3]该书具体章、节、内容见表 4-10。

---

① 朱文芳. 俄罗斯数学教育的最新进展[M]. 北京：北京师范大学出版社，2011:135.

② Колмогоров А Н, Абрамов А М, Дудницын Ю П, Ивлев Б М, Шварцбурд С И. Алгебра и начала математического анализа[M]. 10－11 классов. Москва:ПросвещениеИздательство,2008.

③ 一般俄罗斯高中数学教科书无论是《代数与数学分析初步》还是《几何》，都会在扉页标记水平，有的是"基础水平"，有的是"基础和专业水平"，有的是"专业水平"，有的是"人文倾向"，但有的教科书没有指明水平，则可以用于基础水平和人文倾向的学习选择使用。下同。

表 4-10 柯尔莫戈洛夫主编《代数与数学分析初步》(10～11 年级)章节内容

章	节	内容
前言		
第一章 三角函数	§1 数值变量的三角函数	1. 正弦、余弦、正切和余切(复习) 2. 三角函数及其图象
	§2 函数基本性质	3. 函数及其图象 4. 函数奇偶性，三角函数周期性 5. 函数单调性，极值 6. 函数研究 7. 三角函数性质，谐振动
	§3 解三角方程和不等式	8. 反正弦、反余弦和反正切 9. 解简单的三角方程 10. 解简单的三角不等式 11. 三角方程和方程组解法实例 历史资料 复习题和问题
第二章 导数及其应用	§4 导数	12. 函数增量 13. 导数概念 14. 函数连续和极限的概念 15. 导数运算法则 16. 复合函数导数 17. 三角函数导数
	§5 连续性和导数的应用	18. 连续性的应用 19. 函数图象的切线 20. 近似计算 21. 物理学和工程学中的导数
	§6 利用导数研究函数	22. 函数增(减)性的特征 23. 函数的拐点，极大值和极小值 24. 导数在研究函数上的应用举例 25. 函数的最大值和最小值
	§6 利用导数研究函数	历史资料 复习题和问题
第三章 原函数与积分	§7 原函数	26. 原函数定义 27. 原函数基本性质 28. 求原函数的三条法则
	§8 积分	29. 曲边梯形的面积 30. 积分，牛顿—莱布尼茨公式

章	节	内容
第三章 原函数与积分	§8 积分	31. 积分应用 历史资料 复习题和问题
第四章 指数函数和对数函数	§9 幂概念的推广	32. n 次根式及其性质 33. 无理方程 34. 有理数指数幂
	§10 指数函数和对数函数	35. 指数函数 36. 解指数方程与不等式 37. 对数及其性质 38. 对数函数 39. 解对数方程和对数不等式 40. 反函数概念
	§11 指数函数和对数函数的导数	41. 指数函数的导数，数 e 42. 对数函数的导数 43. 幂函数 44. 微分方程概念 历史资料 复习题和问题
第五章 复习题	§1 实数	1. 有理数和无理数 2. 百分比，比例 3. 级数
	§2 恒等变换	4. 代数式的变换 5. 含根式和分数指数幂表达式的变换 6. 三角函数表达式的变换 7. 含幂和对数表达式的变换
	§3 函数	8. 有理函数 9. 三角函数 10. 幂函数，指数函数，对数函数
	§4 方程，不等式，方程组和不等式组	11. 有理方程和不等式 12. 无理方程和不等式 13. 三角方程和不等式 14. 指数方程和不等式 15. 对数方程和不等式 16. 有理方程组和不等式组 17. 无理方程组

续表

章	节	内容
第五章　复习题	§4　方程，不等式，方程组和不等式组	18. 三角方程组 19. 指数方程组和对数方程组 20. 建立方程和方程组的问题
	§5　导数，原函数，积分及其应用	21. 导数 22. 导数在研究函数上的应用举例 23. 物理学和工程学中的导数 24. 原函数 25. 积分
第六章　高于正常难度的习题	§1　数与代数式的变换	1. 整数 2. 数学归纳法 3. 实数 4. 代数式的变换 5. 级数
	§2　初等函数及其性质	6. 函数研究 7. 函数图象
	§3　方程(组)和不等式(组)	8. 有理代数方程 9. 有理代数不等式 10. 有理代数方程组 11. 建立方程和方程组的问题 12. 无理方程和不等式 13. 三角方程和方程组、三角不等式和不等式组 14. 指数方程和不等式，对数方程和不等式
	§4　数学分析初步	15. 导数 16. 导数在研究函数上的应用举例 17. 物理学和工程学中的导数 18. 原函数 19. 积分
练习题答案和指示	—	—
主题索引	—	—
目录	—	—

(二)巴什玛科夫主编的《代数与分析初步》

巴什玛科夫·马克·伊万诺维奇(БашмаковМарк Иванович，1937一)，是俄罗斯著名的数学家、教育家，数学和物理科学博士、教授。(图 4-5)1993 年 3 月 17 日成为俄罗斯教育科学院的正式成员，参与组建了普通中等教育部。全苏联奥林匹克数学竞赛的发起人和组织者之一。

巴什玛科夫编写的数学教科书在俄罗斯使用非常广泛。1989 年，在全苏联关于"代数"和"分析方法"的教科书比赛中荣获第一名，他还出版了很多数学教育科学研究著作和一些科普读物。

巴什玛科夫独立编写的普通高中教科书《代数与分析初步》(10～11 年级)合订本①(图 4-6)是俄罗斯联邦教育部推荐教材，在联邦教科书比赛中曾获得第一名。2005 年，由莫斯科大鸨(Дрофа)②出版社出版的已是第 5 版。③

图 4-5　巴什玛科夫·马克·伊万诺维奇

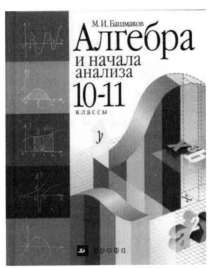

图 4-6　巴什玛科夫主编的《代数与分析初步》
(10～11 年级)教科书封面

全书共六章，知识点主要包括函数、导数、三角函数、指数和对数函数、积分等。每一章首包含对已学过知识的检测题。接着设置了序言导读以引入本章知识内容，并在章末设置了阅读资料，对本章知识进行补充、提升。

该书和柯尔莫戈洛夫主编的《代数与数学分析初步》不同，但和我们国家高中教科书类似，直接从函数概念入手，三角函数放在后面讲授。但是，值得注意的是，它是先讲导数，然后利用导数的应用研究函数的性质，不像我们的教科书都是先讲基本初等函数及其性质，再讲导数和微积分。该书具体章、节内容见表 4-11。

----

　① 译者注：俄罗斯高中教科书有的作者书名叫《代数与数学分析初步》(Алгебра и начала математического анализа)，有的则简单地叫《代数与分析初步》(Алгебра и началаанализа)。

　② 大鸨(学名：Otis tarda)是鹤形目鸨科的大型地栖鸟类。广布于欧亚大陆，从欧洲的伊比利亚半岛向东到亚洲的土耳其、蒙古国、俄罗斯、中国和朝鲜半岛。这里将直译为大鸨出版社。

　③ Башмаков М И. Алгебра и началаанализа[M]. 10－11 класс. Москва:ДрофаИздательство,2005.

表 4-11 巴什玛科夫主编的《代数与分析初步》(10～11 年级)章节内容

章	节
前言	
第一章 函数与图象	已学知识检测
	序言导读
	§1 函数概念
	§2 图象的解读
	§3 线性函数
	§4 图象变换
	章末阅读
	第一章习题
	第一章检测作业
第二章 导数及其应用	已学知识检测
	序言导读
	§1 导数计算
	§2 导数在研究函数上的应用
	§3 导数应用
	章末阅读
	第二章习题
	第二章检测作业
第三章 三角函数	已学知识检测
	序言导读
	§1 三角函数定义及简单性质
	§2 三角函数研究
	§3 恒等变换
	§4 三角方程
	章末阅读
	第三章习题
	第三章检测作业
第四章 指数函数和对数函数	已学知识检测
	序言导读
	§1 指数函数
	§2 对数函数
	§3 指数方程与不等式、对数方程与不等式
	章末阅读
	第四章习题
	第四章检测作业

章	节
第五章　积分及其应用	已学知识检测 序言导读 §1　积分计算 §2　积分应用 章末阅读 第五章习题 第五章检测作业
第六章　方程和不等式	已学知识检测 序言导读 §1　一元方程 §2　一元不等式 §3　方程组 章末阅读 第六章习题 第六章检测作业
应用	函数研究的问题 实践活动 参考资料(译者注：书中重要公式的总结) 答案
目录	

　　作为对比，这里我们同时选取了巴什玛科夫独立主编的高中《代数与分析初步》10 年级和 11 年级分册编写的教科书(图 4-7)，该书也是俄罗斯联邦教育部推荐教材，在联邦教科书比赛中曾获得第一名。2008 年，莫斯科大鸨出版社出版的第 1 版，是可以作为基础水平(базовыйуровень)的数学学习使用的教科书。[①]

　　教科书中每一章首都包含对已学过知识的检测题。在章首还设置了序言导读，以引入本章知识内容，在章末设置了章末阅读，对本章知识进行补充、提升。可以看到，分册编写的教科书虽然也是基础水平，但在容量上比合订本大得多，在合订本基础上增加了复数、组合数学、概率统计和多项式等内容。该书的具体章、节、内容见表 4-12。

---

① Башмаков М И. Алгебра и началаанализа[M].10/11 класс (базовый уровень). Москва:ДрофаИздательство,2008.

图 4-7　巴什玛科夫主编的《代数与分析初步》(10/11 年级)封面

表 4-12　巴什玛科夫主编的《代数与分析初步》(10/11 年级)章节内容

10 年级	11 年级
第一章　整数与多项式 已学知识检测 序言导读 §1　数的整除 §2　同余 §3　求整数解问题 §4　多项式的整除 §5　多项式的根 §6　多元多项式 章末阅读 习题	第一章　复数 已学知识检测 序言导读 §1　复数运算 §2　复数的三角形式 章末阅读 习题
第二章　根式，幂和对数 已学知识检测 序言导读 §1 根式 §2 幂 §3 对数 §4　指数方程和对数方程 章末阅读 习题	第二章　数学分析初步 已学知识检测 序言导读 §1　导数运算 §2　基本初等函数的导数 §3　利用导数研究函数 §4　导数应用 §5　数列及其极限 §6　积分定义 §7　积分运算 §8　积分应用

续表

10 年级	11 年级
	章末阅读
	习题
第三章 组合数学和统计学	第三章 概率
序言导读	已学知识检测
§1 排列	序言导读
§2 全排列	§1 古典概率定义
§3 组合	§2 概率的计算
§4 牛顿二项式	§3 重复试验
§5 解组合数学问题	§4 几何概率
§6 数值数据的认识	章末阅读
章末阅读	习题
习题	
第四章 三角函数	第四章 方程与不等式
已学知识检测	已学知识检测
序言导读	序言导读
§1 三角函数值	§1 数
§2 恒等变换	§2 代数式
§3 三角方程	§3 函数
章末阅读	§4 方程和方程组
习题	§5 不等式
	章末阅读
	习题
第五章 函数与图象	答案
已学知识检测	目录
序言导读	
§1 函数概念	
§2 函数性质	
§3 函数变换	
§4 幂函数，指数函数和对数函数	
§5 三角函数	
章末阅读	
习题	
附录1 研究作业	
附录2 参考资料	
答案	
目录	

(三) 科里亚金主编的《代数与数学分析初步》

科里亚金·尤里·米哈伊洛维奇(Колягин Юрий Михайлович，1927－)(图 4-8)，是俄罗斯著名的数学教育家，1959 年毕业于莫斯科州克鲁普斯卡娅师范学院数学物理系，1963 年在博士生导师安德罗诺夫(苏联科学学院院士)指导下通过题为"关于高中数学教育和新教学方法的改革"的副博士学位论文答辩，1977 年通过题为"在学生的思维发展和数学学习中习题的作用和地位"的博士学位论文答辩，1993 年成为俄罗斯教育科学院的正式成员。科里亚金发表过《俄罗斯的学校和数学教育》《中学数学教学方法》[①]等数学教育科学研究成果，许多作品已被翻译成多种外国语言出版。他积极参加各种教学改革，是俄罗斯大学、普通中等学校和中等技术学校数学教科书和教学大纲主要编写者之一。

图 4-8　科里亚金·尤里·米哈伊洛维奇

科里亚金主编的 7～11 年级数学教科书，从 1978 年开始至今一直在俄罗斯中学范围内有着很大的影响。他与特卡乔娃、费多罗娃、沙布尼共同编写的《代数与数学分析初步》(10/11 年级)高中数学教科书影响也很大，被广泛使用。(图 4-9)这里选取的是莫斯科教育出版社 2011 年版的 10 年级、11 年级分册编写的教科书。10 年级为第 4 次再版，11 年级为第 3 次再版。该书由俄罗斯联邦教育和科学部批准，捷士切尼卡审校，可提供给学生用于基础水平和专业水平(базовый и профильный уровни)的学习。[②]

该书 10 年级首先复习、回顾了初中学过的代数知识。与柯尔莫戈洛夫和巴什马科夫的教科书一样，除了基本内容之外，还包含复数、组合数学、概率统计和多项式等内容。不过该教科书中没有单列函数及其性质的内容，而是直接处理的幂函数、指数函数、对数函数、三角函数概念及其性质。该书具体章、节内容见表 4-13。

---

① Колягин Ю М, Оганесян В А, Саннинский В Я, Луканин Г Л. Методика преподавания математики в средней школе[M]. Москва:ПросвещениеИздательство, 1975.

② Колягин Ю М, Ткачева М В, Федорова Н Е, Шабунин М И. Алгебра и начала математического анализа[M]. 10/11 класс (базовый и профильный уровни).Москва:ДрофаИздательство,2011.

图 4-9　科里亚金主编的《代数与数学分析初步》(10/11 年级)教科书封面

表 4-13　科里亚金主编的《代数与数学分析初步》(10/11)年级章节内容

10 年级	11 年级
第一章　7～9 年级代数(复习)	第一章　三角函数
§1　代数式	§1　三角函数定义域和值域
§2　一次方程和方程组	§2　三角函数奇偶性、周期性
§3　数值不等式和一元一次不等式	§3　函数 $y=\cos x$ 的性质及其图象
§4　一次函数	§4　函数 $y=\sin x$ 的性质及其图象
§5　平方根	§5　函数 $y=tgx, y=ctgx$ 的性质及其图象
§6　二次方程	§6　反三角函数
§7　二次函数	
§8　二次不等式	
§9　函数的性质和图象	
§10　级数和复利	
§11　统计学初步	
§12　集合	
§13　逻辑学	
第二章　数的整除	第二章　导数及其几何意义
§1　整除概念，和与积的整除	§1　数列极限
§2　带余除法	§2　函数极限
§3　整除的特征	§3　函数连续性
§4　同余	§4　导数定义
§5　求方程的数值解	§5　微分法则
	§6　幂函数的导数
	§7　初等函数的导数
	§8　导数的几何意义

10 年级	11 年级
第三章　多项式，代数方程	第三章　利用导数研究函数
§1　一元多项式	§1　增函数和减函数
§2　霍纳法则	§2　函数极值
§3　多项式 $P(x)$ 及其根，贝祖定理	§3　函数最大值和最小值
§4　代数方程，贝祖定理的推论	§4　二阶导数，函数的凸性和拐点
§5　用因式分解法解代数方程	§5　画函数图象
§6　二项式 $x^m \pm a^m$ 与 $x \pm a$ 的整除	
§7　对称多项式	
§8　多元多项式	
§9　高次幂的缩写形式，牛顿二项式	
§10　方程组	
第四章　实数指数幂	第四章　原函数与积分
§1　实数	§1　原函数
§2　无限递减的几何级数	§2　求原函数的法则
§3　自然数次算术方根	§3　曲边梯形的面积，积分及其计算
§4　有理数指数幂和实数指数幂	§4　积分在计算图形面积中的应用
	§5　积分在解决物理学问题中的应用
	§6　简单的微分方程
第五章　幂函数	第五章　组合数学
§1　幂函数，性质及其图象	§1　数学归纳法
§2　互为反函数，复合函数	§2　乘法原理，可重复排列
§3　线性分式函数	§3　全排列
§4　等价方程与等价不等式	§4　不可重复排列
§5　无理方程	§5　不可重复组合及牛顿二项式
§6　无理不等式	§6　可重复组合
第六章　指数函数	第六章　概率论初步
§1　指数函数，性质及其图象	§1　事件的可能性
§2　指数方程	§2　概率加法
§3　指数不等式	§3　条件概率，事件的独立性
§4　指数方程组和不等式组	§4　独立事件的乘积的概率
	§5　贝努利公式
第七章　对数函数	第七章　复数
§1　对数	§1　复数定义，复数的加法和乘法
§2　对数性质	§2　共轭复数，复数的模，减法和除法运算
§3　常用对数和自然对数，换底公式	§3　复数的几何表示

续表

10 年级	11 年级
§4　对数函数，性质及其图象	§4　复数的三角形式
§5　对数方程	§5　三角形式写法的复数的乘法和除法，隶莫弗公式
§6　对数不等式	§6　未知元是复数的二次方程
	§7　求复数根，代数方程
第八章　三角公式	第八章　二元方程和不等式
§1　角的弧度单位	§1　二元线性方程和不等式
§2　绕坐标起点转动的点	§2　二元非线性方程和不等式
§3　角的正弦、余弦、正切定义	§3　二元含参数方程和不等式
§4　角的正弦、余弦、正切符号	
§5　同一角的正弦、余弦、正切的关系	
§6　三角恒等式	
§7　角 α 和角 $-\alpha$ 的正弦、余弦、正切	
§8　两角和公式	
§9　二倍角正弦、余弦、正切	
§10　半角正弦、余弦、正切	
§11　诱导公式	
§12　正弦的和与差，余弦的和与差	
§13　正、余弦的乘积	
第九章　三角方程	代数与数学分析初步课程总结性复习题
§1　方程 $\cos x = a$	
§2　方程 $\sin x = a$	
§3　方程 $\text{tg} x = a$	
§4　三角代数方程，齐次方程和线性方程	
§5　换元法和因式分解法，三角方程左右两侧分析法	
§6　三角方程组	
§7　三角不等式	
主题索引	主题索引
答案	答案

　　作为比较，这里我们还选取科里亚金主编的《代数与数学分析初步》(10/11 年级)专业水平(профильный уровни)高中数学教科书，该书由莫斯科谟涅(Мнемозина)①出版社第 8 次再版，10 年级(2009)、11 年级(2010)分册编写的教科书。(图 4-10)该书可以提供给学生

---

　　① 译者注：谟涅摩绪涅(古希腊语：Μνημοσύνη，英语：Mnemosyne，俄语：Мнемозина)，希腊神话里司记忆、语言、文字的女神，十二"提坦"之一。根据赫西俄德《神谱》记载，她是"乌拉诺斯"和"该亚"之女，和"宙斯"结合生下了九位"缪斯"。在许多神话和传说中，她作为缪斯的母亲，最初是口头叙事诗人的庇护者。俄罗斯 Мнемозина 出版社在出版教科书方面与教育出版社齐名，这里将 МнемозинаИздательство 简单音译为"谟涅"出版社。

用于专业水平的学习。①该书的编者是特卡乔娃、费多罗娃、沙布尼、西多罗夫。

图 4-10 科里亚金主编的《代数与数学分析初步》(10/11 年级)教科书封面

该书包含了实数、实数指数幂，指数函数，幂函数，对数函数，方程组，三角公式，三角方程，三角函数，导数及其应用，积分，复数，组合数学初步，认识概率，整数的整除、方程的整数解，多项式和代数方程等内容。其中带星号的内容包括：二阶导数，凸性和拐点；积分在解决物理学问题中的应用；简单的微分方程；复数的模和幅角的性质等；教科书扉页注释指出是"选修的、作为补充的更难内容"。该书的具体章、节内容见表 4-14。

表 4-14 科里亚金主编的《代数与数学分析初步》(10/11 年级)章节内容

10 年级章节情况	11 年级节情况
前言	
第一章 实数，实数指数幂	第一章 导数及其应用
§1 有理数	§1 数列极限，连续函数
§2 无限递减的几何级数	§2 导数
§3 实数	§3 微分法则
§4 自然数次算术方根	§4 幂函数导数
§5 有理数指数幂	§5 一些初等函数的导数
§6 实数指数幂	§6 导数几何意义
第一章练习题	§7 增函数和减函数
历史资料	§8 函数的极值
	§9 导数在画函数图象上的应用
	§10 函数最大值和最小值
	§11* 二阶导数，凸性和拐点

---

① Колягин Ю М, Сидоров Ю В, Ткачева М В, Федорова Н Е, Шабунин М И. Алгебра и начала математического анализа[M]. 10/11 класс (профильный уровни). Москва: МнемозинаИздательство, 2009/2010.

10 年级章节情况	11 年级章节情况
	第一章习题
	历史资料
第二章　指数函数	第二章　积分
§7　指数函数，性质及其图象	§12　原函数
§8　指数方程和不等式	§13　求原函数的法则
第二章练习题	§14　曲边梯形的面积，积分及其计算
历史资料	§15　借助积分求面积
	§16*　积分在解决物理学问题中的应用
	§17*　简单的微分方程
	第二章习题
	历史资料
第三章　幂函数	第三章　复数
§9　幂函数，性质及其图象	§18　复数定义
§10　互为反函数	§19　复数的加法和乘法
§11　等价方程与等价不等式	§20　复数的模
§12　无理方程	§21　复数的减法和除法
§13　无理不等式	§22　复数的几何表示
第三章练习题	§23　复数的三角形式
历史资料	§24*　复数的模和幅角的性质
	§25　未知元是复数的二次方程
	§26*　求解代数方程的实例
	第三章习题
	历史资料
第四章　对数函数	第四章　组合数学初步
§14　对数	§27　组合数学问题，乘法原理
§15　对数性质	§28　全排列
§16　常用对数和自然对数，换底公式	§29　排列
§17　对数函数，性质及其图象	§30　组合及其性质
§18　对数方程	§31　牛顿二项式
§19　对数不等式	第四章习题
第四章练习题	历史资料
历史资料	
第五章　方程组	第五章　认识概率
§20　代入法	§32　事件的可能性
§21　加法	§33　概率的加法

10 年级章节情况	11 年级章节情况
§22　用不同方法解方程组	§34　对立事件
§23　利用方程组解决问题	§35　条件概率
第五章练习题	§36　独立事件
历史资料	第五章习题
	历史资料
第六章　三角公式	第六章　整数的整除，方程的整数解
§24　角的弧度单位	§37　整除概念，和与积的整除
§25　绕坐标起点转动的点	§38　带余除法，整除的特征
§26　角的正弦、余弦、正切定义	§39　同余
§27　角的正弦、余弦、正切符号	§40　求方程的整数解
§28　同一角的正弦、余弦、正切的关系	第六章习题
§29　三角恒等式	历史资料
§30　角 α 和角 $-\alpha$ 的正弦、余弦、正切	
§31　两角和公式	
§32　二倍角正弦、余弦、正切	
§33　半角正弦、余弦、正切	
§34　诱导公式	
§35　正弦的和与差，余弦的和与差	
§36　正、余弦乘积	
第六章练习题	
历史资料	
第七章　三角方程	第七章　多项式和代数方程
§37　方程 $\cos x = a$	§41　多项式及其代数运算
§38　方程 $\sin x = a$	§42　多项式的整除，霍纳法则
§39　方程 $\mathrm{tg}\, x = a$	§43　代数方程及其根，贝祖定理
§40　方程 $\mathrm{c\,tg}\, x = a$	§44　多项式的因式分解
§41　二次方程	§45　二元和三元多项式
§42　关于 $\sin x, \cos x$ 的齐次方程	第七章习题
§43　关于 $\sin x, \cos x$ 的一次方程	历史资料
§44　换元法解方程	
§45　因式分解法解方程	
§46　解三角方程的各种例子	
§47　含根式和绝对值的方程	
§48　三角方程组	
§49　三角方程增根和失根的产生	

续表

10 年级章节情况	11 年级章节情况
第七章练习题 历史资料	
第八章　三角函数 §50　三角函数周期性 §51　函数 $y = \sin x$，性质及其图象 §52　函数 $y = \cos x$，性质及其图象 §53　函数 $y = \operatorname{tg} x, y = \operatorname{ctg} x$，性质及其图象 §54　三角不等式 §55　反三角函数 第八章练习题 历史资料	代数课程总结性复习题 课外作业
答案 附录 目录	答案 目录

(四) 莫尔特戈维奇主编的《代数与数学分析初步》

莫尔特戈维奇·亚历山大·格里戈尔耶维奇(МордковичАлександр Григорьевич)(图 4-11)是莫斯科国立师范大学董事会主席，数学系数学分析与数学教学法教研室教授，教育学博士；1962 年毕业于弗·伊·列宁国立莫斯科师范学院；1966 年研究生毕业于莫斯科国立师范学院。莫尔特戈维奇从事中等学校和高等学校数学教学方法研究，是教育领域的俄罗斯联邦总统奖获得者，荣获乌申斯基奖章。

莫尔特戈维奇撰写的数学教科书、研究著作等科学出版物数量有 300 多部，其中包括 100 多部为中小学生、中学应届毕业生(高等院校或中专报考人员)、教育学院学生、数学教师编写的数学书籍。俄罗斯许多学校都采用了他的中小学教科书，包括《数学》(4～6 年级)(与 И.И.Зубарева 合写的)、《代数》(7～9 年级)、《代数与数学分析初步》(10～11 年级)等。

莫尔特戈维奇主编的《代数与数学分析初步》(10～11 年级)合订本教科书，(图 4-12)是俄罗斯联邦教育和科学部批准使用的普通高中数学教材,于 2009 年由莫斯科谟涅(Мнемозина)出版社出版的是第 10 版,[①]可以提供给学生用于基础水平的学习。该书分成两部分，第 1 部分(Часть 1)是教科书，其中包含具体的学习和教学方面的数学知识；第 2 部分是每一章课业习题的详细解法，且单独成册。这里我们只介绍第 1 部分教科书知识，具体章、节内容见表 4-15。

---

① Мордкович А Г. Алгебра и начала математического анализа[М]. 10－11 класс(базовыйуровни),Часть 1.Москва: МнемозинаИздательство,2009.

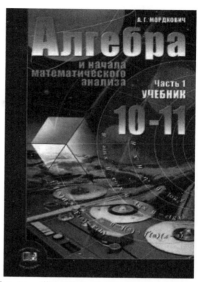

图 4-11 莫尔特戈维奇·亚历山大·格里戈尔耶维奇

图 4-12 莫尔特戈维奇主编的《代数与数学分析初步》(10～11 年级)封面

表 4-15 莫尔特戈维奇主编的《代数与数学分析初步》(10～11 年级)章节内容

章	节
写给教师的话	
第一章 数值函数	§1 数值函数定义及其表示方法
	§2 函数性质
	§3 反函数
第二章 三角函数	§4 数值圆
	§5 坐标平面中的数值圆
	§6 正弦和余弦，正切和余切
	§7 数值变量的三角函数
	§8 角变量的三角函数
	§9 诱导公式
	§10 函数 $y = \sin x$ ，性质及其图象
	§11 函数 $y = \cos x$ ，性质及其图象
	§12 函数 $y = \sin x$ ， $y = \cos x$ 的周期性
	§13 三角函数图象变换
	§14 函数 $y = \mathrm{tg}x$ ， $y = \mathrm{ctg}x$ 及其性质和图象
第三章 三角方程	§15 反余弦，解方程 $\cos t = a$
	§16 反正弦，解方程 $\sin t = a$
	§17 反正切和反余切，解方程 $\mathrm{tg}x = a$ ， $\mathrm{ctg}x = a$
	§18 三角方程

章	节
第四章　三角函数变换公式	§19　两角和与差的正弦和余弦
	§20　两角和与差的正切
	§21　二倍角公式
	§22　三角函数和化积变换
	§23　三角函数积化和变换三角学基本公式(公式表——译者注)
第五章　导数	§24　数列极限
	§25　无穷几何级数和
	§26　函数极限
	§27　导数定义
	§28　导数计算
	§29　与函数图象相切的切线方程
	§30　导数在研究函数的单调与极值上的应用
	§31　画函数图象
	§32　利用导数求函数的最大值和最小值
第六章　幂和根，幂函数	§33　实数 n 次方根的概念
	§34　函数 $y = \sqrt[n]{x}$ ，性质及其图象
	§35　n 次方根的性质
	§36　含根式表达式的变换
	§37　幂指数概念的推广
	§38　幂函数及其性质和图象
第七章　指数函数和对数函数	§39　指数函数，性质及其图象
	§40　指数方程和不等式
	§41　对数概念
	§42　函数 $y = \log_a^x$ ，性质及其图象
	§43　对数性质
	§44　对数方程
	§45　对数不等式
	§46　对数的换底
	§47　指数函数与对数函数的微分
第八章　导数与积分	§48　导数
	§49　定积分
第九章　数学统计学、组合数学、概率论的基本原理	§50　数据的统计整理
	§51　简单的概率问题
	§52　排列、组合与全排列

续表

章	节
第九章　数学统计学、组合数学、概率论的基本原理	§53　牛顿二项式公式
	§54　随机事件及其概率
第十章　方程和不等式，方程组和不等式组	§55　方程的等价性
	§56　解方程的基本方法
	§57　解一元不等式
	§58　二元方程和不等式
	§59　方程组
	§60　含参方程和不等式
主题索引	
目录形式的简略学期课时计划安排	
目录	

　　作为比较，这里我们还选取了莫尔特戈维奇和谢米奥诺夫共同编写的《代数与数学分析初步》(10/11 年级)分册编写的教科书。(图 4-13)该书是俄罗斯联邦教育和科学部批准使用的普通高中数学教材，由莫斯科谟涅出版社于 2009 年出版的第 10 册的第 6 版，2012 年出版的第 11 册的第 6 版，[①]可以提供给学生用于专业水平的学习。

　　该书分成两部分：第 1 部分(Часть 1)是教科书，包含具体的学习和教学方面的数学知识；第 2 部分是单独成册的，包含每一章课业习题的详细解法。这里我们只介绍每一册第 1 部分教科书的知识情况。

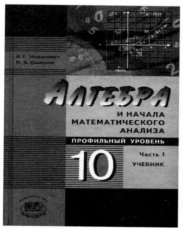

图 4-13　莫尔特戈维奇和谢米奥诺夫共同编写的《代数与数学分析初步》(10/11 年级)教科书封面

　　该书共 14 章，10 年级包括 8 章内容，分别是实数、数值函数、三角函数、三角方程、三角函数变换公式、复数、导数、组合数学和概率，11 年级包括 6 章内容，分别是多项式、

---

　　① Мордкович А Г, Семенов П В. Алгебра и начала математического анализа[M]. 10/11 класс(профильный уровни)Часть 1.Москва: МнемозинаИздательство,2009/2012.

幂和方根，幂函数、指数函数和对数函数、导数与积分、数学统计学和概率论基本原理、方程和不等式、方程组和不等式组。该书具体章、节内容见表 4-16。

表 4-16　莫尔特戈维奇和谢米奥诺夫共同编写的《代数与数学分析初步》(10/11 年级)章节内容

10 年级章节情况	11 年级章节情况
写给教师的话	写给教师的话
第一章　实数	第一章　多项式
§1　自然数和整数	§1　一元多项式
1. 自然数的整除	§2　多元多项式
2. 整除特征	§3　高次方程
3. 质数和合数	
4. 带余除法	
5. 几个自然数的最大公约数和最小公倍数	
6. 自然数的算术基本定理	
§2　有理数	
§3　无理数	
§4　实数集	
1. 实数和数轴	
2. 用数表示不等式	
3. 用数表示区间	
4. 实数公理体系	
§5　实数的绝对值	
§6　数学归纳法	
第二章　数值函数	第二章　幂和方根，幂函数
§7　数值函数定义及其问题的解法	§4　实数 n 次方根的概念
§8　函数性质	§5　函数 $y = \sqrt[n]{x}$，性质及其图象
§9　函数周期性	§6　n 次方根的性质
§10　反函数	§7　无理表达式的变换
	§8　任意有理数指数幂的概念
	§9　幂函数，性质及其图象
	§10　求复数根
第三章　三角函数	第三章　指数函数和对数函数
§11　数值圆	§11　指数函数，性质及其图象
§12　坐标平面中的数值圆	§12　指数方程
§13　正弦和余弦，正切和余切	§13　指数不等式
1. 正弦和余弦	§14　对数概念
2. 正切和余切	§15　对数函数，性质及其图象
§14　数值变量的三角函数	§16　对数性质

续表

10 年级章节情况	11 年级章节情况
§15　角变量的三角函数	
§16　函数 $y=\sin x$ ，$y=\cos x$ ，性质和图象	§17　对数方程
1. 函数 $y=\sin x$	§18　对数不等式
2. 函数 $y=\cos x$	§19　指数函数与对数函数的微分
§17　画函数 $y=mf(x)$ 图象	
§18　画函数 $y=f(kx)$ 图象	
§19　谐振动图象	
§20　函数 $y=\text{tg}x$，$y=\text{ctg}x$ ，性质和图象	
§21　反三角函数	
1. 函数 $y=\arcsin x$	
2. 函数 $y=\arccos x$	
3. 函数 $y=\text{arctg}x$	
4. 函数 $y=\text{arcctg}x$	
5. 反三角函数变换公式	
第四章　三角方程	第四章　导数与积分
§22　简单的三角方程和不等式	§20　导数和不定积分
1. 简单三角方程的初步认识	§21　定积分
2. 解方程 $\cos t=a$	
3. 解方程 $\sin t=a$	
4. 解方程 $\text{tg}x=a$ ，$\text{ctg}x=a$	
5. 简单的三角方程	
§23　三角方程解法	
1. 换元法	
2. 因式分解法	
3. 齐次三角方程	
第五章　三角函数变换公式	第五章　数学统计学和概率论基本原理
§24　两角和与差的正弦和余弦	§22　几何概率
§25　两角和与差的正切	§23　贝努利试验
§26　诱导公式	§24　信息加工整理的统计方法
§27　二倍角公式，降幂公式	§25　高斯曲线，大数定律
§28　三角函数和化积变换	
§29　三角函数积化和变换	
§30　将 $A\sin x+B\cos x$ 变换成 $C\sin(x+t)$	
§31　三角方程解法(后续部分)	

10 年级章节情况	11 年级章节情况
第六章　复数	第六章　方程和不等式，方程组和不等式组
§32　复数及其代数运算	§26　方程的等价性
§33　复数和坐标平面	§27　解方程的基本方法
§34　复数的三角形式	§28　不等式的等价性
§35　复数和二次方程	§29　含绝对值的方程和不等式
§36　求复数的乘方，求三次复数方根	§30　无理方程和不等式
	§31　不等式的证明
	§32　二元方程和不等式
	§33　方程组
	§34　含参数的问题
第七章　导数	附页
§37　数列	
1. 数列定义及其问题的解法	
2. 数列性质	
§38　数列极限	
1. 数列极限定义	
2. 收敛数列性质	
3. 数列极限的计算	
4. 无穷几何级数和	
§39　函数极限	
1. 趋近于无穷大的函数极限	
2. 趋近于某一点的函数极限	
3. 变量的增量，函数的增量	
§40　导数定义	
1. 引出导数概念的问题	
2. 导数定义	
§41　导数计算	
1. 微分公式	
2. 微分法则	
3. n 阶导数概念和计算	
§42　复合函数微分，反函数微分	
§43　函数图象的切线方程	
§44　利用导数研究函数	
1. 函数单调性的研究	
2. 求极值点	

续表

10 年级章节情况	11 年级章节情况
3. 利用导数证明恒等式和不等式 §45 画函数图象 §46 利用导数求函数最大值和最小值 1. 求区间上连续函数的最大值和最小值 2. 求最大值和最小值问题	
第八章 组合数学和概率 §47 乘法原理，排列和阶乘 §48 元素的选取，二项式系数 §49 随机事件及其概率	主题索引
目录形式的简略学期课时计划安排	目录
主题索引	
目录	

（五）阿利莫夫主编的《代数与数学分析初步》

阿利莫夫·沙夫卡尔·阿里夫特雅诺维奇(АлимовШавкар Арифджанович)(图 4-14)，乌兹别克斯坦共和国数学与物理科学院士，主要从事数学物理方程、椭圆算子谱理论、经典调和分析边界值问题方面的研究工作；乌兹别克斯坦国立大学教授，莫斯科国立大学、莫斯科国立罗蒙诺索夫大学塔什干分院兼职教授，1987－1990 年曾在乌兹别克斯坦 1991 年从苏联独立出去之前的苏联塔什干大学担任校长。现兼任哈萨克斯坦主办的《欧亚数学杂志》(Eurasian Mathematical Journal)编委。

图 4-14 阿利莫夫·沙夫卡尔·阿里夫特雅诺维奇

阿利莫夫作为数学家积极参与中小学数学教材编写工作，他负责主编的初中数学《代数》(7～9 年级)教科书影响很大。这里我们选取了阿利莫夫主编的《代数与数学分析初步》(10～11 年级合订本)(图 4-15)，该书是他和科里亚金、西多罗夫、费多罗娃、沙布宁共同编写的高中数学教科书，是俄罗斯联邦国家教育和科学部批准的普通教育高中教材，2007 年由莫斯科教育出版社出版的是第 15 版。①

---

① Алимов Ш А, Колягин Ю М, Сидоров Ю В, Федорова Н Е, Шабунин М И. Алгебра и начала математического анализа[M]. 10－11 классов. Москва:ПросвещениеИздательство,2007.

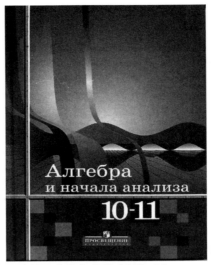

图 4-15　阿利莫夫主编的《代数与数学分析初步》(10～11 年级)教科书封面

全书共 10 章，主要包括实数、幂函数、指数函数、对数函数、三角公式、三角方程、三角函数、导数及其几何意义、利用导数研究函数、积分。其中带有星号的内容包括：无理不等式，半角正弦、余弦、正切，简单的三角不等式解法实例，反三角函数，函数的凸性、拐点，导数和积分在解决实际问题上的应用等，是选修的、作为补充的更难程度的内容。该书具体章、节内容见表 4-17。

表 4-17　阿利莫夫主编的《代数与数学分析初步》(10～11 年级)章节内容

章	节
第一章　实数	§1　整数与有理数
	§2　实数
	§3　无限递减的几何级数
	§4　自然数次算术方根
	§5　有理数指数幂和实数指数幂
	第一章练习题
第二章　幂函数	§6　幂函数，性质及其图象
	§7　互为反函数
	§8　等价方程与等价不等式
	§9　无理方程
	§10*　无理不等式
	第二章练习题
第三章　指数函数	§11　指数函数，性质及其图象
	§12　指数方程
	§13　指数不等式
	§14　指数方程组和不等式组

续表

章	节
第三章　指数函数	第三章练习题
第四章　对数函数	§15　对数
	§16　对数性质
	§17　常用对数和自然对数
	§18　对数函数，性质及其图象
	§19　对数方程
	§20　对数不等式
	第四章练习题
第五章　三角公式	§21　角的弧度单位
	§22　绕坐标起点转动的点
	§23　角的正弦、余弦、正切定义
	§24　角的正弦、余弦、正切符号
	§25　同一角的正弦、余弦、正切的关系
	§26　三角恒等式
	§27　角 α 和角 $-\alpha$ 的正弦、余弦、正切
	§28　两角和公式
	§29　二倍角正弦、余弦、正切
	§30*　半角正弦、余弦、正切
	§31　诱导公式
	§32　正弦的和与差，余弦的和与差
	第五章练习题
第六章　三角方程	§33　方程 $\cos x = a$
	§34　方程 $\sin x = a$
	§35　方程 $\mathrm{tg}\,x = a$
	§36　解三角方程
	§37*　简单的三角不等式解法实例
	第六章练习题
第七章　三角函数	§38　三角函数的定义域和值域
	§39　三角函数奇偶性、周期性
	§40　函数 $y = \cos x$ 的性质及其图象
	§41　函数 $y = \sin x$ 的性质及其图象
	§42　函数 $y = \mathrm{tg}\,x$ 的性质及其图象
	§43*　反三角函数
	第七章练习题

续表

章	节
第八章　导数及其几何意义	§44　导数
	§45　幂函数的导数
	§46　微分法则
	§47　一些初等函数的导数
	§48　导数的几何意义
	第八章练习题
第九章　利用导数研究函数	§49　增函数和减函数
	§50　函数极值
	§51　导数在画函数图象上的应用
	§52　函数的最大值和最小值
	§53*　函数的凸性，拐点
	第九章练习题
第十章　积分	§54　原函数
	§55　求原函数法则
	§56　曲边梯形面积和积分
	§57　积分计算
	§58　借助积分求面积
	§59*　导数和积分在解决实际问题上的应用
	第十章练习题
代数与分析初步课程的总结性复习题	
课外作业	
代数与分析初步课程知识的简略的理论	*即全书公式和定义梗概——译者注
答案和指示	
主题索引	
目录	

　　作为对比，这里我们还选取了由阿利莫夫主编的，于 2012 年由莫斯科教育出版社出版的，用于学生基础水平学习的高中数学教科书《代数与数学分析初步》(10～11 年级合订本)，此版为第 18 版。(图 4-16)该书是阿利莫夫和科里亚金、特卡乔娃、费多罗娃、沙布尼共同编写的，书名从《代数与分析初步》改为《代数与数学分析初步》。[1]

---

[1] Алимов Ш А, Колягин Ю М, Ткачева М В, Федорова Н Е, Шабунин М И. Алгебра и начала математического анализа[M]. 10－11 классов. Москва:ПросвещениеИздательство,2012.

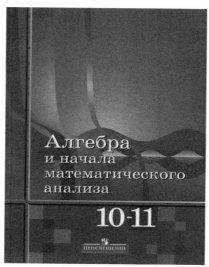

图 4-16　阿利莫夫主编的《代数与数学分析初步》(10～11 年级)教科书封面

全书内容共分十三章，前十章与 2007 版一样，只是增加了"组合数学、概率论基本原理、统计学"三章内容。其中带有星号的内容与 2007 版一样，包括：无理不等式，半角正弦、余弦、正切，简单的三角不等式解法实例，反三角函数，函数的凸性、拐点，导数和积分在解决实际问题上的应用等，是选修的、作为补充的更难内容。该书取消了 2007 版的书末基本知识点和公式的总结，增加了一个附件内容，主要涉及集合、数理逻辑基本原理、数列极限、线性分式函数及其图象、二元方程和不等式。该书具体章、节内容见表 4-18。

表 4-18　阿利莫夫主编的《代数与数学分析初步》(10～11 年级)章节内容

章	节
第一章　实数	§1　整数与有理数
	§2　实数
	§3　无限递减的几何级数
	§4　自然数次算术方根
	§5　有理数指数幂和实数指数幂
	第一章练习题
第二章　幂函数	§6　幂函数，性质及其图象
	§7　互为反函数
	§8　等价方程与等价不等式
	§9　无理方程
	§10*　无理不等式
	第二章练习题
第三章　指数函数	§11　指数函数，性质及其图象
	§12　指数方程
	§13　指数不等式

续表

章	节
第三章 指数函数	§14 指数方程组和不等式组
	第三章练习题
第四章 对数函数	§15 对数
	§16 对数性质
	§17 常用对数和自然对数
	§18 对数函数，性质及其图象
	§19 对数方程
	§20 对数不等式
	第四章练习题
第五章 三角公式	§21 角的弧度单位
	§22 绕坐标起点转动的点
	§23 角的正弦、余弦、正切定义
	§24 角的正弦、余弦、正切符号
	§25 同一角的正弦、余弦、正切的关系
	§26 三角恒等式
	§27 角 α 和角 $-\alpha$ 的正弦、余弦、正切
	§28 两角和公式
	§29 二倍角正弦、余弦、正切
	§30* 半角正弦、余弦、正切
	§31 诱导公式
	§32 正弦的和与差，余弦的和与差
	第五章练习题
第六章 三角方程	§33 方程 $\cos x = a$
	§34 方程 $\sin x = a$
	§35 方程 $\mathrm{tg}x = a$
	§36 解三角方程
	§37* 简单的三角不等式解法实例
	第六章练习题
第七章 三角函数	§38 三角函数的定义域和值域
	§39 三角函数奇偶性、周期性
	§40 函数 $y = \cos x$ 的性质及其图象
	§41 函数 $y = \sin x$ 的性质及其图象
	§42 函数 $y = \mathrm{tg}x$ 的性质及其图象
	§43* 反三角函数
	第七章练习题

续表

章	节
第八章　导数及其几何意义	§44　导数
	§45　幂函数的导数
	§46　微分法则
	§47　一些初等函数的导数
	§48　导数的几何意义
	第八章练习题
第九章　利用导数研究函数	§49　增函数和减函数
	§50　函数极值
	§51　导数在画函数图象上的应用
	§52　函数的最大值和最小值
	§53*　函数的凸性，拐点
	第九章练习题
第十章　积分	§54　原函数
	§55　求原函数法则
	§56　曲边梯形面积和积分
	§57　积分计算
	§58　借助积分求面积
	§59*　导数和积分在解决实际问题中的应用
	第十章练习题
第十一章　组合数学	§60　乘法原理
	§61　全排列
	§62　排列
	§63　组合及其性质
	§64　牛顿二项式
	第十一章练习题
第十二章　概率论基本原理	§65　事件
	§66　复杂事件，对立事件
	§67　事件概率
	§68　和的概率
	§69　独立事件，乘积的概率
	§70　统计概率
第十三章　统计学	§71　随机数
	§72　集中趋势
	§73　离散程度

续表

章	节
附件	§1　集合
	§2　数理逻辑基本原理
	§3　数列极限
	§4　线性分式函数及其图象
	§5　二元方程和不等式
代数与分析初步课程的总结性复习题	
课外作业	
答案和指示	
主题索引	
目录	

(六) 普拉图谢维奇主编的《代数与数学分析初步》

普拉图谢维奇·马克西姆·雅可夫列维奇(ПратусевичМаксим Яковлевич，1972—)(图 4-17)1989 年毕业于圣彼得堡赫尔岑国立师范大学，数学和物理博士；1992—2009 年为数学讲师，2009—2013 年 7 月 4 日一直担任教务处主任。他是俄罗斯联邦基础教育非常受尊敬的工作者和研究者之一；荣获"圣彼得堡学校人文化"胸章、国际科学院国际联盟"维尔纳茨基"二级奖章；2011 年度"圣彼得堡教育机构最佳领导者"比赛的优胜者。

图 4-17　普拉图谢维奇·马克西姆·雅可夫列维奇

普拉图谢维奇、斯托尔巴夫与戈络温共同编写的由莫斯科教育出版社的 10 年级(2009)、11 年级(2010)分册教科书，是俄罗斯联邦国家教育和科学部批准使用的高中数学教科书，可以提供给学生用于专业水平的学习。[①]

全书共 14 章，主要包括绪论，整数，多项式，函数，基本概念，根，幂，对数，三角学，数列极限，函数极限和连续性，导数及其应用，定积分，复数，概率基本理论，方程和不等式的解法以及复习。从中我们可以看出，很多知识(如"多项式、凸函数、波尔查诺－魏尔斯特拉斯定理、闭区间连续函数的性质、全概率公式"等)都是我国大学数学专业数学分析课程才能学习到的内容。该书的具体章、节内容见表 4-20。

---

① 　М.Я.Пратусевич, К.М.Столбов,А.Н.Головин. Алгебра и начала математического анализа[M]. 10/11 классов (профильный уровни). Москва:ПросвещениеИздательство,2009/2010.

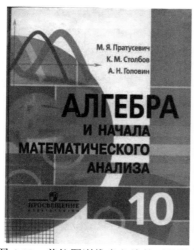

图 4-18　普拉图谢维奇主编的《代数与数学分析初步》(10/11 年级)教科书封面

表 4-20　普拉图谢维奇主编的《代数与数学分析初步》(10/11 年级)章节内容

10 年级	11 年级
第一章　绪论	第八章　函数的极限和连续性
§1　命题和逻辑连接词	§44　函数极限的概念
§2　集合及集合间的运算	§45　函数极限的一些性质
§3　量词，定理的结构	§46　求函数在一点处的极限
§4　数学归纳法	§47　函数无穷小的分类
§5　组合数学的基本定理，牛顿二项式	§48　函数的连续性
§6　实数集的特征	§49　函数在含间断点区间上的连续性
§7　集合的基数	§50　闭区间连续函数的性质
§8　一元方程，等价性和推导	§51　反函数的存在性和连续性
§9　一元不等式	§52　函数图象的渐近线
§10　含绝对值的方程和不等式	问题与练习
问题与练习	
第二章　整数	第九章　导数及其应用
§11　带余除法	§53　导数定义
§12　同余，求余数的枚举法	§54　一些初等函数的导数
§13　两个整数的最大公约数和最小公倍数	§55　切线问题，切线方程
§14　互质数	§56　函数的线性近似，微分
§15　素数，算术基本定理	§57　函数的积、商与复合的导数
问题与练习	§58　导数表，原函数
	§59　不定积分
	§60　法国数学家的定理(微分中值定理等内容——译者注)
	§61　导数在研究函数上的应用

续表

10 年级	11 年级
	§62 二阶导数，凸函数
	§63 利用导数画函数草图，利用导数解决问题
	问题与练习
第三章 多项式	第十章 定积分
§16 多项式概念	§64 曲边梯形的面积
§17 一元多项式，待定系数法	§65 定积分定义
§18 多项式的带余除法	§66 定积分性质
§19 贝祖定理及其推论，多项式形式表达式和函数表达式的一致性	§67 定积分应用
§20 整系数多项式	问题与练习
§21 韦达定理和对称多项式	
问题与练习	
第四章 函数基本概念	第十一章 复数
§22 函数概念	§68 复数定义，复数代数形式及其运算
§23 函数表示方法，函数图象，一些初等函数	§69 复数与多项式，代数基本定理
§24 函数的一些性质	§70 复数三角形式及其几何表示
§25 利用函数图象解方程和不等式，方程 $f(x)=a$ 根的个数	§71 n 次复数方根
§26 函数的复合，反函数	§72 复数应用
§27 函数图象的初等变换	问题与练习
§28 趋近于间断点和无穷大的函数特征，渐近线的概念	
问题与练习	
第五章 根，幂，对数	第十二章 概率基本理论
§29 自然数次方根	§73 偶然事件，古典概率定义
§30 幂概念的推广	§74 条件概率，独立事件
§31 对数	§75 完全概率公式
问题与练习	§76 几何概率
	问题与练习
第六章 三角学	第十三章 方程和不等式
§32 一般角，用弧度和度表示角的度数，单位(三角函数)圆	§77 方程的一些解法
	§78 有理数整式和分式方程
§33 正弦，余弦，反正弦，反余弦	§79 代数方程组和不等式组
§34 正切，余切，反正切，反余切	§80 含参方程和不等式，分析研究
§35 三角公式，辅助变量法	§81 方程和不等式在平面中确定的集合

续表

10 年级	11 年级
§36　三角函数及其性质 §37　反三角函数 §38　三角方程 问题与练习	§82　在平面 (x,a) 上用图解法求解含参方程和不等式 §83　在平面 (x,y) 上用图解法求解含参方程和不等式 §84　无理数方程和方程组 §85　无理数不等式 §86　含参无理数方程和不等式 §87　指数方程和不等式 §88　对数方程和不等式 §89　三角方程和不等式 问题与练习
第七章　数列极限 §39　数列概念，数列性质 §40　数列极限定义，收敛数列性质 §41　收敛数列的代数运算，极限的计算 §42　单调数列极限，数 e，求极限的综合方法 §43　子数列，波尔查诺—魏尔斯特拉斯定理 问题与练习	第十四章　复习 问题与练习
主题索引	主题索引
教师后记	目录
目录	

（七）尼科利斯基主编的《代数与数学分析初步》

尼科利斯基·谢尔盖·米哈伊洛维奇(Никольский Сергей Михайлович)，(图 4-19)是俄罗斯著名数学家，1905 年生于俄罗斯帝国彼尔姆省塔利察(今属俄罗斯联邦斯维尔德洛夫斯克州)，1929 年毕业于叶卡捷琳诺斯拉夫卡国民教育学院并留校工作，1935 年通过了莫斯科国立大学数学和物理科学副博士学位论文答辩，1942 年获数学和物理科学博士学位，1944 年成为教授，1972 年当选苏联科学院院士。1947 年，他加入莫斯科物理技术学院数学教研室，直到 1997 年在那里工作了 50 年，当时他刚满 92 岁，仍在莫斯科物理技术学院授课。2005 后，他仅出席科学会议。2012 年 11 月 9 日尼科利斯基在莫斯科逝世，享年 107 岁。

尼科利斯基的工作涉及泛函分析、函数逼近等方面。他在

图 4-19　尼科利斯基·谢尔盖·米哈伊洛维奇

函数理论的发展及其应用方面做出了巨大贡献,出版了 10 多部科学出版物,包括著作 3 部,开发了 3 部高等院校数学教科书、7 部中学数学教科书。他的作品已被翻译成多国语言。他是斯大林奖得主,两次苏联国家奖获得者,被授予的勋章和奖章包括俄罗斯科学院金奖、捷克科学院波尔查诺奖、波兰科学院哥白尼奖等,是第聂伯罗彼得罗夫斯克大学、莫斯科物理技术学院、密歇根州立大学的名誉教授,是匈牙利科学院研究所、波兰科学院外籍院士。

由尼科利斯基、波塔波夫、列舍特尼科夫、舍夫金共同编写的《代数与数学分析初步》(10/11 年级)分册教科书(图 4-20),2009 年由莫斯科教育出版社第 8 次再版,是俄罗斯联邦国家教育和科学部批准使用的高中数学教科书,可以提供给学生用于基础水平和专业水平的学习。①

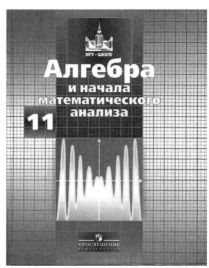

图 4-20 尼科利斯基主编的《代数与数学分析初步》(10/11 年级)教科书封面

该书共 6 章。其中,10 年级教科书包括:根式,幂,对数;三角公式,三角函数;概率论初步。11 年级教科书包括:函数,导数,积分;方程和不等式,方程组和不等式组;复数。虽然章节少,但包含的知识含量并不少,如 11 年级第一章就包含了函数及其图象、函数极限和连续性、反函数、导数、导数的应用、原函数和积分等内容。另外,全书设计了很多带有星号的知识点,教科书扉页注释中指出这些是"需要深入研究的、更高难度的问题"。具体章、节内容见表 4-21。

表 4-21 尼科利斯基主编的《代数与数学分析初步》(10/11 年级)章节内容

10 年级章节情况	11 年级章节情况
第一章 根式,幂,对数	第一章 函数,导数,积分
§1 实数	§1 函数及其图象
1.1 实数定义	1.1 初等函数

---

① Никольский С М, Потапов М К, Решетников Н Н, Шевкин А В.Алгебра и начала математического анализа[M]. 10/11 классов(базовый ипрофильный уровни).Москва:ПросвещениеИздательство,2009.

续表

10 年级章节情况	11 年级章节情况
1.2 数集，实数性质	1.2 函数定义域和值域
1.3* 数学归纳法	1.3 函数的有界性
1.4 全排列	1.4 函数的增减区间，符号区间和零点
1.5 排列	1.5 用初等方法研究函数和画图象
1.6 组合	1.6 图象变换的基本方法
1.7* 数值不等式的证明	1.7* 含绝对值的函数图象
1.8* 整数的整除	1.8* 复合函数图象
1.9* 模 m 的同余	§2 函数极限和连续性
1.10* 整数解问题	2.1 函数极限概念
§2 有理方程和不等式	2.2 单侧极限
2.1 有理式	2.3 函数极限性质
2.2 牛顿二项式，幂的和与差	2.4 函数连续性概念
2.3* 多项式的带余除法，欧几里得算法	2.5 初等函数连续性
2.4* 贝祖定理	2.6* 不连续函数
2.5* 多项式的根	§3 反函数
2.6 有理方程	3.1 反函数概念
2.7 有理方程组	3.2* 互为反函数
2.8 解不等式的区间法	3.3* 反三角函数
2.9 有理不等式	3.4* 反三角函数的应用实例
2.10 非严格不等式	§4 导数
2.11 有理不等式组	4.1 导数概念
§3 n 次方根	4.2 和的导数，差的导数
3.1 函数概念及其图象	4.3* 存在导数的函数的连续性，微分
3.2 函数 $y = x^n$	4.4 积的导数，商的导数
3.3 n 次方根的概念	4.5 初等函数的导数
3.4 偶次方根和奇次方根	4.6 复合函数的导数
3.5 算术方根	4.7* 反函数的导数
3.6 n 次方根的性质	§5 导数的应用
3.7* 函数 $y = \sqrt[n]{x}(x \geqslant 0)$	5.1 函数极大值和极小值
3.8* 函数 $y = \sqrt[n]{x}$	5.2 切线方程
3.9* 自然数 n 次方根	5.3 近似计算
§4 正数次幂	5.4* 中值定理
4.1 有理指数幂	5.5 增函数和减函数
4.2 有理指数幂性质	5.6 高阶导数
4.3 数列极限	5.7* 函数图象的凸性

10 年级章节情况	11 年级章节情况
4.4* 极限性质	5.8* 具有唯一拐点的函数极值
4.5 无限递减的几何级数	5.9 最大值和最小值问题
4.6 数 e	5.10* 渐近线，线性分式函数
4.7 无理指数幂的概念	5.11 导数在画函数图象上的应用
4.8 指数函数	5.12* 泰勒公式和泰勒级数
§5 对数	§6 原函数和积分
5.1 对数概念	6.1 原函数概念
5.2 对数性质	6.2* 换元积分，分部积分
5.3 对数函数	6.3 曲边梯形的面积
5.4* 常用对数	6.4 积分定义
5.5* 幂函数	6.5* 定积分的近似计算
§6 指数方程和不等式、对数方程和不等式	6.6 牛顿—莱布尼茨公式
6.1 简单的指数方程	6.7 定积分性质
6.2 简单的对数方程	6.8* 定积分在几何学和物理学中的应用
6.3 利用简单的换元求解方程	6.9* 微分方程概念
6.4 简单的指数不等式	6.10* 利用微分方程解决问题
6.5 简单的对数不等式	历史资料
6.6 利用简单的换元求解不等式	
历史资料	
第二章 三角公式，三角函数	第二章 方程和不等式，方程组和不等式组
§7 角的正弦和余弦	§7 方程和不等式的等价
7.1 角的定义	7.1 方程的等价变换
7.2 角的弧度单位	7.2 不等式的等价变换
7.3 角的正弦和余弦定义	§8 结果方程
7.4 $\sin x$ 和 $\cos x$ 的基本公式	8.1 结果方程的概念
7.5 反正弦	8.2 求偶次幂方程
7.6 反余弦	8.3 对数方程的反对数演算
7.7* 反正弦和反余弦的应用实例	8.4 利用结果方程进行其他变换
7.8* 反正弦和反余弦公式	8.5 结果方程变换的应用
§8 角的正切和余切	§9 方程组和不等式组的等价
8.1 角的正切和余切定义	9.1 基本概念
8.2 $\mathrm{tg}x$ 和 $\mathrm{ctg}x$ 的基本公式	9.2 借助方法解方程
8.3 反正切	9.3 借助方法解方程(后续部分)
8.4* 反余切	9.4* 形如 $f[\alpha(x)] = f[\beta(x)]$ 的方程
8.5* 反正切和反余切的应用实例	9.5 借助方法解不等式

10 年级章节情况	11 年级章节情况
8.6* 反正切和反余切公式	9.6 借助方法解不等式(后续部分)
§9　加法公式	9.7* 形如 $f[\alpha(x)] > f[\beta(x)]$ 的不等式
9.1 两角差与和的余弦	§10　集合基础上方程的等价
9.2 余角公式	10.1 基本概念
9.3 两角差与和的正弦	10.2 求偶次幂方程
9.4 正弦的和与差、余弦的和与差	10.3* 用函数对方程两边做乘法
9.5 二倍角和半角公式	10.4* 方程的其他变换
9.6* 正余弦乘积	10.5* 一些变换的应用
9.7* 正切公式	10.6* 带有附加条件的方程
§10　数值变量的三角函数	§11　集合基础上不等式的等价
10.1 函数 $y = \sin x$	11.1 基本概念
10.2 函数 $y = \cos x$	11.2 求偶次幂不等式
10.3 函数 $y = \mathrm{tg}x$	11.3* 用函数对不等式两边做乘法
10.4 函数 $y = \mathrm{ctg}x$	11.4* 不等式的其他变换
§11　三角方程和不等式	11.5* 一些变换的应用
11.1 简单的三角方程	11.6* 带有附加条件的不等式
11.2 简单的换元求解方程	11.7* 非严格不等式
11.3 利用基本三角公式求解方程的实例	§12　方程和不等式的区间方法
11.4 齐次方程	12.1 含绝对值的方程
11.5* 简单的正弦和余弦不等式	12.2 含绝对值的不等式
11.6* 简单的正切和余切不等式	12.3 连续函数的积分法
11.7* 利用简单的换元求解不等式	§13*　利用函数性质解方程和不等式
11.8* 辅助角的应用	13.1* 利用函数有意义的条件
11.9* 利用未知元 $t = \sin x + \cos x$ 进行代换	13.2* 利用函数的非负性
历史资料	13.3* 利用函数的有界
	13.4* 利用函数的单调和极值
	13.5* 利用正弦和余弦的性质
	§14　多元方程组
	14.1 方程组的等价
	14.2 结果方程组
	14.3 换元法
	14.4* 解方程组时的数值讨论
	§15*　含参方程、不等式、方程组和不等式组
	15.1* 含参方程
	15.2* 含参不等式

续表

10 年级章节情况	11 年级章节情况
	15.3* 含参方程组
	15.4* 有附加条件的问题
	历史资料
第三章 概率论初步	第三章 复数
§12 事件的可能性	§16* 复数的代数形式和几何表示
12.1 事件可能性的定义	16.1* 复数的代数形式
12.2 事件可能性的性质	16.2* 共轭复数
§13* 频率,条件概率	16.3* 复数的几何表示
13.1* 事件的相对频率	§17* 复数的三角形式
13.2* 条件概率,独立事件	17.1* 复数的三角形式
§14* 数学期望,大数定律	17.2* 复数根及其性质
14.1* 数学期望	§18* 多项式的根,复数的指数形式
14.2* 重复试验	18.1* 多项式的根
14.3* 贝努利公式,大数定律	18.2* 复数的指数形式
历史资料	历史资料
复习题	复习题
主题索引	附件
	1. 导数表
	2. 积分表
	3. 对数性质
	4. 基本的三角公式
	5. 简单的三角方程
答案	主题索引
目录	答案
	目录

二、几何(10～11 年级)

(一) 阿塔纳相主编的《几何》

阿塔纳相·勒沃·谢尔盖耶维奇(АтанасянЛевон Сергеевич，1921－1998)，(图 4-21)莫斯科国立师范大学教授，数学物理副博士。阿塔纳相曾任莫斯科国立师范大学几何教研室主任，著有 40 多部著作以及为师范院校学生编写的几何方面的教法参考书。阿塔纳相的几何教科书备受莫斯科国立师范大学同事、本科生、研究生，特别是中小学学校的学生推崇，成为优秀教科书的典范。

阿塔纳相主编的《几何》(10～11 年级合订本)教科书(图 4-22)，是他和布图佐夫、克多姆采夫、基谢列娃、波兹尼亚克共同编写的，是俄罗斯联邦国家教育和科学部批准使用的高中数学教科书，2011 年由莫斯科教育出版社出版的已是第 20 版，可供学生用于基础和专业水平学习。①

图 4-21　阿塔纳相·勒沃·谢尔盖耶维奇

图 4-22　阿塔纳相主编的《几何》

(10～11 年级)教科书封面

该书共 8 章，主要包括绪论，直线与平面平行，直线与平面垂直，多面体，空间向量，空间坐标法和变换，圆柱、圆锥和球，物体体积，平面几何学等内容。其中，带有星号的知识点，如三面角、多面角、欧拉定理、毕达哥拉斯空间定理、平面方程、相似变换、球和直线的位置关系、圆柱体的内切球、圆锥体的内切球、圆柱体表面的截面、圆锥体表面的截面，以及整个第八章内容，不是基础水平学习必须学习的内容。该书具体章、节内容见表 4-22。

表 4-22　阿塔纳相主编的《几何》(10～11 年级)章节内容

章	节
绪论	1. 立体几何学中的几何体 2. 立体几何学公理 3. 公理的一些推论 问题和习题
第一章　直线与平面平行	§1　线线平行，线面平行 4. 空间平行直线 5. 三线平行 6. 线面平行 问题和习题 §2　空间直线位置关系，两条直线所成的角

① Атанасян Л С, Бутузов В Ф, Кадомцев С Б, Киселева Л С, Позняк Э Г. Геометрия[M]. 10－11 классов(базовый ипрофильный уровни). Москва:ПросвещениеИздательство,2011.

续表

章	节
第一章　直线与平面平行	7. 异面直线
	8. 同向角
	9. 直线所成的角
	问题和习题
	§3　平面的平行
	10. 平行平面
	11. 平行平面的性质
	问题和习题
	§4　四面体和平行六面体
	12. 四面体
	13. 平行六面体
	14. 截面问题
	习题
	第一章问题
	补充题
第二章　直线与平面垂直	§1　直线和平面的垂直
	15. 空间的垂直直线
	16. 平行直线，与面垂直
	17. 直线和平面垂直的特征
	18. 线面垂直定理
	习题
	§2　垂直和倾斜，线面所成的角
	19. 点到面的距离
	20. 三垂线定理
	21. 线面所成的角
	习题
	§3　二面角，平面的垂直
	22. 二面角
	23. 面面垂直的特征
	24. 直平行六面体
	25*. 三面角
	26*. 多面角
	习题
	第二章问题
	补充题

续表

章	节
第三章　多面体	§1　多面体的概念，棱柱
	27. 多面体的概念
	28*. 几何体
	29*. 欧拉定理
	30. 棱柱
	31*. 毕达哥拉斯空间定理
	习题
	§2　棱锥
	32. 棱锥
	33. 正棱锥
	34. 平截头棱锥体
	习题
	§3　正多面体
	35. 空间中的对称
	36. 正多面体的概念
	37. 正多面体对称性
	实践作业
	问题和习题
	第三章问题
	补充题
第四章　空间向量	§1　空间向量概念
	38. 向量概念
	39. 向量相等
	问题与习题
	§2　向量的加法和减法，数与向量的乘法
	40. 向量的加法和减法
	41. 多个向量的和
	42. 数与向量的乘法
	习题
	§3　共面向量
	43. 共面向量
	44. 平行六面体法则
	45. 向量分解成三个不共面的分向量
	问题和习题
	第四章问题
	补充题

章	节
第五章　空间坐标法和变换	§1　点坐标和向量坐标
	46. 空间直角坐标系
	47. 向量坐标
	48. 向量坐标和点坐标之间的联系
	49. 简单的坐标问题
	问题和习题
	§2　向量的数量积
	50. 向量与向量所成的角
	51. 向量的数量积
	52. 线面所成角的计算
	53*. 平面方程
	习题
	§3　变换
	54. 中心对称
	55. 轴对称
	56. 镜面对称
	57. 平移
	58*. 相似变换
	习题
	第五章问题
	补充题
第六章　圆柱、圆锥和球	§1　圆柱
	59. 圆柱概念
	60. 圆柱表面积
	习题
	§2　圆锥
	61. 圆锥概念
	62. 圆锥表面积
	63. 平截头圆锥体
	习题
	§3　球面
	64. 球面和球体
	65. 球面方程
	66*. 球和平面的位置关系
	67. 和球面相切的平面
	68. 球面面积

章	节
第六章　圆柱、圆锥和球	69*. 球和直线的位置关系
	70*. 圆柱体的内切球
	71*. 圆锥体的内切球
	72*. 圆柱体表面的截面
	73*. 圆锥体表面的截面
	习题
	第六章问题
	补充题
	各种不同的多面体、圆柱、圆锥和球的练习题
第七章　物体体积	§1　直平行六面体的体积
	74. 体积概念
	75. 直平行六面体的体积
	习题
	§2　直棱柱和圆柱的体积
	76. 直棱柱的体积
	77. 圆柱的体积
	问题和习题
	§3　斜棱柱，棱锥和圆锥的体积
	78. 利用定积分计算物体的体积
	79. 斜棱柱的体积
	80. 棱锥的体积
	81. 圆锥的体积
	习题
	§4　球的体积和球面面积
	82. 球的体积
	83. 球缺，球台，球心角体的体积
	84*. 球面的面积
	问题和习题
	第七章问题
	补充题
	各种不同的多面体、圆柱、圆锥和球的练习题
	复习题
	提高难度的习题
第八章*　平面几何学的一些知识	§1　与圆相关的角和线段
	85. 弦切角
	86. 与圆相关的线段的两个定理

续表

章	节
第八章* 平面几何学的一些知识	87. 圆的内角和外角
	88. 内接四边形
	89. 外切四边形
	习题
	§2 解三角形
	90. 三角形中线定理
	91. 三角形角平分线定理
	92. 三角形面积公式
	93. 海伦公式
	94. 欧拉问题
	习题
	§3 梅涅劳斯定理和塞瓦定理
	95. 梅涅劳斯定理
	96. 塞瓦定理
	习题
	§4 椭圆，双曲线，抛物线
	97. 椭圆
	98. 双曲线
	99. 抛物线
	习题
附件	1. 空间图形的射影
	(1) 图形的平行射影
	(2) 图形的射影
	(3) 平面图形的射影
	(4) 空间图形的射影
	2. 几何学公理
答案和指示	
主题索引	
目录	

(二) 巴卡列洛夫主编的《几何》

巴卡列洛夫·阿列克谢·巴西利耶维奇(ПогореловАлексей Васильевич，1919－2002)，(图 4-23)俄罗斯著名数学家，专业研究领域是凸几何、微分几何、微分方程等。巴卡列洛夫，1919 年出生于一个农民家庭；1937 年考入哈尔科夫国立大学数学与物理学院；1947年开始在哈尔科夫国立大学教学；1947 年通过副博士学位论文答辩；1948 年通过博士论文答辩；1950 年晋升为教授；1959 年巴卡列洛夫加入乌克兰苏维埃社会主义共和国科学研究院数学研究所；1960 年转移到乌克兰苏维埃社会主义共和国的低温物理技术研究所工作，在那里工作了 40 年；1960 年成为乌克兰苏维埃社会主义共和国科学研究院院士；1974 年解决了希尔伯特第四问题；1991 年当选俄罗斯科学院院士；荣获过斯大林奖、罗巴切夫斯基奖、列宁奖等国家奖。

作为一位著名的数学家，巴卡列洛夫积极投身于学校教科书编写。他认为："学校里有两个主要议题：母语和几何。一个教人学会表达思想，第二个教人学会演绎思维。"基于这点，巴卡列洛夫在他的《几何》教科书材料中建立了"严格和透明的公理系统"。他的《几何》教科书培养了数以万计的学生，在乌克兰的学校大规模被采用并超过 20 年，还被译成多国语言。

巴卡列洛夫独立编写的《几何》(10～11 年级合订本)教科书，(图 4-24)是俄罗斯联邦国家教育和科学部批准使用的高中数学教科书，2009 年由莫斯科教育出版社出版的是第 9 版，可以提供给学生用于基础水平和专业水平学习。[①]

该书是合订本，但在具体编写中分为 10、11 两个年级。全书总共 9 个章，主要包括立体几何公理及其简单推论，线、面平行，线、面垂直，空间笛卡儿坐标系和向量，多面体，旋转体，多面体体积，旋转体体积和表面积，平面几何问题选编。其中，三面角、多面角、欧拉定理、毕达哥拉斯空间定理、平面方程、相似变换、球和直线的位置关系、圆柱体的内切球、圆锥体的内切球、圆柱体表面的截面、圆锥体表面的截面，以及整个第八章平面几何学的知识等内容，不是基础水平学习必须学习的内容。该书具体的章节内容见表 4-23。

图 4-23　巴卡列洛夫·阿列克谢·
巴西利耶维奇

图 4-24　巴卡列洛夫主编的《几何》
(10～11 年级)教科书封面

---

① Погорелов А В. Геометрия[M]. 10－11 классов. Москва:ПросвещениеИздательство,2009.

表 4-23　巴卡列洛夫主编的《几何》(10～11 年级)章节内容

10 年级	11 年级
第一章　立体几何公理及其简单推论	第五章　多面体
1. 立体几何公理	39. 二面角
2. 经过特定直线和点的平面存在定理	40. 三面角和多面角
3. 直线与平面的交点定理	41. 多面体
4. 经过三点的平面存在定理	42. 棱柱
5. 公理一的结论	43. 棱柱投影及其截面
6. 平面分空间为两个半空间定理	44. 直棱柱
检测问题	45. 平行六面体
习题	46. 直平行六面体
	47. 棱锥
	48. 做棱锥及其平面截面
	49. 平截头棱锥体
	50. 正棱锥
	51. 正多面体
	检测问题
	习题
第二章　线、面平行	第六章　旋转体
7. 空间平行直线	52. 圆柱体
8. 直线平行定理	53. 平面截圆柱体的截面
9. 线面平行定理	54. 内接和外切棱柱
10. 面面平行定理	55. 圆锥
11. 与特定平面平行的平面存在定理	56. 平面截圆锥的截面
12. 面面平行性质	57. 内接和外切棱锥
13. 空间图形在平面上的投影	58. 球体
检测问题	59. 平面截球的截面
习题	60. 球的对称
	61. 和球相切的平面
	62. 两个球面相交
	63. 内接和外切多面体
	64. 几何中物体及其表面的概念
	检测问题
	习题
第三章　线、面垂直	第七章　多面体体积
14. 空间直线的垂直	65. 体积概念
15. 线面垂直定理	66. 直平行六面体体积
16. 做垂线和平面	67. 斜平行六面体体积

10 年级	11 年级
17. 垂线和平面的性质	68. 棱柱体积
18. 垂线和倾斜线	69. 等积物体
19. 三垂线定理	70. 棱锥体积
20. 面面垂直定理	71. 平截头棱锥体积
21. 异面直线间的距离	72. 相似物体体积
22. 在技术图纸中正交射影的应用	检测问题
检测问题	习题
习题	
第四章　空间笛卡儿坐标系和向量	第八章　旋转体体积和表面积
23. 空间笛卡儿坐标系基础知识	73. 圆柱体积
24. 两点间的距离	74. 圆锥体积
25. 线段中点坐标	75. 平截头圆锥体积
26. 空间对称变换	76. 球体积
27. 自然界和现实中的对称	77. 球缺和球心角体体积
28. 空间中的运动	78. 圆柱侧面积
29. 空间中的平移	79. 圆锥侧面积
30. 空间图形的相似	80. 球面面积
31. 异面直线所成的角	检测问题
32. 线面所成的角	习题
33. 面面所成的角	
34. 多边形正交射影的面积	
35. 空间向量	
36. 空间向量运算	
37. 向量分解成三个不共面的分向量	
38. 平面方程	
检测问题	
习题	
	第九章　平面几何问题选编
	81. 解三角形
	82. 三角形角平分线和中线问题的计算
	83. 海伦公式及其他三角形面积公式
	84. 赛瓦定理
	85. 梅涅劳斯定理
	86. 内接和外切四边形的性质和定理
	87. 圆上的角
	88. 圆上的比例关系

续表

10 年级	11 年级
	89. 利用作图解决问题
	90. 作图问题中点的几何轨迹
	91. 作图问题中的几何变换
	92. 椭圆，双曲线，抛物线
	检测问题
	习题
	答案和习题指示
	主题索引
	目录

(三) 卡利宁、捷列圣主编的《几何》

捷列圣·德米特里·亚历山德洛维奇(Терёшин Дмитрий Александрович，1967—)，(图 4-25)是莫斯科物理技术学院(Московскийфизико технический институт)数学系的副教授，俄罗斯国际数学奥林匹克竞赛副领队，2010 年曾获得俄罗斯联邦教育奖，出版过 13 本立体几何和数学奥林匹克方面的书籍。

图 4-25 捷列圣·德米特里·亚历山德洛维奇

莫斯科物理技术学院被誉为俄罗斯的 MIT(麻省理工学院)，很多数学家出自这里，并积极参与数学教育研究和数学教科书、奥林匹克数学参考书编写。前文的尼科利斯基院士就曾在那里工作。经笔者与捷列圣本人联系，得知卡利宁·亚历山大·尤里耶维奇(КалининАлександр Юрьевич)是他的学生，1996 年移居美国，现在亚马逊公司工作。二人合编的《几何》(10～11 年级合订本)教科书(图 4-26)由莫斯科继续数学教育中心(Московский центр непрерывного математического образования)出版时是按照作者字母排序的，K 在 Т 之前，故卡利宁排在第一位。

该书是俄罗斯联邦国家教育和科学部批准使用的高中数学教科书，2011 年莫斯科继续数学教育中心出版了新修订补充本，[①]可以提供给 10～11 年级学生用于专业水平的学习。

此外，两人还曾合作写过立体几何教科书，[②]编写过莫斯科物理技术学院入学考试几何试题(10～11 年级)汇编(1947—2010)。[③]

---

① Калинин А Ю, Терёшин Д А. Геометрия[M]. 10—11 классов(профильный уровни). Москва: МЦНМО，2011.

② Калинин А Ю, Терёшин Д А. Стереометрия[M]. 10/11 классо. Москва:МЦНМО，1996/2001.

③ Калинин А Ю, Терёшин Д А. Сборник задач по геометрии[M]. 10—11 классы. Москва:МЦНМО，2011.

图 4-26　卡利宁、捷列圣主编的《几何》(10～11 年级)教科书封面

　　该书是合订本，但在具体编写过程中分为 10、11 两个年级。本书共 13 章，主要包括立体几何学引论、空间中的平行、空间向量、空间中的垂直、二面角和多面角、多面体理论基础、空间点的几何轨迹、空间变换、问题解决、旋转体、空间向量(后续部分)、最大值和最小值问题、物体的体积和表面积。另外，11 年级教科书还在最后选编了"附件：平面几何学的理论和方法"，包括三角形角平分线的性质、解三角形、几个三角形面积公式、与三角形基本元素相关的一些公式、内角定理的一些推论、内接多边形和外切多边形、平面点的几何轨迹、赛瓦定理和梅涅劳斯定理等内容。

　　其中带有星号的知识点，包括欧拉定理、空间三角形相等定理和相似定理、空间中的相似变换和移动分类、旋转体和多面体的非标准组合、圆锥曲线以及整个第九章内容等，教科书扉页注释中已指出是"高于正常难度的内容"。该书具体章、节内容见表 4-24。

表 4-24　卡利宁、捷列圣主编的《几何》(10～11 年级)章节内容

10 年级	11 年级
目录	
前言	
致谢	
第 0 章　绪论	第 10 章　旋转体
§0.1　几何的角色	§10.1　初步认识，圆柱体、圆锥体、平截头圆锥体
§0.2　逻辑学和集合论基本原理	§10.2　球面和球体
§0.3　基本符号	§10.3　球面和部分球体
	§10.4　球与圆柱体、圆锥体、平截头圆锥体的组合
	§10.5　两个球面的相互位置关系，相互接触的球面问题
	§10.6　圆柱体、圆锥体、平截头圆锥体与多面体的组合

10 年级	11 年级
	§10.7 切割线定理
	§10.8 球与多面体的组合
	§10.9* 旋转体和多面体的非标准组合
	§10.10* 圆锥曲线
	习题
第 1 章 立体几何学引论	第 11 章 空间向量(后续部分)
§1.1 立体几何学未被定义的概念和公理	§11.1 向量积和混合积
§1.2 公理的简单推论	§11.2 向量积和混合积的几何补充
§1.3 空间两直线位置关系，异面直线	§11.3 空间直线方程
§1.4 立体几何学中物体及其构造的存在性	§11.4 平面方程
习题	§11.5 一些实例
	§11.6 笛卡儿坐标系
	§11.7 球面方程
	§11.8 坐标法解决问题的实例
	习题
第 2 章 空间中的平行	第 12 章 最大值和最小值问题
§2.1 空间直线和平面，平行定理	§12.1 引论
§2.2 平面的平行，平面平行的传递性	§12.2 问题解决实例
§2.3 平行射影和中心射影	§12.3 几何不等式
§2.4 多面体的基本概念	习题
§2.5 立体几何图形的投影	
§2.6 多面体的截面，用痕迹法画截面	
§2.7 多面体截面对设计的应用	
§2.8 解多面体截面问题	
习题	
第 3 章 空间向量	第 13 章 物体的体积和表面积
§3.1 向量定义，向量的线性运算	§13.1 体积定义
§3.2 共面向量，向量的分解	§13.2 直平行六面体体积，棱柱体积
§3.3 直线所成的角，向量所成的角	§13.3 体积计算方法，圆柱体积
§3.4 向量的数量积	§13.4 四面体体积
§3.5 问题解决实例	§13.5 棱锥和圆锥体积
习题	§13.6 球体和部分球体体积
	§13.7 表面积定义
	§13.8 闵可夫斯基表面积计算方法
	习题

10 年级	11 年级
第 4 章　空间中的垂直	附件：平面几何学的理论和方法选编
§4.1　线、面的垂直	§1　三角形角平分线的性质
§4.2　平行和垂直之间的相互关系	§2　解三角形
§4.3　三垂线定理	§3　几个三角形面积公式
§4.4　多面体的后续知识	§4　与三角形基本元素相关的一些公式
§4.5　直线和平面所成的角	§5　内角定理的一些推论
§4.6　图形间的距离	§6　内接多边形和外切多边形
§4.7　三垂线定理在解决问题中的应用	§7　平面点的几何轨迹
§4.8　借助向量求距离和角	§8　赛瓦定理和梅涅劳斯定理
§4.9　几何途径求距离和角	
习题	
第 5 章　二面角和多面角	答案和习题指示
§5.1　二面角及其度数，二面角的平分面	
§5.2　两平面所成的角，平面垂定理	
§5.3　多边形垂直射影的面积	
§5.4　多面角，三面角及其性质	
§5.5　三面角计算，三个正弦的定理	
习题	
第 6 章　多面体理论基础	参考文献
§6.1　空间的区域，几何体	
§6.2　多面体及其基础	
§6.3　正多面体	
§6.4*　欧拉定理	
习题	
第 7 章　空间点的几何轨迹	
§7.1　空间点的基本几何轨迹	
§7.2　表现于基本的点的几何位置	
§7.3　基本的点的几何轨迹，取交集和并集的方法	
习题	
第 8 章　空间变换	
§8.1　基本定义，变换，变换的一般性质	
§8.2　平移	
§8.3　绕轴的转动	
§8.4　中心对称和平面对称	
§8.5　空间中的相似变换	
§8.6*　空间三角形相等定理和相似定理	

续表

10 年级	11 年级
§8.7　变换群 §8.8*　空间中的相似变换和移动分类 习题	
第 9 章*　问题解决 §9.1　正棱锥中基本角的关系 §9.2　棱锥和棱柱的底面上高的定义 §9.3　求体积的辅助公式 §9.4　辅助多面体 §9.5　多面体的组合问题 习题	

（四）斯米尔诺娃、斯米尔诺夫主编的《几何》

斯米尔诺娃·伊琳娜·米哈伊洛夫娜(Смирнова Ирина Михайловна)，是莫斯科国立师范大学初等数学教研室教授，教育科学博士。斯米尔诺夫·弗拉基米尔·阿列克谢耶维奇(Смирнов Владимир Алексеевич)，是莫斯科国立师范大学初等数学教研室主任，教授，数学物理科学博士。(图 4-27)

图 4-27　斯米尔诺娃与斯米尔诺夫

斯米尔诺娃与斯米尔诺夫主编的《几何》(10～11 年级合订本)教科书(图 4-28)，是俄罗斯联邦国家教育和科学部批准使用的高中数学教科书，2008 年由莫斯科谟涅出版社进行第 5 次修订再版，可以提供给学生用于基础水平和专业水平(**базовый и профильный уровни**)学习。①

---

① Смирнова И М，Смирнов В А. Геометрия[M]. 10－11 классов(базовый и профильный уровни). Москва: МнемозинаИздательство，2008.

图 4-28　斯米尔诺娃与斯米尔若夫主编的《几何》(10～11 年级)教科书封面

　　该书共 8 章，包括立体几何学初步、空间的平行、空间的垂直、多面体、圆形体、体积和表面积、坐标和向量、平面几何。其中带有星号的知识，包括：中心射影、空间图形中心射影的映像，欧拉定理，半正多面体，星状多面，晶体——自然界的多面体，平面截圆柱体的截面，椭圆，圆锥曲线，定向平面，麦比乌斯带，空间直线方程，多面体的最优化问题，平面的极坐标，空间球面坐标，利用计算机程序描述《数学》中空间图形的映像以及整个第八章内容，是高于正常难度的补充资料。该书具体的章、节内容见表 4-25。

表 4-25　斯米尔诺娃与斯米尔诺夫主编的《几何》(10～11 年级)章节内容

章	节
绪论	
第一章　立体几何学初步	§1　立体几何学基本概念和公理
	§2　立体几何学公理的推论
	§3　空间图形
	§4　设计多面体的模型
第二章　空间的平行	§5　空间直线的平行
	§6　异面直线
	§7　线面平行
	§8　面面平行
	§9　空间向量
	§10　共线向量和共面向量
	§11　平移
	§12　平行射影
	§13　平面图形的平行射影

章	节
第二章 空间的平行	§14 空间图形的映像
	§15 多面体的截面
第三章 空间的垂直	§16 空间直线所成的角，直线的垂直
	§17 线面垂直
	§18 直线和倾斜线
	§19 线面所成的角
	§20 点、线、面间的距离
	§21 二面角
	§22 平面的垂直
	§23* 中心射影，空间图形中心射影的映像
第四章 多面体	§24 多面角
	§25 凸多面体
	§26* 欧拉定理
	§27 正多面体
	§28* 半正多面体
	§29* 星状多面体
	§30* 晶体——自然界的多面体
第五章 圆形体	§31 球面和球体，球和平面的位置关系
	§32 球的内接多面体
	§33 球的外切多面体
	§34 圆柱，圆锥
	§35 转动，旋转图形
	§36 外切和内接圆柱体
	§37* 平面截圆柱体的截面，椭圆
	§38 外接和内切圆锥体
	§39* 圆锥曲线
	§40 空间图形的对称
	§41 变换
	§42* 定向平面，麦比乌斯带
第六章 体积和表面积	§43 空间图形体积，圆柱体积
	§44 卡瓦列里定理
	§45 棱锥体积
	§46 圆锥体积
	§47 球体及其部分球体的体积
	§48 表面积
	§49 球体及其部分球体的表面积

续表

章	节
第七章 坐标和向量	§50 空间直角坐标系
	§51 空间点与点间的距离
	§52 向量坐标
	§53 向量的数量积
	§54 空间平面方程
	§55* 空间直线方程
	§56 空间图形的问题分析
	§57* 多面体的最优化问题
	§58* 平面上的极坐标
	§59* 空间球面坐标系
	§60* 利用计算机程序描述《数学》中空间图形的映像
第八章 平面几何*	§61 多边形
	§62 多边形角的和
	§63 三边形中重要的点和线
	§64 梅涅劳斯定理和赛瓦定理
	§65 解三角形
	§66 与圆相关的角和线段
	§67 内接多边形和外切多边形
	§68 抛物线
	§69 椭圆
	§70 双曲线
	§71 尺规作图
答案	
主题索引	
目录	

(五) 斯米尔诺娃主编的《几何》(人文倾向)

斯米尔诺娃独立主编的《几何》(人文倾向)(10～11 年级合订本)教科书，(图 4-29)是俄罗斯联邦国家教育和科学部批准使用的高中数学教科书，2007 年由莫斯科谟涅出版社进行第 2 次修订再版，提供给人文倾向(гуманитарный профиль)的学生学习使用。①

---

① Смирнова И М. Геометрия[M]. 10－11 классов(гуманитарный профиль). Москва: МнемозинаИздательство, 2007.

图 4-29 斯米尔诺娃主编的《几何》(人文倾向)(10～11 年级)教科书封面

该书共 7 章，知识容量和难度上都要比她与斯米尔诺夫主编的《几何》教科书小得多，知识点主要包括立体几何学的初步、空间的平行、空间的垂直、多面体、圆形体、体积和表面积、坐标和向量等。其中带有星号的知识，如中心射影、透视，欧拉定理，半正多面体，星状多面体，晶体——自然界的多面体，球的内接多面体，球的外切多面体，平面截圆柱体的截面，定向平面、麦比乌斯带，空间直线方程，空间图形的问题分析，多面体的最优化问题，空间球面坐标系，平面上的极坐标，是高于正常难度的补充资料。该书的具体章、节、内容见表 4-26。

表 4-26 斯米尔诺娃主编的人文倾向《几何》(10～11 年级)章节内容

章	节
绪论	
第一章 立体几何学的初步	§1 几何产生和发展的历史
	§2 立体几何学基本概念
	§3 基本空间图形
第二章 空间的平行	§4 空间直线的平行
	§5 线面平行
	§6 两个平面平行
	§7 平行射影
	§8 平面图形的平行射影
	§9 空间图形的映像
	§10 多面体的截面
第三章 空间的垂直	§11 空间直线所成的角，直线的垂直性
	§12 线面垂直，正交射影
	§13 直线和倾斜线，线面所成的角

续表

章	节
第三章　空间的垂直	§14　二面角，平面的垂直性
	§15*　中心射影，透视
第四章　多面体	§16　多面角
	§17　凸多面体
	§18*　欧拉定理
	§19　正多面体
	§20*　半正多面体
	§21*　星状多面体
	§22*　晶体——自然界的多面体
第五章　圆形体	§23　圆柱体，圆锥体
	§24　旋转图形
	§25　球和平面的位置关系
	§26*　球的内接多面体
	§27*　球的外切多面体
	§28*　平面截圆柱体的截面
	§29　空间图形的对称
	§30*　定向平面，麦比乌斯带
第六章　体积和表面积	§31　空间图形的体积，圆柱体体积
	§32　卡瓦列里定理
	§33　棱锥体积
	§34　圆锥体积
	§35　球体体积
	§36　表面积
	§37　球表面积
第七章　坐标和向量	§38　空间直角坐标系
	§39　空间向量
	§40　向量坐标
	§41　向量的数量积
	§42　空间平面方程
	§43*　空间直线方程
	§44*　空间图形的问题分析
	§45*　多面体的最优化问题
	§46*　平面上的极坐标
	§47*　空间球面坐标系
答案	

章	节
主题索引	
目录	

三、俄罗斯高中数学教科书的特点及启示

通过对俄罗斯目前使用较为广泛的几套 10～11 年级《代数与数学分析初步》和《几何》教科书的简要介绍，我们能够从中看出俄罗斯高中数学教科书在知识内容选取、容量、难度、编排、习题和装帧设计等方面的基本特征。不同作者编写的书之间在这些方面既有一些共性的特征，也有个别差异，不论是其共性特征还是个别差异都能对我们高中数学教科书的编写和改革带来一定意义的启示。

（一）教科书内容选取遵循教育标准，具有较大的知识容量和内容广度

俄罗斯高中《代数与数学分析初步》教科书中数学知识内容的选取，主要是基于俄罗斯联邦数学教育标准中的要求，基础水平和专业水平选取的内容各不相同，即基础水平的内容容量相对少一些，专业水平的内容容量相对多一些，包含了基础水平的全部内容。同时提供给基础水平和专业水平使用的教科书容量介于二者之间，其中需要专业水平学习的内容一般给出了说明，明确指出这些不是基础水平必须学习的内容。

通过分析几套俄罗斯高中《代数与数学分析初步》教科书所包含的知识点共性，这些教科书最为基本的内容主要包括：

(1) 函数内容，一般包括幂函数、指数函数、对数函数。有的教科书设置了单独的函数概念及其基本性质的章节，有的教科书则没有设置，直接介绍具体的初等函数及其性质。有的专业水平教科书还包括函数极限和连续性质等内容。

(2) 导数内容，一般包括导数定义、计算法则和导数的应用。有的教科书涉及高阶导数内容。有的专业水平教科书在导数应用中还设置了函数凸性、中值定理等内容。

(3) 积分内容，一般包括积分的定义、计算法则和积分的应用。

(4) 方程和不等式内容，一般包括有理、无理代数方程(组)和不等式(组)，含绝对值不等式，含参方程和不等式，三角方程和不等式，等等。

(5) 其他内容，有的教科书尤其是专业水平的教科书一般包括整数整除性和多项式、组合数学问题、概率论基础、统计学问题、复数、数列极限等内容。

俄罗斯高中《几何》教科书中主要数学知识内容包括：

(1) 立体几何基本理论，一般包括立体几何的基本公理及其相关推论。

(2) 平行问题，一般包括直线平行、线面平行、面面平行等内容。

(3) 垂直问题，一般包括直线垂直、线面垂直、三垂线定理、面面垂直等内容。

(4) 多面体，一般包括各种多面体及其体积、表面积等内容。

(5) 旋转体，一般包括圆柱、圆锥、球体及其体积、表面积等内容。

(6) 空间向量，一般包括向量的概念、运算及其坐标等内容。

(7) 平面解析几何问题，一般包括三角形、四边形一些重要定理以及椭圆、抛物和双曲线等内容。平面几何这部分内容一般是基础水平学生选学的内容，或者作为附录平面几何知识选编出现的。

我国高中数学课程主要分为"数与代数""几何""概率统计"三大课程领域，教科书也是遵循课程标准的内容要求编写的，不同版本的教科书在处理不同内容的方式上有所差异，但在课程容量和广度上差异不大。无论是文科教科书还是理科教科书，其内容都没有超出课程标准。俄罗斯高中数学教科书中的大部分内容在我国教科书中基本都有涉及，尤其是新高中课程中增加了微积分内容，使得我们的课程容量不断扩充，但相比较而言，我们高中数学教科书的学习内容仍然较少。即便是我们的最高要求理工科也与俄罗斯的最低要求基础水平相差很多。

只有在高中时期打好基础，上大学之后才能更好地在一些数学专业知识领域有所创新和突破。科学合理地安排和选取高中数学课程知识内容是我们必须认真考虑的问题。

（二）教科书知识内容的难度较大，有些选学内容超出教育标准的要求

俄罗斯数学教科书的难度一直被世界公认，无论是大学阶段的还是中学阶段的都是如此。客观的难度比较需要通过多方面指标的衡量和客观的评判，这涉及国际比较研究的方法论问题。但已有的研究已经表明，俄罗斯高中数学教科书在世界各国的难度排名是数一数二的。[①]

从俄罗斯高中《代数与数学分析初步》教科书中数学知识内容来看，有很多教科书包含的内容，如函数的连续性、闭区间连续函数的性质及其若干定理、高阶导数、泰勒级数、微分中值定理、微分方程、多元多项式和对称多项式、换元积分和分部积分、定积分近似计算、无理方程和不等式、非线性方程和不等式、含参方程和不等式、大数定律、条件概率和全概率公式等，这些内容都是我们国家大学数学专业分析课程才能学到的内容。

俄罗斯高中《几何》教科书中数学知识内容有的则涉及向量的数量积、混合积及其几何意义，梅捏劳斯定理和赛瓦定理，多面体最优化问题，空间球面坐标系，定向曲面与麦比乌斯带，星状多面体，凸几何分析问题，变换群等内容，作为选学内容有些内容已经超出教育标准的要求，与我国高中几何课程相比，有些内容是我国甚至大学一般理科专业都不会学习的知识内容，很多都是我国大学数学专业空间解析几何、高等几何课程才能学到的几何内容。

我国高中数学课程对一些难度较高的数学知识不是没有考虑，只是全都设计在选修课程当中，编有独立的选修教科书，内容与必修课程的联系也不够密切。选修系列涉及的"信息安全与密码、球面上的几何、对称与群、欧拉公式与闭曲面分类、三等分角与数域扩充、矩阵与变换、数列与差分、优选法与试验设计初步、统筹法与图论初步、风险与决策、开关电路与布尔代数"等内容，有的是俄罗斯高中数学课程中没有的。这些选修课程需要各个学校、教师根据情况单独开课，但是现实中很多学校并未开展这样的专题讲座，原因包括两个方面：一方面是高考不考这些内容，另一方面是很多教师对这些现代数学内容不好

---

① 史宁中，孔凡哲. 十二个国家普通高中数学课程标准的国际比较研究[M]. 长沙：湖南教育出版社，2013：92-94.

把握，有的内容教师自己都理解不了。俄罗斯高中教科书这些难度较高的内容是在必修内容基础上或后续部分呈现的，二者联系较为密切，有鲜明的接续性，不像我国课程中设置的这些内容主要是了解性的，是一种更大范围的拓展性学习，有些对必修内容的水平提高并不一定具有实质性作用。

(三) 教科书编排直线式和螺旋式相结合，几何内容组织呈公理化特征

教科书内容的组织编排一般分为直线式和螺旋式，螺旋式又可以分为大螺旋和小螺旋两种方式。从总体上看，俄罗斯教科书编写也可分为这两类。例如，大部分俄罗斯高中《代数与数学分析初步》教科书就基本上遵循"函数—导数—积分"这样一个直线上升的知识脉络组织课程内容。其间可能会在不同年级的末尾补充组和数学、概率统计等内容。在一些知识点的编排上则是遵从小螺旋的方式。例如，大部分教科书先讲解幂函数、指数函数、三角函数及其性质，但在导数、积分等内容都仍会详细地讨论这些函数的微积分性质，并在后面的方程和不等式内容中讨论这些函数的方程和不等式求解问题。

俄罗斯高中《几何》教科书则一般遵循"立体几何引论、平行、垂直、多面体、旋转体、体积和表面积、坐标和向量"的直线顺序编排几何知识内容。有的教科书存在小螺旋式编排结构。例如，卡利宁和捷列圣主编的 10 年级《几何》第三章"空间向量"主要讨论的是向量的定义运算、数量积等内容，直到 11 年级第 11 章又讨论"空间向量(后续部分)"，涉及向量的混合积及其几何意义和空间直线、平面、球面方程的向量表达等问题。在这一点上，我国高中数学课程也是呈螺旋式上升方式编写的教科书，当然我们是代数、几何和概率统计混排，在一些知识内容的螺旋衔接上还是值得我们逐步完善的。

另外，俄罗斯高中《几何》教科书的内容组织有一个明显的共性特征，那就是所有版本都是建立在公理体系基础上的，第一章内容基本是把几何公理作为引论在全书知识内容之前做好铺垫，几何公理化是俄罗斯中学几何教科书最显著的特征。理由是"它对数学思维的发展具有良好的作用，有利于理解数学理论的抽象性本质和意义，保证了有可能把理论应用到种种具体情况中去"。[①]虽然受到西方新数运动影响后的俄罗斯数学教育改革中公理化特点逐渐弱化，尤其在初中阶段沙雷金的直观几何非常有名，但俄罗斯大部分几何教科书还是以欧式几何公理化体系组织数学知识内容，同时综合了向量几何和坐标几何等现代内容，而且平面解析几何，尤其是圆锥曲线内容基本上是选修内容。因此，如何将直观和逻辑有效地结合起来这点是值得我们思考的，平面几何和空间几何的统一教学体系究竟应该包括哪些基本内容也是值得我们深入研究的。

(四) 教科书课后习题的容量较大，编排呈分层化、体系化的基本特征

俄罗斯数学教科书的独特之处还在于其精心选择的习题体系。

首先，俄罗斯数学教科书的习题量非常大。例如，阿利莫夫主编的《代数与数学分析初步》中有 1624 道习题(这里未计入期末检测题，下同)，柯尔莫戈洛夫主编的《代数与数学分析初步》中有 2026 道习题，而科里亚金的《代数与数学分析初步》(专业和基础水平)

---

① 斯托利亚尔. 数学教育学[M]. 丁尔陞，译. 北京：人民教育出版社，1984：169.

中有 2412 道习题；阿塔纳相主编的《几何》中有 870 道习题，斯米尔诺娃与斯米尔诺夫主编的《几何》中有 1089 道习题。

其次，俄罗斯教科书中的习题是一个"习题体系"，而不是一个个习题的简单罗列。这个习题系统，将教学内容中要求进一步巩固的部分一层一层地深入、从简单到更难编成更小的单元并用习题的形式展示。而且，在其习题体系中一般会专门设计一些对于学习有更高要求的学生所做的有难度、有层次的习题，这样的立体化习题系统既有利于基础人才巩固学过的基础知识，一些难度较高的习题也有利于精英数学人才的培养。

我国高中数学课程中的习题量上不如俄罗斯教科书，这与我们一直强调的素质教育和减负等总体要求有关，但现实是教科书上虽然没有，实际上学生有大量的练习册等辅助习题资料，以及整个高考之前的全系列模拟试题集训，学生并未因教科书上习题量少就减少负担。同时，很多教辅材料良莠不齐，质量难以保障，编排也不成系统、缺乏层次。如何编好课后配套习题、思考题和复习题、测试题，使学生既能有效巩固所学知识，又能实现对学习内容的拓展和延伸，并与现实生活有效衔接，实现举一反三、融会贯通，是一个迫切需要我们在高中数学教科书编写过程中认真思考的问题。

（五）教科书栏目设计清晰，印刷精良，图文并茂，装帧设计较为精美

俄罗斯教科书的栏目设计一般在图书扉页会有前言、致教师的话或者作者的致谢，教科书的目录一般在全书的最末尾(除卡利宁和捷列圣主编的《几何》教科书目录在全书最前)，一般写到二级或三级子目录。有的教科书正文每一章的章首设有名人名言，有的甚至每一小节的节首都有名人名言。正文编排图文并茂，图片一般为彩图，重要内容说明在页脚位置并有脚注进行注解。有的教科书正文后专门设置了章末阅读栏目，用于介绍本部分内容的相关数学史知识、数学家介绍；有的教科书配有数学家图片，一般为黑白图片。有的教科书内容涉及后续学习需要深入了解和有针对性提升的数学知识内容；有的内容可能已经超出高中课程的难度。例如，代数和几何中的拓扑问题介绍。章末一般设置专门的系列化栏目，配有大量的问题、习题、章末检测题。全书最后会给出这些习题的参考答案(除了莫尔特戈维奇有单独的习题解答书之外)，接着是全书的主题内容索引和目录。

俄罗斯教科书的装帧设计较为精美，一般为 17cm×22.5cm 开本(除了巴什马科夫分册编写的教科书是 32 开本)，教科书前后封皮均为硬纸壳装订，既美观大方又耐磨结实。教科书的纸张优良、印刷精美。有的《代数》教科书内侧扉页大多数印有全书基本的数学公式，有的印有著名数学家图像、姓名、年代。《几何》教科书中的几何图形一般为彩色印制。《几何》教科书内侧扉页有的还印有彩色多面体、旋转体图案。这些特点值得我们各版本教科书借鉴，一个是我们大开本的教科书不好装置，占地方较大，另一个是印刷和装帧上不能很好地吸引学生，激发学生热爱教科书的情绪，印刷质量也导致很多教科书在使用过程中逐渐破损，不易保存。

另外，关于教科书是分科编写还是混合编写的问题一直是我国高中数学课程中争论不休的问题。争论的双方都有论据、各执一词。提倡综合课程者认为，混合编写利于学生综合数学素养的形成，数形结合有利于学生更好地进行数学学习。提倡分科课程者认为，有的教师在代数、概率统计和几何素养上不均衡，如果分科教学，不同教师负责不同科目更

有利于教师发挥自身优势，也有利于学生有指向性地学习不同数学知识。在这一点上，俄罗斯小学教材是综合课程，就叫数学，包括算数、代数初步和几何课程初步的内容，而俄罗斯中学教材大部分都是分科的，初中分为代数与几何，高中分为代数与分析初步、几何，这种情况近 100 年来在俄罗斯都没有太大的变化。当然，高中数学课程、教科书究竟是分科还是综合，在形式上并不是最重要的，重要的是高中数学课程改革不仅应关注课程内容等实质问题，更应关注课程和教科书的知识内容本身。①

第六节　俄罗斯全国统一高考简介

2001 年以前，俄罗斯传统高考模式为各高校自主考试制度，从 1755 年莫斯科大学的建立，标志着俄罗斯现代意义大学制度的确立，及至苏联解体之前的 10 余年，俄罗斯大学招生考试主导权一直掌握在各个高校手里。

一、俄罗斯高考从自主走向统一的背景

2001 年以前，俄罗斯中学毕业生想上大学必须参加两次考试：一次是中学毕业考试，各学校自己完成，由任课教师负责命题评分；另一次是大学入学考试，由高校自主完成，不同大学、不同系、不同专业用不同的试题，甚至同一个专业也经常分 A、B、C、D 卷。考试又分笔试和口试两部分。②

中学毕业考试与大学招生考试的自主性和分散性，使得评价中学毕业生的标准多种多样、无法比较，不仅会增加学生的课业负担，而且为大学招生过程中滋生腐败提供了温床。③为此，2001 年颁布的《2010 年前俄罗斯教育现代化构想》中的一项重要举措是实行"国家统一考试"（ЕГЭ）。为保障国家统一考试试验的顺利进行，2001 年，俄罗斯联邦总理米·卡西亚诺夫签署了《关于试行国家统一考试的决定》，规定统一考试的试行期是 5~7 年，以便更好地积累经验。④

从 2001 年起，率先在楚瓦什共和国、马里埃尔共和国、萨哈(雅库特)共和国、萨马拉州和罗斯托夫州 5 个行政主体进行试验性探索，考试科目共计 8 科，分别为俄语、数学、生物、物理、历史、化学、社会常识和地理。2003 年，有 47 个俄罗斯联邦主体加入试验行列，截至 2006 年，参与试验的中学生数已经超过 75 万人，分布在俄罗斯 73 个区域中。

2007 年 2 月俄罗斯国家杜马通过《关于修改俄罗斯联邦〈教育法〉和联邦〈高等教育和后高等教育法〉中举办国家考试的部分》的法案，规定从 2009 年 1 月 1 日起，俄罗斯各

---

① 徐乃楠，孔凡哲，史宁中. 俄罗斯高中数学教育标准、示范性大纲和教科书的主要特征及启示[J].全球教育展望，2015(1)：100-109.

② 倪明，张奠宙. 俄罗斯高考改革及其启示[J].中国考试，2005(4)：55-57.

③ Андрей Фурсенко. ЕГЭ уменьшил взятки[EB/OL]. [2014-10-31]http://www.fontanka.ru/2009/10/26/050/.(2009.10.26).

④ Правительство российской федерации постановление No119[EB/OL]. [2019-12-12] http://www.rkomitet.narod.ru /obraz /EGE-119.htm.

地正式实施全国统一考试。

国家统一考试的高考成绩成为高校新生录取的基本依据，但为保留多元化的招生方式，俄罗斯给予奥林匹克竞赛获奖者、奥运会冠军等"免试入学"的特权，并赋予部分高校举行入学加试(单独考试)的权利。

二、俄罗斯国家统一考试和大学招生的实施

2009 年 1 月 30 日，俄罗斯联邦科学与高等教育部颁布了由部长富尔先科签署的《俄罗斯完全中等教育阶段国家统一教育评价形式和程序条例》，从法律上规定了国家统一考试是俄罗斯完全中等教育阶段国家统一教育评价的唯一形式。俄罗斯国家统一考试兼具中等普通教育机构毕业考试(等同我国现在举行的高中学业水平考试)和高等教育机构入学考试(等同我国现在的高考)两种功能。

(一) 考试科目

11 门科目中俄语和数学是必考科目，考试合格方能获得中学毕业证书。选考科目有文学、物理、化学、生物、地理、历史、社会学、信息学、外语(英语、德语、法语、西班牙语任选其一)，考生可根据所报考大学的专业选择相应的考试科目。各门考试时间分别为：数学、文学和信息学 240 分钟，物理、历史、社会学 210 分钟，俄语、生物、地理和化学 180 分钟，外语 170 分钟。考试内容以俄罗斯教育科学部制定的普通教育科目示范大纲为基础，不能超出大纲规定的内容。

2014 年在高考科目的选择上实行"2+1+1"模式，即俄罗斯教育科学部规定各专业招生必考的两门，高校从教育科学部规定的选考类科目中选择考生必考的一门，高校从教育科学部规定的斟酌类科目中选择一门(根据自愿原则，高校可以不选择斟酌类科目)。以报考国立莫斯科大学物理系为例，考生仅需要参加俄语、物理和数学 3 门科目的考试即可。[①]

高中毕业资格和大学入学资格都要求"俄语"和"数学"为必考科目。其中，数学试卷从 2015 年起分为"基础水平"和"深入水平"两种。如果只想获得高中毕业资格而不打算考大学的或者所报考大学的专业没把数学作为必需科目的学生只需考基础水平的数学试卷。如果所报考大学的专业要求数学作为必需科目，学生则需要考深入水平的数学试卷。学生可根据高校专业要求选择相关科目。2015 年，在总报考人数占比中，参加数学(深入水平)考试的考生人数占 60%，选考物理的考生占 21.9%，选考历史的考生占 20.3%，选考生物的考生占 17.5%，化选考学的考生占 10.9%。外语考试增加口语考试的环节，考生可自愿参加外语口语考试(20 分)。但若考生不参加外语口语考试，其外语成绩最多只能是 80 分(满分 100 分)。

按学生的不同选择有最低分值标准要求。根据 2015 年 3 月 25 日俄罗斯教科督察署官网的要求：如只想获得高中毕业证，俄语最低为 24 分，数学(基础水平)最低为 3 分(五分制)，或者数学(深入水平)最低为 27 分(100 分制)。大学入学资格俄语最低为 36 分，数学(深

---

① 邵海昆，柴亚红. 俄罗斯 2014 年高校招生政策内容及分析[J]. 考试研究，2015(3)：49-55.

入水平)最低为 27 分。基础水平数学试卷考 180 分钟，由一部分构成，包括 20 道简答题，每题 1 分。深入水平数学试卷由两部分组成：第一部分 1～9 题为简答题；第二部分 10～14 题也为简答题，15～21 题为解答题。

(二) 考试时间

2014 年，俄罗斯高考共分为提前批、正常期和补考期三个阶段，时间跨度长达 17 天。每个考试阶段针对特定的考生群体，且都安排有备用考试时间，允许因高考科目集中在一天进行而未能参加或因疾病等情况未能完成考试的考生参加，而那些高考成绩不理想的考生可以在 7 月份的补考阶段进行任意科目的补考。

2015 年 "提前批考试" 从 3 月 23 日至 4 月 24 日，主要为以下原因不能参加正常期考试的人准备：应征入伍的应届生和想提高高考成绩的往届生；参加俄罗斯或国际赛事、观摩或训练的应届毕业生；迁往常住地的应届毕业生；因继续学业迁往国外的应届毕业生；因医疗需要的应届和往届毕业生。正常期考试于 5 月 25 日开始，持续到 6 月 26 日。备用期为 6 月 22－26 日。备用期是指为考试成绩不理想的考生、因疾病等原因未完成考试的考生和考试成绩被地方考务委员会取消的考生。[①]

提前批考试结束后教科督察署在联邦教育测量研究院官网公布 2015 年国家统一考试提前批阶段的试题。那些参加国家统一考试正常期阶段的毕业生可以查阅提前批阶段的试题，以更好地准备考试。为了准备考试，考生可以利用国家统一考试官网等网络资源，包括国家统一考试题库，题库中的部分题会成为考题(包括代数、方程和不等式、函数、数学分析初步、几何、组合数学和统计与概率)。

2013 年，俄罗斯发生严重的高考违纪事件，包括考试答案在网络上公布、考试期间考生通过社交网站讨论试题和使用电子通信设备，这也成为教科督察署前局长辞职的一个原因。为加强措施以保护高考信息安全，俄罗斯 80% 的教室都安装视频监控设备，150 个网络观察员通过视频网络转播监督高考工作，尤其是 2014 年起不同时区的考生获得不同的考卷。

2015 年以后，俄罗斯高考不再划分为提前批、正常期和补考期等三个阶段，而只在 4 月和 5－6 月分两个阶段举行。此外，中学生在结束中等教育阶段某科目的学习任务后即可参加该科目的高考考试。例如，俄罗斯中学生在 10 年级(等同我国的高中二年级)就已全部完成地理知识的学习，那么自此他便获得参加高考地理科目考试的权利。2014 年前，考生在所有科目上均有一次补考机会，而 2015 年起成绩不理想的情况下考生将可以在常年运行的社会独立高考中心进行补考，直至获得理想的考试分数。

(三) 报名录取

除 "免试入学" 特权的考生仅能向 1 所高校提出公费入学申请，其他考生可同时向 5 所高校提出公费入学申请。俄罗斯高校本科招生分公费生(政府规定的计划招生名额)和自费生(高校确定的招生名额)两种形式，公费生和自费生录取工作分阶段进行，不举行入学加试的高校按照考生高考成绩择优录取，举行加试的高校则在高考和入学加试总成绩的基

① 张瑞炳，倪明. 中国和俄罗斯高考数学考查内容比较研究[J]. 数学教育学报，2016(2)：32-35.

础上择优录取。

(四) 特权生

特权生有三类：第一类是俄罗斯奥赛决赛阶段的获奖者、俄罗斯奥赛国家队且参加过国际奥赛的队员在其本科报考专业与其奥赛科目等同的情况下可以免试入学；奥运会或同等级别体育赛事的冠军在报考运动类专业时免试入学。如果此类学生放弃使用"免试入学"的特权，则在录取过程中与其奥赛科目等同的高考科目(加试科目)或体育加试科目的成绩自动为满分(100 分)。第二类是经教科部批准的其他奥赛的获奖者。第三类是残疾人等弱势群体。

三、俄罗斯国内对国家统一考试的评价

根据俄罗斯塔斯社报道，全俄社会舆论中心研究所进行的调查显示：61%的被调查者认为，国家统一考试使人们考取大学更加容易；23%的被调查者认为，考试成绩不取决于教师。统一考试可以极大地消除以上弊端，统一的模式、统一的标准和统一的评价体系使俄罗斯的高等教育考试题型结构更标准、评分标准更合理、考试结果更公平、俄罗斯的学生学历能在国际上得到认证等。

俄罗斯数学家吉米多维奇也曾指出，俄罗斯大约有90%的民众支持国家统一考试，10%的民众反对国家统一考试。支持者基本上来自外省，而反对者除主要来自大学集中的莫斯科、圣彼得堡等地外，最近刚加入彼得罗扎沃茨克市市民为此专门致信普京。支持国家统一考试者和反对国家统一考试者均有其客观理由和主观理由。

支持者的理由是，国家统一考试是俄罗斯第一次尝试客观评估现有的初等教育和中等教育的质量，降低了招生腐败的可能性。数学考试的大量样题(除解答题外)可在网上下载，这就增加了外省学生考取首都高校的可能性。在大多数俄罗斯高等学校，没有了"暑期考试中心"，取而代之的是"暑期老师"。随着"苏联学校教育体系"的瓦解和"留级制度"的取消，国家统一考试或许多少可以改善现状。较之过去为考入特定的高等学校而参加的补习，国家统一考试补习对教育更为有益，因为后者为中学毕业生增加了择校的机会。通常情况下，考生需要补习好几个月。

反对者的理由是，人们把国家统一考试看成"平均水平的考试"，它降低了大学一年级学生的学识水平，尤其是一流大学一年级学生的学识水平。莫斯科大学数学力学系的学制由 5 年延长至 6 年，并讨论在一年级的第一学期主要是复习中学数学的内容。国家统一考试无法进行口试，口试的取消使学生失去了向主考官表达自己想法和所作推论理由的机会，口试的评分往往可以忽略交流中小而明显的失误。针对特定高校的课外补习行业崩溃了。在莫斯科，高校众多，针对这些高校入学考试的补习曾经是许多教师不错的"外快"来源。譬如，90 分钟的数学补习价格在 50～125 卢布。而如今，对高校教师来说，已经不可能有这个机会了。中学教师也有不喜欢国家统一考试的，因为他们的学生参加国家统一考试的成绩成为评价他们教学效果的又一个标准，如果学生成绩不好，他们的收入就会下降。以前优秀毕业生是中学生的一项重要荣誉，现在已失去了吸引力——大家都为国家统

一考试的三门功课而拼搏。①

国立莫斯科大学校长萨多夫尼奇是这次实施国家统一考试的坚决反对者，早在 2003 年他就在俄罗斯教育开放论坛上公开质疑国家统一考试的必要性和合理性。他认为，在当今复杂的教育体系下，选拔有才华的青年无疑是一件关系到国家未来的大事，不能采取一刀切的方式，各个高等学校应该进行单独自主招生考试，否则就有可能使一些有天分的年轻人失去继续深造的机会。②

四、俄罗斯高校加试(单独考试)情况

俄罗斯联邦虽然要求各个大学必须根据国家统一考试的成绩进行招生，但"一类大学"可以就某些专业实行补充考试。也就是说，如果考生想进入这些"一类大学"的某些专业学习，在参加统一考试的基础上还必须参加这些大学的专业补充考试。"一类大学"的名单由俄罗斯联邦政府划定。2009 年俄罗斯联邦政府划定的"一类大学"有 24 所。2010 年就列出包括莫斯科大学和圣彼得堡大学在内的 11 所高等院校有权在国家统一考试后进行附加测试。

俄罗斯在高考的基础上规定了两种加试方案：部分高校在特定专业范围内的专业加试和部分专业的创造能力加试。2014 年经俄罗斯联邦政府批准，国立莫斯科法律大学、国立莫斯科语言大学、国立莫斯科师范大学、高等经济大学、下诺夫哥罗德国立大学、国立莫斯科大学和国立圣彼得堡大学等 7 所高校获得就特定专业举行专业加试的权利。与其他 5 所大学不同的是，具有特殊法律地位的国立莫斯科大学和国立圣彼得堡大学，无须政府批准，每年均具有举行专业加试的权利，且可以就自身所具有的任一招生专业举行加试。

创造能力加试则以专业为准，即所有开设以下专业的高校在本专业招生过程中均有权自主决定是否举行创造能力加试：空中飞行器维护；空中导航；林学；儿科医学；牙科医学；教育学；体育；建筑学；电视广播；音乐学；设计；民乐和指挥等 60 个专业。③

此外，2015 年，俄罗斯教育科学部副部长克里莫夫宣布，教育科学部已经确定中学生升大学除参加国家统一考试之外，还需要提交个人综合表现成绩。中学生在报考大学时必须将个人综合表现成绩提交给大学招生委员会。大学将根据考生取得的国家统一考试成绩和个人综合表现成绩进行综合评价，并决定是否录取该生。该项规定自 2015 年招生季开始实施。综合表现成绩包括体育运动竞赛成绩、劳动和军事体育标准成绩、学习优秀奖章、各科奥林匹克竞赛成绩、参加志愿服务活动证明。以上成绩总计评分应不超过 10 分。各项综合表现成绩所占比重以及究竟哪些成绩可被计算在内，则由各大学自行决定。

---

① 吉米多维奇. 俄罗斯数学国家统一考试的形状与民众的看法[J]. 夏海涵，倪明，译. 数学教学，2015(10)：10-12.

② Единый государственный экзамен отучит детей думать, считает ректор МГУ. [OB/EL][2019-12-12]. http://www.mmonline.ru/entrance.php?mid=4395

③ Порядок приема на обучение по образовательнымпрограммам среднего профессионального образования. [OB/EL][2019-12-12]. http://www.rg.ru/2014/03/19/obr-dok.html

展　　望

　　俄罗斯小学和初中第二代国家教育标准已经公布实施 10 年，并已于 2019 年初步完成小学和初中第三代国家教育标准的修订工作。2019 年 6 月，俄罗斯基础教育部部长瓦西里耶娃在国家杜马会议上发表《关于提高俄罗斯联邦教育质量的措施》的讲话，明确指出俄罗斯中小学普通教育国家标准已经修订完成，正在网站上进行多轮公开意见征求，在 2020 年的第一季度全部完成。2020 年 3 月 1 日，俄罗斯教育部完成了中小学普通教育国家标准在互联网上的第二轮公开征求意见，在 2020 年内公布并全面实施小学、初中阶段的第三代国家教育标准。[1]

　　俄罗斯教育部专门设有公开征求意见的网站，[2]公开进行意见征求的教育问题包括"如何评估俄罗斯教师""莫斯科教师专业资格认证实施草案""莫斯科高中教育质量的评估模型""科学和技术活动法律草案""教育研究人员的道德准则""工艺学课程发展方案"等。公开征求意见的教育提案总共有 20 多个，超过 100000 名参与者，30000 多条建议，700000 多条评论。

　　俄罗斯小学和初中第三代国家教育标准于 2019 年 3 月完成修订草案，同时在网上公开征求意见，时间段均为 3 月 29 日至 4 月 29 日。两个草案的内容都是分为一般章节和学科结果要求两部分。其中，一般章节都包括总则、方案结构要求、方案实施条件要求、个性化结果要求、跨学科结果要求 5 部分。小学的学科包括俄语、文学阅读、外语、数学、周围世界、宗教文化与世俗伦理基础、美术、音乐、技术、体育 10 个。初中的学科包括俄语、文学、外语、历史、社会科学、地理、数学、信息学、精神道德文化基础、物理、生物、化学、美术、音乐、技术、体育、生命安全基础 17 个。每个学科链接页面都给出说明，具体指出征求意见稿仅仅给出按照学年掌握初等普通教育基础教育方案的学科结果，而没有参考模块。教育机构可独立确定章节的顺序和课时数，并对各章节的成绩进行中期认证。草案每一部分、每一学科的文本均可下载，网友可对文档内容在线提建议，也可对其他人的建议进行评论。

　　2019 年 12 月 20 日至 2020 年 1 月 20 日，教育咨询网站在原来征求意见的基础上开展了"初等普通教育和基础普通教育方案主题框架的公众咨询(第 1 阶段)"，对各学科的内容主题框架、名称和具体内容要求进行了意见征求。此次小学标准包括除"宗教文化与世俗伦理基础"学科之外的 9 个学科，其中外语明确改为英语，说明中也指出像宗教伦理这类

1　徐乃楠. 俄罗斯中小学数学课标修订最新进展及启示[J]. 数学通报，2020,59(6):14-16.
2　详见网站：https://www.preobra.ru/index.

学科因为其他各学科学习都指向其结果，因而不单独设立对结果的要求。其中俄语、文学阅读、英语、数学、技术、体育 6 个学科主题按年份讨论，英语分 3 年，其余学科分 4 年；其他 3 个学科的主题按模块分类讨论，美术分 7 个模块，音乐分 5 个模块，技术分 8 个模块。初中标准包括除了"精神道德文化基础"之外的 16 个学科，其中外语也明确改为英语，各学科学习都指向"精神道德文化基础"结果，因而不单独设立结果要求。有 4 个学科按模块分类，音乐 6 个模块，技术 8 个模块，生命安全基础 10 个模块，体育 6 个模块；其他 12 个学科按年份讨论，化学分 2 年，物理、美术、信息学分 3 年，其余学科均是 5 年，数学的头两年(5~6 年级)不分科，后三年(7~9 年级)分为代数和几何。

2020 年 1 月 2 日至 3 月 1 日，教育咨询网站在前期意见征求的基础上又开展了"初等普通教育和基础普通教育方案主题框架的公众咨询(第 2 阶段)"，对于每年学习的每个课程，针对每个主题分别制定和分组具体的教学单元，俄罗斯联邦国家教育标准将最后确定这些教学单元的提纲。第 2 阶段征求意见，小学的"技术"学科从第一阶段按年份讨论，改成按 8 个主题模块阐述。初中的"美术"学科从第一阶段按年份讨论，改成按 7 个主题模块阐述。"技术"学科由原来的 8 个模块增加至 18 个模块。

第三代国家教育标准在完成第 2 阶段意见征求后会最终定稿，具体的内容经教育部和修订组审定后可能还会有变化，但这里我们仍可从征求意见过程中看到逐步的调整脉络。以小学"数学"学科为例，从早期简单的学科毕业结果要求，到调整为按年份划分为主题和教学单元，具体的模块和内容也在不断变化。例如，小学一年级数学从第一阶段的 4 个主题增加到 5 个主题，其中主题 2 增加了"长度"概念；主题 3 把"20 以内的算术运算"改为"10 以内"和"20 以内"两个单元，并分别明确指出加法和减法两个算术运算；主题 5 还增加了"空间关系"；等等。二年级、三年级、四年级都分别从 4 个主题增加到 9 个、10 个、17 个主题，教学单元的内容表述上也更为细化。

虽然俄罗斯中小学第三代国家教育标准的正式稿还未发布，但从其修订过程和征求意见稿的主要变化上也可以看到一些经验，值得我们在义务教育数学课程标准修订过程中借鉴学习：

一是课程改革应扩大宣传、倾听基层，广泛征求各层次的意见建议。基础教育课程改革方案和各科课程标准的修订一般来说是由教育管理者、专家学者、优秀教研员和一线教师群体共同主导，成稿后的课程方案会在不同范围内进行多轮意见征求。俄罗斯为此专门设置了教育意见征求网站，网站主题明确为"未来的教育将在这里产生"，并指出这是一个教师和家长的平台，将对您的生活规则产生影响，使法律法规的制定更加人性化。俄罗斯广大社会公众也确实积极参与，第一阶段意见征求就收集了 500 多条建议和评论。例如，有公众建议数学教科书要考虑学生年龄特征，增加日常实用常识素材；建议增加数学学习时间，处理好奥林匹克竞赛问题；建议加强学生对货币交换的认知，形成金融素养；希望俄罗斯小学所有学科都能使用全国统一教材；等等。这种方式无论建议合理与否、最终被采纳与否，都为社会大众提供了发表意见的平台和参与标准修订的空间。我们国家高中课程标准修订也曾召开过各级别、各层次的征求意见座谈会，也曾在问卷星等网站公开对 18 科高中标准修订情况进行整体意见征求，但有些问题过于泛泛，还应进一步细化拟征求意见和建议的相关条款，征求意见的目的和指向性应更为细致明确，以便对公众的合理化建议进行有效筛淘和良莠甄别。

二是课程改革应小步徐行、谨慎调整，避免出现结构内容剧烈调整。俄罗斯跟我国一样都是教育大国，教育发展的惯性思维很强，因而不适合进行大幅度的结构内容改革调整。21世纪以来，各个国家都开展了基础教育标准的制定工作，俄罗斯的第一代国家教育标准受到各方质疑，第二代国家教育标准调整较大，第三代国家教育标准目前看只是局部微调，延续了第二代国家教育标准中的通用学习能力，个人的、跨学科的和学科的结果考评要求等，只是在个别主题和教学单元进行局部调整。我国在21世纪初实施的新课程改革也出现过不少矛盾和诸多问题，以数学学科为例，当时很多数学家认为义务教育数学课程标准修订偏离正确的方向，对学生数学学习存在着严重的问题，当年教育部启动课程标准修订工作，修订组综合了数学家、数学教育工作者、教师以及其他各领域关心教育改革的专业工作者等各方意见，把"双基"扩为"四基"，"两能"扩为"四能"，注重了基本素质的培养要求，实现了数学课程标准稳步有序的修订实施，实施的近十年来各方反馈意见良好。因此，我国在下一轮课程标准修订的过程中，要继续坚持小步徐行、谨慎而为，在与时俱进进行创新的同时要充分考虑对原有标准的继承性和延续性。

三是课程改革应统一理念、顶层设计，避免同学段不同学科间的矛盾。俄罗斯第一代国家教育标准是小学、初中、高中三个学段所有学科都在一个文件中，有些过于综合；第二代国家教育标准分学段处理，小学、初中、高中三个学段标准包含本学段各学科，有一个比较突出的好处是在总则、实施要求、条件保障等方面，是针对所有学科而言的，避免了各学科单独制定造成不必要的重复。为培养复合型人才提出形成学生的通用学习能力，包括个人性的通用学习能力、调控性的通用学习能力、认知性的通用学习能力、沟通性的通用学习能力，这对很多学科的学习都是非常重要的。同时，也考虑到了通用学习能力与学科能力之间的关系问题。我国的中小学课程标准都是分科制定的，虽都遵循教育部发布的基础教育课程改革纲要总要求，但在不同学科的体例、理念、结构等方面表现各异，以课程的学段划分为例，在中小学分"学段"的6个学科中，语文、美术、体育分为1~2年级、3~4年级、5~6年级、7~9年级四段，艺术、音乐分为1~2年级、3~6年级、7~9年级三段，数学则分为1~3年级、4~6年级、7~9年级三段，建议在影响中小学课程教学实践的某些理念、框架的顶层设计方面加强学科统筹，避免出现五花八门的情况。

后　　记

　　1991 年，我上初中的时候，苏联刚解体，但并不影响我选择学习俄语。那时的乡镇中学能有俄语教师并不稀奇，在我的老家吉林省长春市农安县，有很多初高中都开设了俄语课程。说起从初中到大学毕业学习俄语的经历，我没有什么特殊感受，只是单纯的喜欢而已。感谢这么多年来教我俄语的初高中老师，以及大学里的张磊、单永新、杨慧等俄语老师的帮助。

　　直到 2009 年，我考入东北师范大学教育科学学院攻读博士学位，其间非常荣幸地参与了史宁中教授主持的教育部基础教育司委托课题"普通高中数学课程标准的国际比较研究"(教育部司局函件 2010/10/28 号)和国家社科基金教育学重点课题"主要国家高中数学教材比较研究"(ADA100009)的研究工作，因为我会俄语便让我负责俄罗斯高中数学课程标准和教材的研究工作。从那时起，俄罗斯基础教育数学课程和教科书研究一直伴随着我，我把它融入我的博士论文和平时的科研工作，撰写出版了一部专著和系列论文，并持续指导近几年的硕士毕业生开展中俄数学课程、教科书的比较研究工作。

　　人都说"十年磨一剑"，而我只是下了点笨功夫，磨出的"剑"也比较钝。最初进行研究的时候主要是学习和参考北师大朱文芳教授、首师大姚芳教授、华东师大倪明教授等人对俄罗斯第一代国家教育标准、示范性大纲、教科书的研究和介绍工作，一直到自己开始独立研究俄罗斯第二代国家教育标准、示范性大纲和教科书，才感觉到开展俄罗斯数学教育研究的难度和不易，感谢这些学界先辈为我们这些后辈青年学者树立的丰碑和榜样。至今，在我很多俄罗斯数学教育研究和翻译作品中仍有让自己不满意的地方，纰漏之处难免有之，此中问题文责自负，如有建议欢迎交流，我们一定虚心改正。

　　感谢东北师范大学史宁中教授为本书倾情作序。感谢东北师范大学史宁中、孔凡哲、高夯、李淑文、于伟、马云鹏等教授在我 2009—2012 年读博士期间给予的指导与帮助。

　　感谢北京师范大学曹一鸣、郭玉峰、綦春霞、郑亚利等教授和王立东博士在我 2018—2019 年于北京师范大学访学期间给予的指导与帮助。

　　感谢我的爱人刘鹏飞和我最近几年指导的研究生在共同研究过程中所付出的辛苦。

　　感谢"教育部人文社会科学研究青年基金项目(18YJC880098)"的支持。

　　感谢清华大学出版社编辑王定为本书出版付出的不懈努力。

　　俄罗斯数学教育研究还有大量的工作要做，近来本人开展"莫斯科数学学派"的历史研究，也深感 20 世纪俄罗斯数学取得的辉煌成就让人赞叹，著名数学家灿若星辰，俄罗斯数学家留下的历史资源浩如烟海，是一个值得我们深入挖掘的文献宝库，对其持续开展历史研究必将给我国数学教育改革和人才培养带来有益的启示和借鉴。

　　路漫漫其修远兮，吾将上下而求索！

徐乃楠

2022 年 12 月于濡铖斋